Reichsmietengesetz

Textausgabe
mit Einleitung und Sachverzeichnis

Erläutert von
Dr. Fritz Kiefersauer

6. Auflage

1939
J. Schweitzer Verlag, Berlin und München

Druck von Dr. F. P. Datterer & Cie., Freising-München

Vorwort

Im Rahmen der „Grundstücksmiete" ist seit deren 2. Auflage das Reichsmietengesetz erläutert worden. Mit Rücksicht auf die besondere Bedeutung, die die Mietzinsbildung unter dem Einfluß des Preisbildungsrechts erfahren hat, hat der Verlag sich entschlossen, das Reichsmietengesetz und das Mieterschutzgesetz getrennt zur Ausgabe zu bringen. Auf den beiden Gesetzen bisher gemeinsamen Buchtitel „Grundstücksmiete", die 1936 in 5. Auflage erschienen ist, wurde verzichtet.

Mindelheim, im Januar 1939.

Dr. Kiefersauer.

Inhaltsübersicht

Abkürzungen

AusfVO. = Ausführungsverordnung.
AV. = Allgemeine Verfügung.
BayZ. = Zeitschrift für Rechtspflege in Bayern.
DJ. = Deutsche Justiz.
DMR. = Deutsches Mietrecht.
DWohnA. = Deutsches Wohnungs-Archiv.
EA. = Einigungsamt u. Mietschöffengericht.
FM. = Friedensmiete.
Ges. M. = gesetzliche Miete.
GrundE. = Das Grundeigentum (Allgemeine Deutsche Haus- u. Grundbesitzer-Zeitung).
JW. = Juristische Wochenschrift.
KG. = Kammergericht.
LZ. = Leipziger Zeitschrift für Deutsches Recht.
MEA. = Mieteinigungsamt
MietG. = Das Mietgericht.
MSchG. = Mieterschutzgesetz.
PBG. = Preisbildungsgesetz (Gesetz zur Durchführung des Vierjahresplans vom 29. Oktober 1936).
PStopV. = Preisstopverordnung (VO. über das Verbot von Preiserhöhungen vom 26. Nov. 1936).

RE.	= Runderlaß des Reichskommissars für die Preisbildung.
RfP.	= Reichskommissar für die Preisbildung.
RMG.	= Reichsmietengesetz.

Schrifttum

Dahmann, Die gesetzliche Miete in Preußen. Berlin 1936.

Ebel, Reichsmietengesetz. 6. Aufl. Berlin 1936.

Ebel, Die Mietzinsregelung im Vierjahresplan. Berlin 1938.

Kiefersauer, Die Miete. Eine Systematik des geltenden Raummietrechts. München 1937.

Lampe, Preisüberwachung und Preisbildung bei Mieten. Berlin 1938.

Nexroth, Mietrecht der Gegenwart. Berlin 1938.

Scholl, Das neue Preisrecht. Berlin 1938.

Staudinger, Kommentar zum Bürgerlichen Gesetzbuch. 10. Auflage, München 1937. (§§ 535—597 bearbeitet von Dr. Kiefersauer.)

Einleitung

Das Reichsmietengesetz vom 24. März 1922 hat im Laufe der Jahre mancherlei Änderungen erfahren. Die Grundlage der gesetzlichen Miete, die Friedensmiete, ist unverändert geblieben. Der Vollzug des Gesetzes knüpft daher in der Friedensmiete grundsätzlich an den Mietzins an, der für die mit dem 1. Juli 1914 beginnende Mietzeit vereinbart war. Der Stichtag vom 1. Juli 1914 liegt 24 Jahre zurück. Die Schwierigkeiten der Feststellung der rechtlichen und tatsächlichen Verhältnisse, die so viele Jahre zurückliegen, vermehren sich von Jahr zu Jahr. Wesentlich ist aber die Tatsache, daß seit dem Jahre 1914 sich nicht nur die Verhältnisse auf dem Wohnungsmarkt erheblich geändert haben, sondern daß im nationalsozialistischen Staat die Grundsätze liberalistischer Wirtschaftsführung, die das Wohnungs- und Mietwesen früher beherrscht hat, keinen Platz mehr haben.

Die Anknüpfung an die Miete des 1. Juli 1914 ist darum in der Gegenwart zeitlich und wirtschaftspolitisch überholt. Die auf der sog. Friedensmiete aufgebaute gesetzliche Miete verliert mehr und mehr den Anspruch auf Gegenwartsgeltung [1]). Mit der Zunahme der Neubautätigkeit mehrt sich die Zahl der Neubauwohnungen, für die das Reichsmietengesetz nicht gilt; die Einführung der Möglichkeit, auch für diese Räume die Friedensmiete feststellen oder festsetzen zu lassen [2]), bedeutet sicherlich keine Ausdehnung oder Erhöhung des Geltungsanspruchs der Friedensmiete.

Die Änderung des Mieterschutzgesetzes und die Neufassung des Reichsmietengesetzes durch die Verordnung vom 20. April 1936 ließen erkennen, daß der nationalsozialistische Staat auch auf dem Gebiet des Mietwesens die Führung zu übernehmen gewillt ist. Es besteht kein

---

1) 2 zu § 3 RMG., 1 zu Ziff. 31 RE. 184/37.

2) § 2 Abs. 5 RMG.

Zweifel, daß der Grundsatz nationalsozialistischer Rechtsauffassung, daß jede Nutzung des Grund und Bodens den Gesetzen der Gemeinschaft unterworfen ist [3]), in erster Linie auf dem Gebiete des Mietrechts Verwirklichung finden wird: vorhandener Wohnraum muß zu angemessenen Bedingungen den wohnungssuchenden Volksgenossen zur Verfügung gestellt werden, der Vermieter muß den volkswirtschaftlich gerechtfertigten Mietzins erhalten, die Nutzung der Räume wird nach jeder [3a]) Richtung von dem Gedanken der Hausgemeinschaft [4]) beherrscht.

Die endgültige Gestaltung des kommenden Mietrechts ist mit Rücksicht auf vordringlichere Aufgaben der Gesetzgebung zurückgestellt. Im Rahmen der Durchführung des Vierjahresplanes [5]) ist die Mietpreisbildung in wesentlichen Beziehungen auf den Reichskommissar für die Preisbildung übergegangen. Das Verbot der Preiserhöhung über den Stichtag vom 17. Oktober 1936 hat nunmehr [6]) auch für die Mietzinsbildung Geltung, freilich mit dem Abmaße, daß für die Ermittlung des Stichtages auch die Rechtslage [7]) für die Zeit vom 1. Dezember 1936 mit 15. Oktober 1937 zu berücksichtigen ist.

Ziel der Preisbildung ist die Ermittlung des volkswirtschaftlich gerechtfertigten Mietzinses, d. h. des Mietzinses, der dem Nutzungswert der Räume entspricht und der zugleich die Kosten der sachgemäßen Hausbewirtschaftung deckt. Die persönlichen Verhältnisse des Mieters können ebensowenig berücksichtigt werden wie die besonderen Verhältnisse des Vermieters [8]).

Die Erreichung dieses Ziels ist nur möglich, wenn die Auffassung aufgegeben wird, daß die gesetz-

[3]) Staudinger-Kiefersauer, Vorbem. 1 zu § 535.

[3a]) Vgl. 2 zu Ziff. 15 RE.184/37.

[4]) Kiefersauer, Ungeschriebenes Hausgemeinschaftsrecht, DWohnA. 1937, 252.

[5]) Gesetz vom 29. Okt. 1936 (PBG.).

[6]) Dritte Ausführungsverordnung zur PStopV. vom 27. Sept. 1937.

[7]) 2 zur Dritten AusfVO. PStopV.

[8]) Ziffer 56 RE. 184/37.

liche Miete im Sinne des § 1 RMG. unter allen Umständen die angemessene Miete sei[9]. Weiterhin muß die Stichtagmiete in vielen Fällen eine Abwandlung erfahren, nach oben durch die Zulassung begrenzter Mietzinserhöhungen durch Ausnahmebewilligung gemäß § 3 P.-StopV., nach unten durch Herabsetzung des Mietzinses auf Grund des § 2 PBG.

Angemessen ist der Mietzins, der dem objektiven Nutzungswert der Wohnung (der Räume) entspricht. Die Feststellung des objektiven Nutzungswerts erfaßt das Haus im ganzen, erfordert also eine erhebliche Verwaltungsarbeit, sichert aber gerade durch die Einbeziehung aller Räume des Hauses, auch der nichtvermieteten, insbesondere der vom Vermieter selbst benutzten Räume, nicht nur größte Sachlichkeit, sondern auch größtmögliche Wirtschaftlichkeit der Nutzungswertfeststellung. Bei planmäßigem Einsatz der vorhandenen Kräfte, entsprechender Schulung und richtiger Zusammenarbeit mit den mit der Veranlagung der Grundstücke zum Einheitswert betrauten Finanzämtern ist die Feststellung des objektiven Nutzungswerts auch bei der Zahl der vorhandenen Wohnungen nicht unmöglich[10]. Auch die Wirtschaftlichkeitsberechnung, die der RE. 184/37 bei Neubauten und sonst vorschreibt[11], erfordert die Erstellung von Einzelberechnungen für das ganze Haus, auch wenn der Mietzins nur für eine einzelne Wohnung zur Entscheidung steht[12].

Die Maßnahmen des Reichskommissars für die Preisbildung dienen der Durchführung des Vierjahresplanes, sie sind also zeitlich begrenzt. Dies gilt auch für die Preisüberwachung und Preisbildung bei Mieten[13]. Aber ganz ebenso wie die nationalsozialistische Staatsführung die Lenkung der Wirtschaft sich zur Aufgabe gemacht hat, in demselben Maße wird die Nutzung des Mietraumes

[9]) 3 zu Ziff. 49 RE. 184/37.
[10]) Vgl. 3 zu Ziff. 7 RE. 184/37; a. M. Lampe S. 14.
[11]) Ziff. 35, 51, 55 RE. 184/37.
[12]) 1 zu Ziff. 49 RE. 184/37.
[13]) Ziff. 40 RE. 184/37.

in irgend einer Form der staatlichen Führung unterstellt werden. Die Zielsetzung bleibt, die Mittel zur Erreichung des Zieles werden andere. Da der Hausbesitz wertvolles Volksvermögen darstellt und als Steuerträger[13a]) eine hervorragende Rolle spielt, kann die Art der Bewirtschaftung dieses Volksvermögens der Staatsführung nicht gleichgültig sein. Die Feststellung des objektiven Nutzungswerts der Räume dient nicht nur der Forderung der Mieter auf angemessene Miete, sondern auch der Sicherung der Hausbewirtschaftung. Der Nutzungswert muß daher nicht nur ermittelt, sondern auch erhalten werden. Dazu gehört die Erziehung des Mieters zur sachgemäßen Behandlung des Mietraums, zur pünktlichen Mietzinszahlung ganz ebenso wie die Bereitstellung und sachgemäße Verwendung der Mittel der Hausbewirtschaftung. Über das unmittelbare Interesse der beteiligten Mieter und Vermieter, also über die — gleichsam örtliche — Hausgemeinschaft hinaus ist vom Standpunkt der Volksgemeinschaft zu fordern, daß der Hausbesitz vor Verfall geschützt wird, gleichviel, ob es sich um Mieträume oder ausschließlich vom Eigentümer benutzte Räume handelt.

Zur Feststellung des Nutzungswerts der Räume tritt die Sicherung dieses Nutzungswerts: Schutz vor steuerlicher Überlastung, vor Überschuldung, vor Verfall. Das im Hausbesitz ruhende Volksvermögen verfällt, wenn es nicht rechtzeitig und in dem erforderlichen Umfang instand gehalten wird. Deshalb ist die Instandhaltung der Räume durch organisatorische Maßnahmen sicherzustellen. Es ist eine alte Erfahrung, daß der leistungsschwache Mieter, Vermieter und Eigentümer (als Eigennutzer) Räume innehat, die in erster Linie der Instandsetzung bedürfen, während die guterhaltenen Räume in den Händen leistungsfähiger Raumnutzer sind. Jahrelange Vernachlässigung, unsachgemäße Behandlung, Interesselosigkeit und andere Umstände mögen vielfach Selbstverschulden dieses Zustandes begründet haben; es genügt, daß ohne Gemeinschaftshilfe der unwürdige Zustand nicht

---

[13a]) 1 zu Ziff. 49 RE. 184/37.

beseitigt werden kann. Bevölkerungspolitische Gründe, insbesondere der Gedanke des Schutzes der kinderreichen Familie, treten hinzu: nur die Gemeinschaft der Hausgemeinschaften kann den Schutz vor dem Verfall gewährleisten. Vor fast 20 Jahren habe ich den Gedanken der Wohnungsabnutzungsversicherung zur Verwirklichung in Vorschlag gebracht, die durch Zusammenfassung der Mieter, Vermieter und Eigenhausbesitzer es ermöglichen sollte, „daß die wirtschaftlich stärkeren Beteiligten für die schwächeren die erforderlichen Mittel aufbringen und damit eine allzugroße Belastung der leistungsschwachen Mitglieder verhindern"[14]).

Organisatorische Maßnahmen allein sind in der Lage, das Problem der Angleichung der Altbaumieten an die höheren Neubaumieten zu lösen. Es darf bei der Feststellung des objektiven Nutzungswerts nicht übersehen werden, daß bei manchen Neubauten, insbesondere aus der Zeit um 1928/29, die Baukosten tatsächlich so hoch waren, daß eine über dem objektiven Nutzungswert liegende Miete im Interesse der Hausbewirtschaftung gefordert werden mußte. In diesen Fällen führt die Feststellung des objektiven Nutzungswerts zu einer Herabsetzung der privatwirtschaftlich gerechtfertigten Miete[15]). Die Festsetzung des volkswirtschaftlich gerechtfertigten (niedrigeren) Mietzinses macht hier die Vermietung auf die Dauer unwirtschaftlich. Andererseits wird die ordnungsgemäße Instandsetzung der Altbauten in den meisten Fällen eine Erhöhung des Nutzungswertes zur Folge haben[16]). Soweit die Instandsetzung durch die organisatorische Gemeinschaftsleistung, etwa im Rahmen der Wohnungsabnutzungsversicherung, in großem Umfang durchgeführt werden kann, führt die Erhöhung der Nutzungswerte in zahlreichen Fällen zu einer Annäherung der Nutzungswerte in Alt- und Neubauten.

---

[14]) Kiefersauer-Scherer, Mieterschutz und Wohnungsmangel, Hilpoltstein 1921. S. XXVII; wegen Einzelabhandlungen, vgl. Kiefersauer, DWohnA. 1938, 5.

[15]) 1 zu Ziff. 49 RE. 184/37.

[16]) Ziff. 31 RE. 184/37.

Zur Sicherung des Volksvermögens zählt auch der Schutz gegen Zerstörung durch Katastrophen bei Gebäuden, insbesondere durch Brand. Die Wiederherstellung der durch Brand zerstörten Räume sicherzustellen, ist Aufgabe der Gebäudebrandversicherung, die abzuschließen, jeder Gebäudeeigentümer verpflichtet werden sollte.

Die Mietzinsbildung ist von einem bloßen Rechtsproblem zu einem Problem des Gemeinschaftsrechts entwickelt worden. Über der Idee der Hausgemeinschaft steht die Gemeinschaft der Hausgemeinschaften, die Volksgemeinschaft, deren Anforderungen auf dem Gebiete des Miet- und Wohnungswesens das kommende Mietrecht zu verwirklichen haben wird.

I. Reichsmietengesetz

1. Reichsmietengesetz.

In der Fassung des Art. I der Verordnung über die Änderung des Reichsmietengesetzes vom 20. April 1936 (RGBl. I S. 378, 380).

Das RMG. gilt seit 1. April 1937 im ganzen Reichsgebiet; im Saarland ist das Gesetz durch die Verordnung vom 22. März 1937 (RGBl. I S. 372) mit der Abänderung vom 6. August 1938 (RGBl. I S. 1046) eingeführt worden. Im Lande Österreich gilt vorläufig noch das österreichische Mietengesetz vom 15. Dez. 1922 mit den Änderungen vom 30. Juni 1925, 14. Juni 1929 und 26. Juni 1933.

§ 1

(1) Der Vermieter wie der Mieter[1] eines Gebäudes oder Gebäudeteils[2] kann jederzeit[3] dem anderen Vertragsteil gegenüber erklären[4], daß die Höhe des Mietzinses nach den Vorschriften dieses Gesetzes berechnet werden soll (gesetzliche Miete)[5]. Die Erklärung bedarf der schriftlichen Form[6]. Sie hat die Wirkung[7], daß die gesetzliche Miete von dem ersten Termin ab, für den die Kündigung nach § 565 des Bürgerlichen Gesetzbuchs zulässig sein würde, an die Stelle des vereinbarten Mietzinses tritt und daß der Vertrag auf Verlangen des anderen Vertragsteils als auf unbestimmte Zeit geschlossen gilt.

(2) Kommt ein Einverständnis über die Höhe der gesetzlichen Miete nicht zustande, so entscheidet auf Antrag eines Vertragsteils das Mieteinigungsamt[8] [9].

(3) Der Reichsarbeitsminister kann für einzelne Gemeinden anordnen, daß Vereinbarungen über die Höhe des Mietzinses der Gemeinde anzuzeigen[10] sind.

1. **Nur Mietverhältnisse** unterliegen den Bestimmungen des RMG. Die Begründung des Mietverhältnisses erfolgt in der Regel durch Vertrag (§ 535 BGB.), dessen Inhalt in zunehmendem Maße durch den Deutschen Einheitsmietvertrag eine einheitliche Ausrichtung im Sinne eines Ausgleichs der entgegengesetzten Belange der Mieter und Vermieter erfährt. Darüber hinaus begünstigt die Entwicklung des Mietrechts die Entstehung von Mietverhältnissen auf gesetzlicher Grundlage, z. B. im Falle des § 5a Abs. 4 MSchG., § 21 MSchG.; auch durch die Festsetzung des Zwangsmietvertrages auf Grund des § 4 des Wohnungsmangelgesetzes — seit 1. April 1933 außer Kraft — sind gültige Mietverhältnisse geschaffen worden, die heute noch rechtswirksam sein können, vgl. Staudinger-Kiefersauer Vorbem. 55 zu § 535.

Nur rechtsgültige Mietverhältnisse kommen in Betracht, RGZ. 113, 159. Die Anwendung des RMG. entfällt daher, wenn der Mietvertrag z. B. wegen Geschäftsunfähigkeit einer Partei nichtig ist oder wenn er wegen Irrtum, Drohung usw. angefochten worden ist, RGZ. 104, 364. Die Verletzung der Schriftform des § 566 BGB. bewirkt nicht die Ungültigkeit des Mietvertrages.

Trotz Vorhandenseins eines Mietverhältnisses ist für die Anwendung des RMG. kein Raum, wenn der Mietzins für die ganze Vertragszeit im voraus bezahlt ist, RG. BayZ. 1925, 131; JW. 1929, 2861; DMR. 892. Ob das Wohnenbleiben des Verkäufers eines Hauses in der bisherigen Wohnung auf Grund eines Mietvertrages oder des Kaufvertrages erfolgt, ist nach den Umständen des Falles zu entscheiden; in einzelnen Fällen (RG. JW. 1926, 1949; JW. 1927, 579, 580; RGZ. 121, 141) ist die Berufung des Käufers auf die gesetzliche Miete auch dann für zulässig erklärt worden, wenn der Kaufpreis mit Rücksicht auf das Wohnrecht des Verkäufers besonders niedrig bemessen worden ist, vgl. auch Staudinger-Kiefersauer Vorbem. 162 zu § 535.

Von dem Grundsatz, daß das RMG. nur auf Mietverhältnisse Anwendung findet, gibt es eine Ausnahme: Verträge, die unter Umgehung oder zum Zwecke der Umgehung des Gesetzes abgeschlossen sind, werden ohne Rücksicht auf die Rechtsnatur des Vertragsverhältnisses vom Gesetze erfaßt, § 19 Abs. 2.

Keine Anwendung findet das Gesetz auf die unentgeltliche Überlassung von Räumen zum Gebrauch, also nicht auf die Wohnungsleihe (§ 598 BGB.), ferner nicht auf das dingliche Wohnungsrecht (§ 1093 BGB.), nicht auf die bäuerlichen Übergabeverträge, nicht auf Dienst- und Werkwohnverträge (RGZ. 105, 46), nicht auf die Überlassung von Räumen in Hotels, Fremdenheimen, Schülerheimen, Kliniken usw., vgl. Staudinger-Kiefersauer, Vorbem. 63, 64, 67 zu § 535. Wegen der sog. Genossenschaftsmiete vgl. Staudinger-Kiefersauer, 56 zu § 535. Besonders hervorzuheben ist, daß Pachtverhältnisse über Räume für die Anwendung des RMG. nicht in Frage kommen. Über die oft schwierige Abgrenzung von Miete und Pacht bei gewerblicher Raumnutzung vgl. Staudinger-Kiefersauer, 4 ff. zu § 581; zu beachten ist, daß für die Abgrenzung nicht die von den Parteien beliebte Bezeichnung des Vertrags entscheidet, sondern der rechtliche Inhalt, RGZ. 125, 128. Sind bei einem einheitlichen Rechtsverhältnis verschiedene Rechtsnormen, z. B. Miete und Pacht zur Anwendung zu bringen, so entscheidet hinsichtlich der Anwendung des RMG. der wirtschaftlich überwiegende Zweck des Rechtsverhältnisses, ein Grundsatz, der auch für die Anwendung des Mieterschutzgesetzes gilt, BayObLG. BayZ. 1928, 146.

Die Entscheidung über die Rechtsnatur des Rechtsverhältnisses trifft nicht das Mieteinigungsamt, sondern das ordentliche Gericht; das MEA. hat bei seiner Entscheidung grundsätzlich von dem Sachvortrag des Antragstellers auszugehen, das Vorbringen des Antragstellers also ohne weitere Prüfung insoweit als richtig anzusehen, als es sich um Rechtsfragen handelt, die der Entscheidung durch das MEA. entzogen sind, RGZ. 140, 144; Staudinger-Kiefersauer, Vorbem. 141 zu § 535.

Ob der Mieter oder Vermieter Inländer oder Ausländer ist — BayObLG. BayZ. 1925, 188 —, ob sie physische oder juristische Personen sind — RGZ. 111, 8 — ist für die Anwendung des Gesetzes unerheblich. Für Juden gilt in dieser Hinsicht kein Sonderrecht; es darf aber — insbesondere im Hinblick auf die Verordnung gegen die Unterstützung der Tarnung jüdischer Gewerbebetriebe vom 22. April 1938 (RGBl. I S. 404) — als Rechtsgrundsatz gelten, daß der Vermieter vor Abschluß des Mietvertrages unaufgefordert dem Mieter darüber Auskunft zu erteilen hat, ob im Hause Juden wohnen oder wohnen werden, da keinem rassenbewußten Deutschen die Hausgemeinschaft mit Juden zugemutet werden kann, Kiefersauer ZAkdR. 1938, 172; Dahmann GrundE. 1939, 49. Wegen der Bedeutung der Zugehörigkeit des Mieters zur jüdischen Rasse für das Mieterschutzgesetz vgl. Kiefersauer, Mieterschutzrecht, 6. Aufl.; Vertragsanfechtung wegen Irrtums ist möglich AG. Magdeburg GrundE. 1938, 902.

2. Das RMG. gilt nur für **Gebäude und Gebäudeteile** (Räume), also nicht für bewegliche Unterkunftsräume, z. B. Wohnwagen, Zelte, Schiffe; Holzbaracken sind Gebäude, wenn die dauernde Belassung auf ihrem Standort beabsichtigt ist. Gebäude sind Hochbauten, die mit dem Erdboden in einer Weise fest verbunden sind, daß sie von dem Boden ohne Zerstörung wesentlicher Bestandteile nicht getrennt werden können.

Überlassung eines Platzes innerhalb eines Gebäudes (Bahnhof, Markthalle) ist ebensowenig Raumüberlassung wie die Vermietung von Wandflächen. Lagerplätze, Höfe, unbebaute Grundstücke zählen nicht hierher, auch dann nicht, wenn der Mieter Baulichkeiten auf dem Platz errichten will, gleichviel ob diese Bestandteile des Grundstücks nach § 95 BGB. werden (OLG. Königsberg JW. 1927, 1950) oder nicht (RG. JW. 1926, 574; 1929, 3287).

Bei einheitlichem Mietverhältnis über Gebäude und Grundstücksflächen (Wohnung mit Garten, besonders großem Hofraum) entscheidet der wirtschaftliche Zweck der

Überlassung, der dem Raum oder der Fläche die Eigenschaft eines Zubehörs zuweist, z. B. der Garten ist Zubehör der Wohnung, daher Anwendung des RMG. auch hinsichtlich des Gartens, Ebel 2 zu § 1; anders die Rspr. des KG. JW. 1924, 2005; JW. 1927, 501.

Die Zweckverwendung des Raumes ist grundsätzlich unerheblich; vorübergehende Zweckverwendung schließt aber im Rahmen des § 16 Nr. 7 die Anwendung des Gesetzes aus. Wegen der Befreiung der Neubauten, Geschäftsräume, der Gebäude des Reichs, der Länder, der gemeinnützigen Wohnungsunternehmen s. § 16.

3. Einschränkung durch § 1a. Diese zeitliche Schranke entfällt für den Mieter, der nach Ziff. 25, 30 RE. 184/37 bei Altwohnungen und Mischräumen jederzeit bei der Preisbehörde die Herabsetzung des vereinbarten Mietzinses auf die gesetzliche Miete verlangen kann, Kiefersauer, DWohnA. 1938, 9.

4. Die gesetzliche Miete tritt nicht kraft Gesetzes ein, sondern nur auf Grund schriftlicher **Erklärung** eines Vertragsteiles, die dem anderen Vertragsteil gegenüber abzugeben ist. Eine höhere Vertragsmiete ermäßigt sich ohne eine solche Erklärung nicht auf die ges. M., RGZ. 103, 311. Es kann aber nach § 22 das Verbot der Vereinbarung eines höheren Mietzinses als der ges. M. bei neuen Mietzinsvereinbarungen für das Land oder bestimmte Gemeinden erlassen sein. Darüber hinaus können gemäß Ziff. 28 RE. 184/37 die Preisbehörden mit Zustimmung der Preisbildungsstelle auch für bestehende Mietverhältnisse die Forderung einer höheren als der gesetzlichen Miete verbieten; für die Reichshauptstadt Berlin ist eine Anordnung über die Senkung der Mieten von Räumen, die dem RMG. unterliegen, am 22. Dez. 1937 / 14. Jan. 1938 (Anhang Nr. 4) erlassen worden, vgl. GrundE. 1938, 1, 21, 41, 61 u. 133.

Die Ausübung des Rechts auf die ges. M. verstößt niemals gegen die §§ 157, 226, 242 BGB., LG. Berlin, JW. 1927, 1952. Soweit aber die gesetzliche Miete höher ist als die maßgebende Stichtagmiete — Stopmiete vgl. 2 zur Dritten AusfVO. PStopV. — muß der Erklärende vor Abgabe der Erklärung die nach § 3 PStopV. erforderliche Ausnahmebewilligung der Preisbehörde einholen; vgl. 4 zu Ziff. 49 RE. 184/37. Ohne diese Zustimmung ist die Erklärung der ges. M. rechtsunwirksam; der Erklärende ist nach § 4 PStopV. strafbar. Die Zustimmung der Preisbehörde ist nicht erforderlich, wenn die vereinbarte Miete am Stichtag höher war als die ges. M., Kiefersauer, DWohnA. 1938, 9.

Der Vermieter kann aber, statt durch Erklärung der ges. M. eine Mietzinserhöhung herbeizuführen, unmittelbar bei der Preisbehörde die Genehmigung einer Mietzinserhöhung beantragen und diese, soweit mieterschutzpflichtige Räume in Frage kommen, im Wege der Mietaufhebungsklage — 5 zu § 2 durchsetzen, vgl. 1 zu Ziff. 16 RE. 184/37.

Das Recht auf die ges. M. kann durch Vereinbarung nicht ausgeschlossen werden, § 19; soweit § 1a nicht Platz greift, kann die Erklärung die Vertragsmiete wiederholt beseitigen; KG. JW. 1926, 1082.

Die Rechtswirkung der Erklärung der ges. M. tritt unabhängig von dem Willen des Erklärenden kraft Gesetzes ein, unten 7.

Mehrere Mieter oder Vermieter können die Erklärung der ges. M. nur gemeinsam und gegenüber allen Erklärungsempfängern abgeben. Das gilt grundsätzlich auch für Eheleute, die gemeinsam mieten oder vermieten, es sei denn, daß im Mietvertrag einseitige Erklärungen als verpflichtend bezeichnet sind vgl. § 14 Abs. 2 DEMV.

Einseitiger Widerruf der Erklärung ist unzulässig; Anfechtung der Erklärung wegen Irrtums ist unter Umständen möglich; vgl. aber 1 zu § 20.

5. Vertragsmiete, nicht ges. M., liegt vor, wenn die Parteien vereinbaren, daß die Berechnung des Mietzinses auf der Grundlage der nach § 2 zu ermittelnden Friedensmiete nach den Vorschriften des RMG. erfolgen soll, RGZ. 120, 21; 124, 225; Staudinger-Kiefersauer, Vorbem. 181 zu § 535; a. M. Dahmann, DWohnA. 1938, 11. Die irrtümliche Bezeichnung ändert an dieser Rechtslage nichts. Die Vertragsmiete kann durch Erklärung nach § 1 jederzeit beseitigt werden, auch nach ver-

gleichsweiser Erledigung eines Streites über die Höhe der FM. vor dem MEA. Solange die Erklärung nach § 1 die Vertragsmiete nicht beseitigt hat, gilt die vereinbarte Miete als Jahresfriedensmiete im Sinne des reichs- und landesrechtlichen Lockerungsrechts.

Gesetzliche Miete ist ein Rechtsbegriff: sie umfaßt nicht nur die festgesetzten Hundertsätze der Friedensmiete, sondern auch alle reichsrechtlich und landesrechtlich zugelassenen Umlagebeträge, §§ 3, 11 RMG., § 1 AusfVO. RMG. Als Rechtsbegriff ist die ges. M. der Parteivereinbarung entzogen. Im Geltungsbereich des RMG. ist grundsätzlich für eine Aufwertung des Mietzinses nach allgemeinen Aufwertungsgrundsätzen kein Raum, RG. JW. 1927, 580; vgl. Staudinger-Kiefersauer, Vorbem. 198 zu § 535.

Die Herabsetzung der Vertragsmiete auf die ges. M. durch die Preisbehörde ist nicht gleichbedeutend mit der Einführung der ges. M. gemäß § 1; durch diese Entscheidung wird lediglich die Höhe der Vertragsmiete geändert, die herabgesetzte Miete bleibt Vertragsmiete, vgl. 1 zu § 20; ferner 3 zu Ziff. 25 RE. 184/37. Das gleiche gilt, wenn bei Erklärung der ges. M. die Erhöhung der Miete nicht in vollem Umfang genehmigt wird, vgl. 4 zu Ziff. 49 RE. 184/37.

Die Erhöhung der ges. M. durch Zuschläge für Untervermietung ändert an dem Charakter der ges. M. nur dann nichts, wenn landesrechtlich diese Erhöhung zugelassen ist, wie z. B. in Oldenburg und Hamburg. Wenn dagegen darüber hinaus im Einzelfall von der Preisbehörde die Erhebung eines Zuschlages für Untervermietung zugelassen wird, so verwandelt sich die ges. M. in eine Vertragsmiete, vgl. 1 zu § 2 PreußAusfV. RMG.; 1 zu Ziff. 9; 2 zu Ziff. 10 RE. 184/37.

Sonstige Erhöhungen der ges. M. z. B. durch Feststellung oder Festsetzung der FM., durch Umlegung zugelassener Beträge, durch Zuschläge gemäß §§ 10, 13a ändern, wenn sie nach den Vorschriften des RMG. und in dem hiernach vorgeschriebenen Verfahren erfolgen, an dem Charakter der ges. M. nichts. Entscheidungen des MEA. sind für die Vertragsteile unmittelbar verbindlich,

§ 15. Soweit aber eine Erhöhung der ges. M. ohne Mitwirkung des MEA. durch Ausnahmebewilligung gemäß § 3 PStopV. durch die Preisbehörde zugelassen wird, verpflichtet diese Entscheidung den Mieter nur dann, wenn er der Erhöhung zustimmt; dann aber verwandelt sich die ges. M. in eine Vertragsmiete, vgl. Ziff. 72 RE. 184/37.

Wegen der Zahlung der ges. M. vgl. § 5.

6. Die **Schriftform** ist für die Erklärung der ges. M. zwingend vorgeschrieben. Privatschriftlichkeit genügt, § 126 BGB. Mündliche Erklärung ist unwirksam, § 125 BGB., es sei denn, daß der Erklärungsgegner den Vertragsantrag annimmt. Erschwerung der Schriftform durch Vereinbarung ist nach § 19 unwirksam. Ob die Schriftform gewahrt ist, darüber entscheidet das Gericht, nicht das MEA. Der Antrag an das MEA. auf Festsetzung der Friedensmiete ist nicht als Erklärung der ges. M. anzusehen, da das Formerfordernis nicht erfüllt ist, KG. EA. 681.

Die Wirksamkeit der Erklärung erfordert weiterhin, daß sie dem Erklärungsempfänger zugeht, § 130 BGB.; vgl. hierzu Staudinger-Kiefersauer, Vorbem. 173 zu § 535.

7. Wirkung der Erklärung: Berechnung des Mietzinses nach den Vorschriften des Gesetzes; Durchführung dieser Rechtsfolge durch Vereinbarung der Vertragsteile oder durch Entscheidung des MEA. (Abs. 2). Weitere Rechtsfolge: einseitige Änderung der Vertragsdauer, aber nur auf Verlangen des anderen Vertragsteiles — Mieters oder Vermieters —. Der Eintritt der ges. M. hat weiter den Wegfall der Instandsetzungsleistungen des Mieters zur Folge § 20. Entsprechend den Bestimmungen des § 565 BGB. — ob und welche vertraglichen Kündigungsfristen vereinbart sind, ist unerheblich — muß das schriftliche Verlangen nach ges. M. dem anderen Teil zugegangen sein

1. bei wöchentlicher Bemessung des Mietzinses spätestens am ersten Werktag der Woche, damit die ges. M. vom nächsten Sonntag ab an die Stelle der bisherigen Miete tritt;

2. bei **monatlicher** Mietzinsbemessung spätestens am 15. ds. Mts.: Geltung nächster Monatserster;
3. bei Bemessung nach einem **ganzen** oder **halben** Jahr oder einem **Vierteljahr** spätestens am dritten Werktag des Kalendervierteljahrs, damit die ges. M. vom nächsten Kalendervierteljahresersten ab an die Stelle der bisherigen Miete tritt. Das gleiche gilt, wenn der Mietzins für eine **längere** Zeit bemessen ist.

Maßgebend ist die **Bemessung** des Mietzinses, nicht die Art der Zahlung, vgl. Kiefersauer, Die Miete S. 163.

Die Anwendung des § 565 BGB. erfährt eine Änderung bei Mietverhältnissen, bei denen eine Mietzeit nicht bestimmt ist oder die sonst z. B. wegen Verletzung der Schriftform (§ 566 BGB.) auf unbestimmte Zeit laufen. Nach den §§ 1, 4 des Gesetzes über die Auflockerung der Kündigungstermine bei Mietverhältnissen über Wohnräume vom 24. März 1938 (RGBl. I S. 306) tritt die ges. M. bereits am nächsten Monatsersten nach Ablauf der Dreimonatsfrist an die Stelle der Vertragsmiete. Diese Abwandlung der Regelung in § 565 Abs. 1 Satz 1 BGB. — unter Aufrechterhaltung der Kündigungsfrist von drei Monaten — gilt seit 1. April 1938 nur für Wohnräume und Geschäftsräume nach Maßgabe des § 3 des Gesetzes. Für alle **anderen** Raummietverhältnisse auf unbestimmte Zeit und — grundsätzlich — für Mietverhältnisse auf bestimmte Zeit bleibt es bei der Regel des § 565 BGB.; wegen Einzelheiten vgl. die Erläuterung des Gesetzes vom 24. März 1938 bei Kiefersauer, Mieterschutzrecht, 6. Aufl. Es ist aber zu beachten, daß die Erklärung der ges. M. nach § 1 — auf Verlangen des anderen Vertragsteiles — zur Folge hat, daß der auf bestimmte Zeit geschlossene Mietvertrag sich in einen Vertrag auf unbestimmte Zeit verwandelt und damit dem Gesetz vom 24. März 1938 künftig unterstellt wird. Das Verlangen des anderen Vertragsteiles muß nach Treu und Glauben alsbald nach der Erklärung der ges. M. erklärt werden, vgl. Staudinger-Kiefersauer, Vorbem. 178 zu § 535; Ebel 6 zu § 1.

Durch Parteivereinbarung kann die Wirksamkeit der ges. M. auf einen früheren oder späteren Zeitpunkt verlegt werden.

8. Die **Zuständigkeit des MEA.** im Rahmen des RMG. umfaßt — vgl. Staudinger-Kiefersauer, Vorbem. 140 zu § 535 — nach Reichsrecht

1. die Entscheidung über die Höhe der ges. M., § 1 Abs. 2;
2. die Feststellung der tatsächlichen Friedensmiete (§ 2 Abs. 3) und die Festsetzung der ortsüblichen Friedensmiete (§ 2 Abs. 4), auch im Rahmen des § 2 Abs. 5;
3. die Festsetzung eines besonderen Zuschlags zur ges. M. bei gewerblichen Betrieben, § 10;
4. die Entscheidung über die Zulässigkeit und den Maßstab der Umlegung sowie die Ersetzung der Zustimmung des Mieters zu baulichen Veränderungen, § 13a.

Nach Aufhebung der Sonderregelung gem. Abschnitt III der Ersten AusfV. zur PStopV. gelten seit 16. Oktober 1937 die Vorschriften der PStopV. unbeschränkt auch für jede Mietpreisbildung, gleichviel ob das Mietverhältnis den Bestimmungen des RMG. unterliegt oder nicht. Jede Mietpreiserhöhung bedarf daher der Zustimmung der Preisbehörde, 2, 3 zur Dritten AusfVO., unten S. 125.

Für das MEA. ergibt sich hieraus die Folgerung, daß es zu allen Entscheidungen, die eine Erhöhung des Mietzinses zur Folge haben, der **Zustimmung der Preisbehörde** bedarf; vgl. Ziff. 59, 61 RE. 184/37. Dies gilt uneingeschränkt für die Entscheidung gemäß § 10, für Entscheidungen zu Ziffer 1—2 nur dann, wenn entweder bei Mietverhältnissen, die dem RMG. unterliegen, die ges. M. gilt, oder wenn bei anderen Mietverhältnissen die Friedensmiete als Berechnungsgrundlage für die Höhe der Vertragsmiete vereinbart ist; denn nur in diesen Fällen berechtigt die Entscheidung den Vermieter gemäß § 15 ohne weitere Vereinbarung den höheren Mietzins zu verlangen, Ziff. I AV. d. RJM. vom 5. April 1938, s. Anhang Nr. 3. In den Fällen des § 2 Abs. 5 tritt diese

Rechtsfolge nicht ein, so daß die Genehmigung der Preisbehörde auch dann nicht einzuholen ist, wenn eine Erhöhung der bisherigen Miete in Frage kommt; das MEA. wird zweckmäßigerweise darauf hinweisen, daß die Entscheidung dem Vermieter kein Recht gibt, einen höheren Mietzins zu verlangen, vgl. Lampe S. 71 und 2 zu Ziff. 25.

Wird ein Verfahren im Streit um die Höhe der ges. M. (§ 1 Abs. 2) oder der FM. (§ 2 Abs. 3 u. 4) durch Vergleich erledigt, der eine Erhöhung der bisher bezahlten Miete zur Folge hat, oder wird sonst in einem Vergleich eine Mieterhöhung vereinbart, so ist nach Ziff. I der AV. vom 5. 4. 1938 die Genehmigung der Preisbehörde vorzubehalten; es bleibt dem Vermieter überlassen, die Genehmigung herbeizuführen.

Im Falle der Ziffer 4 ist die Zuständigkeit des MEA. gegenüber dem Wortlaut des § 13a eine beschränktere geworden. Das MEA. ist nicht mehr zuständig für die Festsetzung des umlagefähigen Gesamtbetrags und für die Verteilung dieses Betrags auf eine Mehrheit von Mietern; diese Aufgabe ist auf die Preisbehörde übergegangen. Die in Ziff. 4 bezeichnete Entscheidung über Zulässigkeit der Zusatzmiete und Ersatz der Zustimmung des Mieters bleibt bei dem MEA., vgl. 5 zu § 13a. Hält dieses eine Zusatzmiete für gerechtfertigt, die den von der Preisbehörde genehmigten Betrag übersteigt, so darf der Mehrbetrag erst zugesprochen werden, wenn die Zustimmung der Preisbehörde vorliegt.

Wegen der formellen Behandlung der Herbeiführung der hiernach erforderlichen Genehmigung der Preisbehörden vgl. Ziffer III der AV. vom 5. April 1938 sowie Ziff. 59 RE. 184/37. Die Entscheidung der Preisbehörde ist, soweit eine Mieterhöhung in Frage kommt, Urteilsvoraussetzung, nicht Prozeßvoraussetzung für die Entscheidung des MEA., vgl. Römer, JW. 1938, 648. Das MEA. hat die Angelegenheit bis zur Entscheidungsreife vorzubereiten und bei Meinungsverschiedenheiten erforderlichenfalls die Verhandlungen zu ergänzen und der Preisbehörde erneut vorzulegen. Bei Entscheidungen, die nach Auffassung des MEA. der Genehmigung der Preisbehörde nicht bedürfen, ist in den Gründen darauf hinzuweisen, daß eine Mieterhöhung, die aus der Entscheidung hergeleitet werden will, nur mit Genehmigung der Preisbehörde zulässig ist.

Von dieser Rechtsauffassung abweichende Ausführungen im RE. 153/37 sind vom RfP. durch E. vom 6. April 1938 (Anhang 3) als überholt erklärt.

9. Wegen der **Aufgaben** des MEA. vgl. Staudinger-Kiefersauer, Vorbem. 141 zu § 535; Ebel 7 zu § 1. Das MEA. ist zur Entscheidung von Rechtsfragen nur insoweit berufen, als das RMG. ihm diese ausdrücklich zuweist; die Voraussetzungen und die Rechtsfolgen einer Entscheidung zu beurteilen, ist in der Regel Aufgabe des ordentlichen Gerichts, vgl. oben 1 und 6; vgl. ferner 5 zu § 1a; 3 zu § 20.

Soweit sich die **Entscheidung** des MEA. innerhalb seiner sachlichen Zuständigkeit hält, ist sie für das ordentliche Gericht **bindend**, RGZ. 103, 315; 140, 144.

Wegen des Verfahrens vor dem MEA. vgl. §§ 37 ff. MSchG. und Staudinger-Kiefersauer, Vorbem. 142—145 zu § 535.

10. Durch § 1 Abs. 2 AusfVO. RMG. sind die obersten Landesbehörden zu der Anordnung nach Abs. 3 ermächtigt worden. Im Gegensatz zu der Regelung des bisherigen § 18 über das Mietenverzeichnis beschränkt sich die Anordnung nach Abs. 3 nicht auf die Friedensmiete, sondern erfaßt alle Mietzinsvereinbarungen, gleichgültig, ob ges. Miete oder Vertragsmiete, ob Mietverhältnisse in Frage stehen, für die das RMG. gilt oder nicht. Verletzung der Anzeigepflicht ist nach § 23 strafbar. Eine Anordnung nach Abs. 3 ist in Preußen und Bayern nicht erlassen worden.

§ 1a[1]

Eine Berufung auf die gesetzliche Miete[2] ist nach[3] Ablauf eines Jahres seit dem Beginn der Mietzeit nicht mehr zulässig, es sei denn[4], daß derjenige, der sich auf die gesetzliche Miete beruft, in eine wirtschaftliche Notlage geraten ist und die Änderung des Mietzinses auch bei Berücksichtigung der Verhältnisse des anderen Teils nicht als unbillig bezeichnet werden kann[5]. Wird die Geltung des Reichsmietengesetzes auf Mietverhältnisse wieder ausgedehnt (§ 22 Satz 2), so beginnt die Frist bei laufenden Mietverhältnissen mit dem Inkrafttreten der entsprechenden Verordnung.

1. Die Vorschrift des § 1a in der ursprünglichen Fassung wurde eingefügt durch Art. III Nr. 1 Kap. IV des Siebenten Teiles der RPrVO. vom 1. Dez. 1930 (RGBl. I, 598). Hiernach war außer dem in der geltenden Fassung angeführten Fall die Berufung auf die ges. M. ausgeschlossen

a) wenn der Vermieter zum Abschluß des Mietvertrages wesentlich dadurch bewogen worden ist, daß der Mieter ihm ein günstigeres Angebot gemacht hatte als ein anderer Bewerber,
b) wenn der andere Vertragsteil mit Rücksicht auf die abweichende Vereinbarung entsprechende Leistungen übernommen hat.

Diese Bestimmungen haben in der Praxis zu einer weitgehenden Einschränkung der Berufung auf die ges. M. geführt und damit die Möglichkeit, Mietpreissteigerungen durch das RMG. zu verhindern, erschwert. Deshalb hat Art. I § 3 des Gesetzes vom 18. April 1936 (RGBl. I, 371) die Unzulässigkeit der Berufung auf die ges. M. auf den Fall des bisherigen § 1a Buchst. c eingeschränkt und dementsprechend wurde bei der Neufassung § 1a RMG. geändert.

Für bestehende Mietverhältnisse, d. h. solche, die am 1. Mai 1936 noch laufen, gilt grundsätzlich § 1a in alter Fassung weiter; die Änderung der Neufassung gilt für diese Mietverhältnisse nur dann, wenn eine landesrechtliche Anordnung nach § 22 Satz 2 RMG. die Geltung des RMG. auf sie wieder ausgedehnt hat und zwar tritt die Rechtsänderung mit dem Inkrafttreten dieser Anordnung ein. Für nach dem 1. Mai 1936 neu begründete Mietverhältnisse gilt die neue Fassung des § 1a. Den Vertragsteilen ist es anheimgestellt, auch bei laufenden Mietverhältnissen die Neuregelung des § 1a durch Vereinbarung als verbindlich anzuerkennen.

Im Saarland gilt für die Berufung auf die ges. M. die Sondervorschrift des § 2 Abs. 2 der AusfVO. z. RMG. in der Fassung vom 6. Aug. 1938 (RGBl. I S. 1046).

2. Die Berufung auf die ges. M. ist ausgeschlossen, wenn seit Beginn der Mietzeit, d. h. seit dem vertraglich vereinbarten Anfang des Mietverhältnisses, ein Jahr verflossen ist. Auf den Zeitpunkt des Vertragsabschlusses kommt es nicht an; auch die tatsächliche Ingebrauchnahme der Mieträume durch den Mieter, d. h. der Einzug des Mieters, ist nicht maßgebend. Wechsel in der Person eines oder beider Vertragsteile, z. B. Grundstückserwerb auf Seite des Vermieters, Erbgang auf Seite des Mieters, setzt nicht einen neuen Beginn der Mietzeit in Lauf, Dahmann S. 11. Voraussetzung aber ist, daß die Vertragsmiete ein Jahr in Geltung war; bei Wechsel zwischen ges. M. und Vertragsmiete während der Vertragsdauer ist maßgebend der Zeitpunkt, von dem ab zuletzt die Vertragsmiete gegolten hat. Die Vorschrift geht davon aus, daß derjenige, der ein Jahr lang eine Vertragsmiete gezahlt oder angenommen hat, an die Vereinbarung gebunden sein soll.

Die Berufung auf die ges. M. ist trotz Ablauf eines Jahres zulässig, wenn derjenige, der sich auf die ges. M. beruft, verschuldet oder unverschuldet in eine wirtschaftliche Notlage geraten ist. Daß diese Notlage besonders drückend sei, ist nicht vorgeschrieben; bloß vorübergehende wirtschaftliche Schwierigkeiten, insbes. Zahlungsunfähigkeit genügen nicht. Die Notlage braucht nicht erst in letzter Zeit entstanden zu sein; es genügt, wenn sie im ersten Mietjahr bestanden hat, vgl. KG. GrundE. 1936, 487.

Trotz der Notlage ist die Berufung auf die ges. M. ausgeschlossen, wenn die Änderung des Mietzinses bei Berücksichtigung der Verhältnisse des anderen Teiles unbillig sein würde. Dabei sind die gesamten Verhältnisse des anderen Teiles, also die geschäftlichen, sozialen und vermögensrechtlichen Verhältnisse zu würdigen; auf den Rechtsgrund der ermittelten Verhältnisse, insbes. auf das Verschulden der Notlage, kommt es nicht an.

3. Bis zum Ablauf des Jahres nach Beginn der Mietzeit kann sich jeder Vertragsteil auf die ges. M. berufen und zwar ohne Rücksicht auf eine etwa vorhandene Notlage oder sonstige Behältnisse. Es gilt ausschließlich die Regel des § 1, vgl. aber 4 zu § 1.

4. Die Beweislast für die Unzulässigkeit der Berufung auf die ges. M. im allgemeinen und beim Vorhandensein von Unbilligkeit trotz Notlage trifft den, der die Unzulässigkeit geltend macht, während der „Berufende" die Notlage darzutun hat.

5. Die Entscheidung über das Vorliegen der Voraussetzungen des § 1a steht dem ordentlichen Gericht, nicht dem MEA. zu, KG. DMR. 1248.

Wegen der Möglichkeit des Mieters nach Ablauf der Jahresfrist die Herabsetzung der Miete auf die ges. M. bei der Preisbehörde zu beantragen, vgl. 3 zu § 1. Diese Einschränkung des § 1a ist um so beachtenswerter, als bei Herabsetzung der Vertragsmiete auf die ges. M. — vgl. 5 zu § 1 — eine Wiedererhöhung der Miete nur mit Zustimmung der Preisbehörde zulässig ist, vgl. Ziff 71 RE. 184/37.

Wegen der Möglichkeit des Vermieters unmittelbar bei der Preisbehörde eine Erhöhung des Mietzinses zu beantragen, vgl. 5 zu § 2. Von dieser Möglichkeit wird er dann Gebrauch machen, wenn wegen des Zeitablaufs die Erklärung der ges. M. nicht mehr möglich, die Festsetzung der FM. also für ihn praktisch wertlos ist.

§ 2

(1) Bei Berechnung der gesetzlichen Miete ist von dem Mietzins auszugehen, der für die mit dem 1. Juli 1914 beginnende Mietzeit vereinbart war (Friedensmiete)[1]. Hatte der Vermieter oder der Mieter vor dem 1. Juli 1914 vertraglich oder ortsüblich Nebenleistungen übernommen, die er nach dem Bürgerlichen Gesetzbuch nicht zu tragen hatte, und waren diese auf die Festsetzung der Höhe

des Mietzinses von Einfluß, so sind diese Nebenleistungen in Geld zu veranschlagen und bei der Bemessung der Friedensmiete zu berücksichtigen. Der Reichsarbeitsminister kann für Nebenleistungen dieser Art einen Hundertsatz der Friedensmiete allgemein bestimmen. Bei Räumen mit Sammelheizung und Warmwasserversorgung [2] ist für Vergütungen, die in der Friedensmiete für die Heizstoffe enthalten sind, ein Betrag abzuziehen, den der Reichsarbeitsminister bestimmt. Der verbleibende Restbetrag [3] gilt als Friedensmiete im Sinne von Satz 1 (reine Friedensmiete).

(2) Der Vermieter hat dem Mieter auf Verlangen Auskunft [4] über die Höhe der Friedensmiete zu geben. Insbesondere hat der Vermieter einen in seinem Besitze befindlichen Mietvertrag über die Räume, aus dem die Höhe der Friedensmiete hervorgeht, dem Mieter auf Verlangen vorzulegen.

(3) Besteht über die Höhe der Friedensmiete Streit, so ist sie auf Antrag eines Vertragsteils von dem Mieteinigungsamt festzustellen [5].

(4) War eine Friedensmiete nicht vereinbart oder läßt sie sich nicht mehr feststellen oder weicht sie aus besonderen Gründen in außergewöhnlichem Umfang von dem damaligen ortsüblichen Mietzins ab, so hat das Mieteinigungsamt auf Antrag eines Vertragsteils als Friedensmiete den ortsüblichen Mietzins festzusetzen [6, 7]. Das gleiche gilt für Gebäude und Gebäudeteile, die nach dem 1. Juli 1914 bezugsfertig geworden oder in erheblicher Weise baulich verändert sind oder zu wesentlich anderen

Zwecken verwendet werden, sofern diese Umstände einen abweichenden Mietzins rechtfertigen. Als ortsüblich ist der Mietzins anzusehen, der für die mit dem 1. Juli 1914 beginnende Zeit in der Gemeinde für Räume gleicher Art und Lage regelmäßig vereinbart war. Bei Bauten, deren Fertigstellung in der Zeit vom 1. Juli 1914 bis zum 30. Juni 1918 erfolgte, hat das Mieteinigungsamt die Friedensmiete in der Höhe festzusetzen, welche den gegen die Friedenszeit erhöhten Baukosten entspricht.

(5) Die Feststellung oder Festsetzung der Friedensmiete kann auch[5] bei Räumen beantragt werden, die nicht dem Reichsmietengesetz unterliegen oder für die nicht die gesetzliche Miete gezahlt wird.

1. Die **Friedensmiete** ist die Grundlage der ges. M. Ihrer begrifflichen Darstellung dienen die Abs. 1 und 4. Die FM. ist eine gegebene feste Größe; die bisher ausnahmsweise zugelassene Korrektur der FM. im Wege des Ausgleichs (Abs. 5 früherer Fassung) ist nicht mehr möglich. Wegen der Bedeutung der Jahresfriedensmiete für die landesrechtliche Lockerung von den Vorschriften des RMG. vgl. 1 zu § 1 PreußAusfV. RMG.

Friedensmiete (FM.) ist der tatsächlich für den vom 1. Juli 1914 ab laufenden Zeitabschnitt (§§ 551 ff. BGB.) vereinbarte Mietzins. Bei Staffelmiete ist der am 1. Juli 1914 zu zahlende Mietzinsbetrag auf den Jahresbetrag umzurechnen; das KG. (EA. 344, 514) will den Durchschnittsbetrag des für die ganze Vertragsdauer vereinbarten Mietzinses feststellen, wie hier Brandis, JW. 1924, 2007. Da die FM. die gesamte Entgeltsleistung für die Gebrauchsüberlassung umfaßt, sind andere als Geldleistungen, z. B. Dienstleistungen usw. bei der Ermittlung der FM. in Geld zu veranschlagen. Dies gilt insbes. für die vertragliche Übernahme von Leistungen, zu denen der Mieter oder Vermieter kraft Gesetzes nicht verpflichtet war. Deshalb sind diese **Nebenleistungen des Mieters**, soweit sie von Einfluß auf die Höhe des Mietzinses sind und nach dem Gesetz den Vermieter treffen, der tatsächlichen FM. **hinzuzurechnen**, z. B. besondere Verpflichtung des Mieters zur Zahlung von Wassergeld, Beiträge zur Treppenbeleuchtung, Kanalbenützungsgebühren, Gebühren für die Straßenreinigung und Müllabfuhr, besondere Entschädigung für die Benutzung der Waschküche und des Trockenbodens, für die Einrichtung des Badezimmers usw. Umgekehrt sind **Nebenleistungen**, die der **Vermieter** über seine gesetzliche Verpflichtung hinaus übernommen hat und sofern sie auf die Höhe des Mietzinses von Einfluß waren, z. B. die Bereitstellung eines Aufzugs, die Lieferung von Dampf, Wasser, Elektrizität (vgl. DWohnA. 1933, 91), von Preßluft usw., von der tatsächlich vereinbarten FM. **abzuziehen**. Geringfügige Nebenleistungen des Vermieters z. B. das Schließen und Öffnen der Haustüre am Morgen und am Abend, das Anzünden und Auslöschen der Treppenbeleuchtung bleiben unberücksichtigt; im übrigen kann trotz Übernahme einer Leistung der Nachweis erbracht werden, daß die Nebenleistung (Verpflichtung) ohne Einfluß auf die Höhe des Mietzinses gewesen ist.

Die Berücksichtigung vertraglicher oder ortsüblicher Nebenleistungen in diesem Sinne wird durch § 2 Abs. 1 Satz 2 RMG. ausdrücklich vorgeschrieben; der Reichsarbeitsminister — oder die von ihm nach § 4 Satz 1 AusfVO. RMG. ermächtigte oberste Landesbehörde oder von ihr beauftragte Stelle — kann für diese Nebenleistungen einen **Hundertsatz** der FM. allgemein bestimmen. In **Preußen** sind durch § 9 der AusfVO. die Gemeinden ermächtigt, deren Befugnisse in Gemeinden unter 2000 Einwohnern nach § 13 der Landrat ausübt. **Bayern** hat von der Ermächtigung nicht Gebrauch gemacht.

Bei Mitvermietung von **Einrichtungsgegenständen**, insbes. Möbeln, sind diese bei Ermittlung der Friedensmiete außer Betracht zu lassen, da nur die Ermittlung der Raummiete in Frage kommt, KG. EA. 353, 545, 608. Die FM. ist nach Abs. 4 auch dann **festzu-**

setzen, wenn der Mietwert der mitvermieteten Gegenstände verhältnismäßig gering ist. Die Übernahme von Dienstleistungen des Mieters rechtfertigt dagegen nicht die Festsetzung der FM., KG. GrundE. 1936, 158. Bei Mitvermietung eines Hausgartens wird diesem grundsätzlich ein eigener Mietwert nicht zuzuerkennen, die Festsetzung der FM. nicht zulässig sein, vgl. Ebel 2 zu § 2 (gegen die Rspr. des KG.).

2. Für eine besondere Art von Nebenleistungen des Vermieters, nämlich für die Bereitstellung der **Heizstoffe** bei Räumen mit Sammelheizung und **Warmwasserversorgung** sind von Reichs wegen bestimmte Hundertsätze für den Abzug bei Ermittlung der FM. festgesetzt: 7 v. H. für die Sammelheizung und 3 v. H. für die Warmwasserversorgung § 2 AusfVO. RMG.

Die Bereitstellung umfaßt auch die Heranschaffung der Heizstoffe. Dagegen zählen die Kosten für Bedienung und Instandhaltung der Heizanlage nicht hierher; sie sind Betriebs- bzw. Instandsetzungskosten.

3. Die unter Beachtung dieser Grundsätze — oben 1, 2 — ermittelte Friedensmiete ist die **reine Friedensmiete**; sie ist der Berechnung der gesetzlichen Miete zugrunde zu legen.

Wegen der Beurteilung der rechtspolitischen Bedeutung der Friedensmiete vgl. 2 zu § 3.

4. Die Verpflichtung des Vermieters zur **Auskunfterteilung** (§§ 259, 260 BGB.) umfaßt wohl die Vorlage, nicht aber die Herausgabe des Mietvertrages an den Mieter. Dieser kann gegen den Vermieter Klage auf Auskunfterteilung und Vorlegung des Mietvertrages erheben, KG. EA. 422. Die Vorlage der Mietnachweise des Katasteramts für den 1. Juli 1914 kann nicht verlangt werden; der Vermieter wird aber einem Verlangen des Mieters in seinem eigenen Interesse nachkommen, Dahmann S. 16. Hat der Vermieter keine Unterlagen, so kann sich der Mieter, wenn er berechtigten Grund zu der Annahme hat, daß er eine höhere als die ges. M. zahlen muß, an die Preisbehörde wegen weiterer Ermittlungen wenden, vgl. 2 zu Ziff. 25 RE. 184/37.

5. Das Gesetz unterscheidet zwischen Feststellen und Festsetzen der FM. durch das MEA.; nur die letztere Entscheidung hat rechtsgestaltende Wirkung.

Die **Feststellung** der FM. erfolgt, wenn die rechtlichen Unterlagen für die Ermittlung der FM. (Abs. 1) gegeben sind, die Parteien aber über die Höhe der FM. sich nicht einigen können (Abs. 3).

Die **Festsetzung** der FM. erfolgt ausschließlich in den Fällen des Abs. 4.

Der Antrag auf Feststellung oder Festsetzung der FM. ist nicht erst zulässig, wenn ein Vertragsteil die Erklärung nach § 1 abgegeben hat; die bisher bestrittene Frage — vgl. auch noch KG. JW. 1934, 46 — ist durch die Regelung in Abs. 5 dahin entschieden, daß die Feststellung oder Festsetzung der Friedensmiete auch dann beantragt werden kann, wenn die gesetzliche Miete nicht bezahlt wird. Darüber hinaus ist dieser Antrag auch zulässig bei R ä u m e n, d i e d e m R e i c h s m i e t e n g e s e t z n i c h t u n t e r l i e g e n, gleichviel ob die Ausnahmestellung eine ursprüngliche ist z. B. § 16 Nr. 1 oder eine im Wege reichs- oder landesrechtlicher Anordnung erfolgte nachträgliche Freistellung vorliegt. Das Interesse an der Ermittlung der Friedensmiete reicht über den Geltungsbereich des RMG. hinaus und kann vorliegen, selbst wenn es sich nicht um Mietverhältnisse handelt. § 15 Abs. 1 findet keine Anwendung, 1 zu § 15. Frühere, unter Überschreitung der Zuständigkeit vom MEA. vorgenommene Ermittlungen der FM. sind nicht zu beachten, RGZ. 140, 144. Die Verpflichtung des MEA. zur Feststellung oder Festsetzung der Friedensmiete für das ganze Mietverhältnis besteht hiernach zweifelsfrei — für das bisherige Recht vgl. u. a. KG. 17 Y 22/32 und 23/32 DWohnA. 1933, 33 —, wenn das Mietverhältnis sich auf Räume bezieht, die zum Teil dem Reichsmietengesetz nicht unterstehen. Wegen des Erfordernisses und des Rechtsschutzbedürfnisses vgl. Dahmann S. 18; KG. JW. 1937, 2832. Nur offenbar überflüssige Anträge auf Ermittlung der FM. hat das MEA. und die Beschwerdestelle auch jetzt noch abzulehnen, Ebel, 13 zu § 2; Dahmann GrundE. 1936; 449; Holthöfer JW. 1937, 2565.

Antragsberechtigt sind nur die Vertragsteile, KG. EA. 597; mehrere Mieter oder Vermieter können nur gemeinschaftlich und nur gegen alle Vertragsgegner die Feststellung oder Festsetzung der FM. beantragen. Waren die Räume am 1. Juli 1914 an mehrere einzelne Mieter oder an einen einzelnen Mieter, aber durch mehrere Mietverträge vermietet, so liegt eine vereinbarte Miete nicht vor, weshalb die ortsübliche Miete als FM. festzusetzen ist, KG. EA. 368; LG. I Berlin, DMR. 1004, s. unten 6 Ziff. 1.

Wegen der unter Umständen gebotenen Einholung der Zustimmung der Preisbehörde zu der Entscheidung des MEA. und des formellen Verfahrens vgl. 8 zu § 1.

Der Vermieter kann, um eine Erhöhung des Mietzinses zu erreichen, statt die Feststellung oder Festsetzung der FM. beim MEA. zu beantragen, unmittelbar bei der Preisbehörde um Genehmigung der Mietzinserhöhung nachsuchen und im Wege der Aufhebungsklage gemäß § 4 der Ersten AusfVO zur Verordnung über Kündigungsschutz für Miet- und Pachträume vom 4. Dez. 1937 (RGBl. I S. 1325) die genehmigte Mietzinserhöhung durchsetzen, vgl. 1 zu Ziff. 16 und Ziff. 18; 1 zu Ziff. 59; 3 zu Ziff. 61 RE. 184/37.

Die Feststellung u. Festsetzung der FM. ist im Streitfall immer nur Aufgabe des MEA., dessen Entscheidung jeder Vertragsteil auch nach Genehmigung der Mietzinserhöhung durch die Preisbehörde jederzeit beantragen kann vgl. 1 zu § 19. Bei Streit über die Höhe der ges. M., insbes. über die FM., empfiehlt es sich deshalb grundsätzlich, die Parteien an das MEA. zu verweisen, vgl. 2 zu Ziff. 25 und 27 RE. 184/37, aber auch 5 zu § 1a und 3 zu § 15 RMG. Auch in diesem Falle kann die Preisbehörde das Ausmaß der Erhöhung des Mietzinses bestimmen, vgl. Ziff. 59—61 RE. 184/37. Die Befugnis die volkswirtschaftlich gerechtfertigte Miete auf Grund des § 2 PBG. festzusetzen, steht der Preisbehörde in jedem Fall zu.

Wegen der Möglichkeit der Ermittlung der FM. durch die Preisbehörde vgl. 2 zu Ziff. 25, 1 zu

Ziff. 59 RE. 184/37. Ist die Festsetzung einer der FM. entsprechenden Berechnungsgrundlage durch die Preisbehörde einmal erfolgt, so kann die Festsetzung einer höheren FM. durch das MEA. nur mit Zustimmung der Preisbehörde erfolgen.

6. Die **Festsetzung** der FM. ist nach Abs. 4 nur in folgenden Fällen möglich:

1. beim Mangel einer Mietzinsvereinbarung zum 1. Juli 1914, z. B. weil die Räume leerstanden oder der Hauseigentümer sie selbst benutzte oder bei Teilung der Wohnung und späterer getrennter Vermietung, BayObLG. BayZ. 1925, 188 u. 399; KG. EA. 329, 403, 426, 487; s. auch oben 5.
2. beim Mangel einer Feststellungsmöglichkeit: erforderlich ist, daß eine Vereinbarung über die FM. nicht mit Sicherheit nachgewiesen werden kann und alle Möglichkeiten der Beweiserhebung für eine Feststellung nach Abs. 3 erschöpft sind;
3. beim Nachweis außergewöhnlicher Abweichung vom ortsüblichen Mietzins. Voraussetzung ist, daß eine Vereinbarung des Mietzinses für den 1. Juli 1914 vorliegt. Die Abweichung muß außergewöhnlich, d. h. über das normale Maß der ortsüblichen Unterschiede hinausgehen. Auf welchen „besonderen Gründen" die Abweichung beruht hat, wird man nach bald 25 Jahren schwerlich feststellen können; es genügt deshalb wohl der Nachweis der Tatsache. Beispiele: Zustand und Wert der Mietsache haben sich gegenüber 1914 geändert; Veränderungen der Gegend oder der Verkehrsverhältnisse. Dagegen ist die Verbilligung der Mieten infolge starken Angebots (Krisenmiete) am 1. Juli 1914 ebenso unbeachtlich wie die Tatsache, daß der Mieter seit 1905 die Räume ohne Mietzinssteigerung innehat (KG. JW. 1938, 51). Zur Praxis vgl. Staudinger-Kiefersauer, Vorbem. 190 zu § 535. Beachtenswert ist, daß bei Erhöhung der FM. lediglich wegen „Veränderung der Gegend" die Zustimmung der Preisbehörde — 8 zu § 1 — nicht zu erwarten

ist, Ziff. 59 RE. 184/37. Nach Ziff. III AV. RJM. vom 5. April 1938 ist in einem solchen Fall vor weiterer Prüfung der Antragsteller auf diese Rechtslage hinzuweisen. Sind zugleich andere Gründe geltend gemacht worden, so gilt Ziff. 59 nicht; dagegen können Krisenmieten nicht durch Festsetzung einer höheren FM. beseitigt werden; a. M. LG. Berlin, GrundE. 1938. 481; vgl. auch 1 zu Ziff. 26 u. 48.

4. bei später fertiggestellten Bauten: für Räume, die in der Zeit vom 1. Juli 1914 bis 30. Juni 1918 bezugsfertig oder in erheblicher Weise baulich verändert worden sind, hat das MEA. bei der Festsetzung der hier fingierten FM. die gegen die Vorkriegszeit erhöhten Baukosten zu berücksichtigen, vgl. KG. JW. 1925, 2621, 2622; KG. DMR. 866, 1249; KG. MietG. 1930, 65. Die bauliche Veränderung der Räume muß eine erhebliche sein und einen abweichenden Mietzins rechtfertigen, z. B. Einbau eines Badezimmers, eines Fahrstuhls, einer Sammelheizanlage, KG. JW. 1925, 2256; 1927, 588, 590. Bauten, die nach dem 1. Juli 1918 bezugsfertig wurden, stehen nach § 16 außerhalb des RMG.

5. bei wesentlicher Änderung der Zweckverwendung (Änderung des Gewerbebetriebs) ist vom MEA. der ortsübliche Mietzins festzusetzen: Wohnräume werden ganz oder teilweise als Geschäftsräume verwendet, KG. EA. 514 u. JW. 1938, 2403; BayObLG. BayZ. 1925, 15, 188.

Der ortsübliche Mietzins ist abhängig von der Lage und Beschaffenheit der Räume; für Räume gleicher Art und Lage — Vergleichsräume — kann der ortsübliche Mietzins nur aus der Betrachtung einer größeren Anzahl von Mietzinsvereinbarungen der maßgeblichen Zeit entnommen werden. Aus der Praxis vgl. KG. EA. 480, 707; BayObLG. BayZ. 1925, 314; Staudinger-Kiefersauer, Vorbem. 194 zu § 535. § 10 der Preuß. AusfVO. verbietet ausdrücklich die Festsetzung der ortsüblichen Miete ohne Heranziehung von Vergleichsräumen lediglich durch bloße Abschätzung oder durch Aufstellung von Durchschnittspreisen für Quadratmeterflächen.

7. Ist die FM. durch rechtskräftige Entscheidung des MEA. festgesetzt worden, so ist unter denselben Parteien ein Antrag auf Feststellung der FM. nicht mehr zulässig. Gegenüber einer rechtskräftigen Entscheidung des MEA. können die Parteien im Hinblick auf § 44 MSchG. nur dann eine abweichende Festsetzung der FM. bean-beantragen, wenn sie den Antrag auf neue Tatsachen zu gründen imstande sind, die sie in dem früheren Verfahren nicht geltend machen konnten.

Von besonderer Bedeutung ist in diesem Zusammenhang die Bestimmung des Art. I Abs. 2 der VO. vom 20. April 1936 (RGBl. I, 378), die für die Feststellungen oder Festsetzungen der Friedensmiete gilt, die nach den bisherigen Bestimmungen eine andere Behörde als das MEA. vorgenommen hat. Die Bestimmung lautet:

„Hat nach der bisher geltenden landesrechtlichen Regelung eine andere Behörde als das Mieteinigungsamt die Friedensmiete festgestellt oder festgesetzt, so kann die oberste Landesbehörde anordnen, daß eine neue Feststellung oder Festsetzung der Friedensmiete durch das Mieteinigungsamt nicht auf Grund solcher Tatsachen beantragt werden kann, die in dem früheren Verfahren geltend gemacht worden sind oder geltend gemacht werden konnten; Tatsachen, auf die danach ein Antrag nicht mehr gegründet werden kann, dürfen zur Unterstützung eines auf andere Tatsachen gegründeten Antrags geltend gemacht werden."

In Preußen und Bayern ist eine solche Anordnung nicht ergangen.

§ 3

Die gesetzliche Miete ist in einem Hundertsatz der Friedensmiete festzusetzen [1]. Sie ist so festzusetzen, daß sie zur Deckung der Betriebs- und Instandsetzungskosten ausreicht und eine angemessene Verzinsung des Fremd- und Eigenkapitals ermöglicht [2].

1. Durch die AusfVO. RMG. haben der Reichsarbeitsminister und der Reichsminister der Justiz für die ges. M. folgende Grundsätze aufgestellt:

1. Der Mindestsatz der gesetzlichen Miete beträgt 110 v. H.
2. Mit Zustimmung der beiden Reichsminister setzen die obersten Landesbehörden die Höhe der ges. M. im übrigen fest; die Befugnis zur Anordnung der Umlegung von Teilen der ges. M. ist ausdrücklich hervorgehoben.

Zur Umlegung zugelassen sind

in Preußen: die Grundsteuer im bisherigen Umfang, das Wassergeld, die Kosten der Heizstoffe für Sammelheizung und Warmwasserversorgung, Mehrkosten der Abgaben für Entwässerung und Fäkalienabfuhr, für Straßenreinigung und Müllabfuhr nach dem 30. April 1936 (§§ 3, 4, 5, 6, 11 AusfVO.),

in Bayern: Mehrkosten für gemeindliche Gebühren und Abgaben nach dem 1. Januar 1929, in beschränktem Umfang die Grundsteuer (§ 3 AusfVO.).

Die Umlegung bei Neueinführung oder Erhöhung von Steuern und Gebühren bedarf, da sie eine Erhöhung des Mietzinses zur Folge hat, der vorherigen Zustimmung der Preisbehörde; diese entscheidet gemäß Ziff. 43—47 RE. 184/37. Die Genehmigung wird bei Gebühren nach Ziff. 43 Satz 2 in der Regel durch allgemeine Anordnung erteilt, vgl. 3 zu Ziff. 43 RE. 184/37. Zur Frage der Mieterhöhung bei Steuererhöhung vgl. Kiefersauer, DWohnA. 1938, 414 und 2 zu § 4. Bis zum 16. Oktober 1937 bedurfte die Umlegung des Mehrbetrages der Lasten keiner Genehmigung, vgl. 7 zur Ersten AusfVO. PStopV.

2. Die ges. M. soll nach dem Grundgedanken des RMG. die Bewirtschaftung des Hauses sicherstellen. Dementsprechend ist auch die ges. M. durch die Zulassung der Umlegung bestimmter Teile beweglich gestaltet. Die Anknüpfung an die FM. läßt freilich die Ermittlung der angemessenen Miete nicht zu, Kiefersauer, DWohnA. 1938, 5. Die Feststellung der FM. kann — abgesehen von der zeitlichen Entwertung — nach der grundlegenden

Wandlung des Rechtsdenkens durch die nationalsozialistische Rechtsauffassung Gegenwartsgeltung deshalb nicht mehr beanspruchen, weil die Mietzinsbildung im Jahre 1914 liberalistischen Grundsätzen, insbes. dem Einfluß von Angebot und Nachfrage, unterworfen war. Vgl. 1 zu Ziff. 31 RE. 184/37; ferner 3 zu Ziff. 49.

§ 4

Betriebskosten sind[1] für das Haus zu entrichtende Steuern, öffentliche Abgaben, Versicherungsgebühren, Verwaltungskosten und ähnliche Unkosten[2].

1. Die Aufzählung der Betriebskosten ist keine erschöpfende; landesrechtliche Ergänzungen der Vorschrift sind zu beachten, vgl. § 5 BayAusfVO. RMG.

2. Die Betriebskosten sollen grundsätzlich durch die ges. M. ihre Deckung finden. Hinsichtlich der Steuern gilt aber der Grundsatz, daß die steuerliche Mehrbelastung, die bei einzelnen Vermietern durch die Einführung des Grundsteuergesetzes vom 1. Dez. 1936 entstanden sind, zu einer Erhöhung der Miete nicht führen darf. **Die Miete erstarrt auf der bisherigen Höhe**, d. h. auf der Grundlage der steuerlichen Belastung vor dem 1. April 1938; dies gilt für alle Mietverhältnisse, gleichviel ob sie dem RMG. unterliegen oder nicht, vgl. RE. 155/37 — vgl. 7 zur Ersten, 1 zur Dritten AusfVO. PStopV. — und Ziff. 47 RE. 184/37. Auf die Tatsache, daß die Möglichkeit der Abwälzung von Steuererhöhungen auf die Mietpreise entfällt — dazu Kiefersauer, DWohnA. 1938, 58 —, hat auch die Steuerpolitik der Länder und Gemeinden Rücksicht zu nehmen, Lampe, DWohnW 1937, 766 und Kiefersauer, DWohnA. 1938, 414. Die Neueinführung oder Erhöhung von Gebühren ist nur mit Zustimmung der Preisbildungsstellen zulässig, RdE. RMJ. vom 7. Juli 1937, RMBliV. Sp. 1113.

Wegen der möglichen Mietpreiserhöhung für Sondersteuern, die den Mieter treffen und die ab 1. April 1938 in Wegfall gekommen sind, vgl. die Verordnung vom 1. April 1938 (RGBl. I S. 370), unten S. 209.

Die den Vermieter treffende Grundsteuer darf dieser — soweit er bisher überhaupt zu ihrer Umlegung befugt war — nur in der Höhe des vor dem 1. April 1938 geltenden Betrages umlegen; dieses Recht steht ihm aber auch dann zu, wenn infolge der Belastungsverschiebungen die ihn treffende Grundsteuer sich ermäßigt hat, vgl. § 3 Abs. 1 PreußAusfVO. Wo die Umlegung der Grundsteuer grundsätzlich ausgeschlossen war, durch die Neuordnung der Grundsteuer aber bisher umlegungsfähige Abgaben beseitigt worden und in die Grundsteuer übergegangen sind, war eine Neuordnung des Umlegungsverfahren notwendig, vgl. § 3 Abs. 2 BayAusfVO.

§ 5

Gilt[1] die gesetzliche Miete und[2] ist der Mietzins in längeren Zeitabschnitten als einem Monat zu zahlen, so kann der Vermieter wie der Mieter verlangen, daß der Mietzins monatlich gezahlt wird[3] [4].

1. Voraussetzung für die Anwendung des § 5 ist, daß es sich nicht nur um Mietverhältnisse handelt, die dem Reichsmietengesetz unterliegen, sondern daß für das Mietverhältnis auf Grund der Erklärung eines Vertragsteiles nach § 1 die gesetzliche Miete gilt. Wird der Mietzins nach Vereinbarung lediglich nach den Vorschriften des Gesetzes über die gesetzliche Miete berechnet, so liegt Vertragsmiete vor; § 5 findet hier keine Anwendung. Das gleiche gilt, wenn die Vertragsteile nach Abgabe der Erklärung nach § 1 über ihre Grundlage, die Friedensmiete, sich geeinigt haben; es gibt nur eine richtige gesetzliche Miete und nur eine richtige Grundlage hiefür, vgl. 5 zu § 1.

2. Weitere Voraussetzung: die Zahlung — nicht die Bemessung, vgl. 7 zu § 1 — des Mietzinses muß in längeren Zeitabschnitten als einem Monat vereinbart sein, z. B. vierteljährlich. Ist dies der Fall, dann kann jeder Vertragsteil — nicht nur der Vermieter — verlangen, daß der Mietzins monatlich bezahlt wird. Das Verlangen

ist eine Willenserklärung, die dem anderen Teil gegenüber abzugeben ist; es gelten hierfür die Bestimmungen der §§ 130ff. BGB. Eine Form ist — abweichend von § 1 — nicht vorgeschrieben; das Verlangen kann daher jederzeit mündlich oder schriftlich gestellt werden.

3. § 5 trifft keine Vorschrift darüber, ob der Mietzins im voraus oder nachträglich zu zahlen ist. Hierüber entscheiden mangels anderweitiger Vereinbarung die §§ 551, 271 BGB. § 4 des Deutschen Einheitsmietvertrages sieht aus hauswirtschaftlichen Gründen als Regelfall die Vorauszahlung des Mietzinses vor.

4. Im Rahmen des gesetzlichen Übergangsrechts nach § 22a Nr. 1 Abs. 3 RMG. gilt § 5 entsprechend auch für alle Mieträume, die auf Grund landesrechtlicher Anordnung von den Vorschriften des Reichsmietengesetzes ausgenommen worden sind. Die Herausnahme des § 30 MSchG. aus § 52e MSchG. hat zur Folge, daß die entsprechende Regelung des § 5 RMG. für die reichsrechtliche Lockerung im Falle des § 32a MSchG. trotz der Anwendung des § 52e MSchG. nicht mehr gilt.

§ 6[1]

(1) Hat[2] der Vermieter[3] die Ausführung notwendiger Instandsetzungsarbeiten unterlassen, so hat eine von der obersten Landesbehörde zu bestimmende Stelle die sachgemäße Ausführung der Instandsetzungsarbeiten[4] durch geeignete Anordnungen[5] zu sichern. Sie kann insbesondere[6] anordnen, daß die Mieter einen entsprechenden Teil des Mietzinses nicht an den Vermieter, sondern an die Stelle selbst oder eine andere Stelle zu entrichten haben, oder daß sie die Arbeiten selbst ausführen und einen entsprechenden Betrag des Mietzinses einbehalten können. Der Betrag, der auf Grund einer solchen Anordnung für Instandsetzungsarbeiten in

Anspruch genommen wird, darf bei dem jeweils fälligen Mietzins einen Hundertsatz der Friedensmiete nicht übersteigen, den der Reichsarbeitsminister bestimmt. Insoweit erlischt der Anspruch des Vermieters; dies gilt auch für den Fall der Abtretung, Verpfändung oder Beschlagnahme der Mietzinsforderung.

(2) Vor einer Anordnung nach Abs. 1 sind beide Vertragsteile zu hören; gegen die Anordnung soll die Beschwerde vorgesehen werden.

(3) Die oberste Landesbehörde[7] regelt das Verfahren im einzelnen. Sie kann anordnen, daß die Beträge von den Mietern wie Gemeindeabgaben beigetrieben werden können.

(4) Diese Vorschrift gilt auch[3] für Räume, für die nicht die gesetzliche Miete gezahlt wird[8].

1. Durch die Neufassung des § 6 ist zunächst der Abs. 1 des bisherigen § 6, der dem Vermieter die sachgemäße Verwendung des Instandsetzungszuschlags auferlegte, gestrichen worden. Ein besonderer Instandsetzungszuschlag im Sinne des früheren § 3 besteht nicht mehr. Darüber hinaus besteht Einverständnis darüber, daß der Verwendungszwang des bisherigen Abs. 1 an sich nicht weitergehend war als die in § 536 BGB. gesetzlich festgelegte Verpflichtung des Vermieters zur Erhaltung des Mietraums in dem zum vertragsmäßigen Gebrauch erforderlichen Zustand; über den Umfang dieser Verpflichtung vgl. Staudinger-Kiefersauer, 10—25 zu § 536. Die Verpflichtung des Vermieters ist bei Eintritt der ges. M. eine unbedingte; anderweitige Vereinbarungen treten nach § 20 außer Kraft. Die Verpflichtung des Vermieters ist nicht auf die Mittel der ges. M. oder eines bestimmten Teiles desselben beschränkt (RGZ. 115, 277; KG. JW. 1934, 1428); andererseits war der Vermieter nicht verpflichtet, die nicht verwendeten Beträge des bisherigen Instandsetzungszuschlages für später anfallende Reparaturarbeiten anzusammeln. Abs. 1 wurde bei der Neufassung des RMG. gestrichen.

2. Die privatrechtlichen Rechtsbehelfe des Mieters bei Nichterfüllung oder nicht rechtzeitiger Erfüllung der Erhaltungspflicht des Vermieters (§§ 537 bis 540 BGB.; Kiefersauer, Die Miete S. 70) bleiben unberührt; sie stehen ihm neben dem Verwaltungszwangsverfahren des § 6 zu. Die Anordnungen nach Abs. 1 werden ohne Rücksicht darauf getroffen, ob ein privatrechtlicher Anspruch des Mieters gegen den Vermieter besteht oder nicht.

Wegen der Ungültigkeit eines vertraglichen Aufrechnungsverbots für bestimmte Ersatzansprüche des Mieters vgl. §§ 28, 52e Nr. 2 MSchG.

3. Das **Verwaltungszwangsverfahren** des § 6 — dazu Fritsch, GrundE. 1936, 1038, 1100 — gilt grundsätzlich nur für Mietverhältnisse, die dem Reichsmietengesetz unterliegen; sie beschränkt sich aber nicht auf die Fälle, in denen auf Grund des § 1 RMG. die gesetzliche Miete in das Mietverhältnis eingeführt ist. § 6 findet darüber hinaus nach Abs. 4 auch auf Mieträume Anwendung, für die nicht die gesetzliche Miete, sondern die Vertragsmiete — 5 zu § 1 — gezahlt wird. Demnach greift § 6 nicht wie § 2 Abs. 5 RMG. über die Grenzen des Reichsmietengesetzes hinaus; die Möglichkeit zur Ausübung des öffentlichen Zwanges gegen den Vermieter, der die Ausführung notwendiger Instandsetzungsarbeiten unterläßt, besteht aber innerhalb des Reichsmietengesetzes bei jedem Mietverhältnis; dies gilt auch dann, wenn es nach den bisher geltenden Bestimmungen durch Zwangsmietvertrag — § 4 WMG. — rechtsgültig begründet worden ist.

Wegen der Ausdehnung des § 6 auf Lockerungsräume s. unten 8; wegen der Erweiterung des § 6 durch Maßnahmen der Preisbehörde vgl. unten 7.

Die Einleitung des Verfahrens ist unabhängig von einem Antrag des Mieters; sie erfolgt im öffentlichen Interesse zur Erhaltung des Mietraumes und ist zur Abwendung gesundheitlicher Gefahren sogar dann möglich, wenn der Mieter auf die einzelne Instandsetzungsarbeit verzichten sollte. Voraussetzung ist, daß der Vermieter — schuldhaft oder nicht — säumig ist; Verzug des Vermieters ist nicht erforderlich.

4. Die frühere Unterscheidung zwischen laufenden und großen Instandsetzungsarbeiten ist aufgegeben; deshalb ist die Anwendung des § 6 auch nicht mehr wie bisher auf laufende Instandsetzungsarbeiten beschränkt. Jede Instandsetzungsarbeit in- und außerhalb des Mietraumes kann Gegenstand des öffentlichen Zwanges sein, sofern sich im Rahmen der dem Vermieter nach § 536 BGB. obliegenden Verpflichtung zur Erhaltung des Mietraumes (Gebäudes) in dem zum vertragsmäßigen Gebrauch erforderlichen Zustand hält. Die Instandsetzungsarbeit muß notwendig sein; der Begriff „notwendig" darf indes bei Wohnungen nicht zu eng ausgelegt werden; notwendig sind alle Arbeiten, die zur Erhaltung der Bewohnbarkeit des Hauses und der Gesundheit der Bewohner erforderlich sind, RE. RArbM. vom 20. Okt. 1936, GrundE. 1936, 1038. In Betracht kommt z. B. die Beseitigung schadhaften Mauerwerks, überhaupt jedes gefahrbringenden Zustandes in den eigentlichen Mieträumen, in den gemeinschaftlich benutzten Räumen, Treppen und Zugängen; Instandsetzung der Kanal- und Wassereinrichtung, der Ofen usw. Auch sog. Schönheitsinstandsetzungen — vgl. Staudinger-Kiefersauer, 18 zu § 536 — können notwendig sein, z. B. aus gesundheitlichen Gesichtspunkten.

5. Die **Anordnung** der zuständigen Stelle erfolgt ohne Rücksicht auf die vertraglichen Abmachungen über die Instandsetzungspflicht. Sie ist also auch dann möglich, wenn nach dem Vertrag den Mieter die Instandsetzung trifft; diese Leistungspflicht des Mieters wird aber durch die Anordnung nach § 6 nicht beseitigt, RG. DMR. 914. Über Schadenersatzansprüche des Vermieters gegen den verpflichteten Mieter entscheidet das ordentliche Gericht; dieses kann aber nicht durch einstweilige Verfügung die Durchführung der Anordnung nach § 6 verhindern, LG. I Berlin, EA. 499; a. M. LG. III Berlin, GrundE. 1924, 942.

Zuständig ist in Preußen die Gemeindebehörde, in Bayern die Bezirksverwaltungsbehörde, s. unten 7. Die Anordnung soll nach § 6 Abs. 2 beschwerdefähig sein. Rechtliches Gehör (Abs. 2) kann auch ohne mündliche Verhandlung erfolgen; doch ist diese stets zweckmäßig.

6. Die Maßnahmen im Einzelfall stehen im Ermessen der zuständigen Stelle. Sie müssen geeignet sein, dem Mißstand abzuhelfen. Zweckmäßig wird zunächst der Vermieter unter Fristsetzung zur Ausführung der von der Stelle zu bezeichnenden Arbeiten aufzufordern sein. In zweiter Linie kann die Stelle selbst die Durchführung der Arbeiten veranlassen und zu diesem Zweck einen Handwerker beauftragen. Endlich kann der Mieter zur Ausführung der Instandsetzungsarbeiten auf Kosten des Vermieters ermächtigt werden. Der Teil des Mietzinses, der zur Deckung der Kosten in Anspruch genommen wird, darf nach § 3 AusfVO. RMG. 18 v. H. der Friedensmiete nicht übersteigen.

Mit der Inanspruchnahme dieses Teilbetrages des Mietzinses erlischt die Mietzinsforderung des Vermieters in dieser Höhe mit der weiteren Folge, daß der Mietzins insoweit weder pfändbar noch abtretungsfähig ist; auch bestehende Rechte werden hiervon betroffen, Abs. 1 Satz 4.

7. Preußen: § 8 AusfVO RMG. Bayern: § 6 AusfVO. RMG. Bei Zuwiderhandlungen gegen die P.-StopV. kann die zuständige Preisüberwachungsstelle auf Grund des § 5 PStopV. dem Vermieter besondere **Auflagen** zur ordnungsgemäßen Instandhaltung der Mieträume machen, vgl. Ziffer 21 RE. 184/37. Ein Verstoß gegen die PStopV. liegt vor, wenn der Vermieter die Ausführung der ihm obliegenden notwendigen Instandsetzungsarbeiten unterläßt, 3 zu Ziff. 1 RE. 184/37. Da die Vorschriften des RE. 184/37 auch für Räume gelten, die dem RMG. nicht unterstehen, bedeutet die Möglichkeit des Eingreifens der Preisbehörde eine erhebliche Erweiterung des Verwaltungszwangsverfahrens nach § 6 RMG.

Wegen der Zuständigkeit der Wohnungsaufsichtsbehörden vgl. für Preußen das Wohnungsgesetz vom 28. März 1918 (GS. S. 23), für Bayern das Gesetz über die Wohnungsaufsicht (Landeswohnungsordnung) vom 8. Febr. 1937 (GVBl. S. 33); für Hamburg das Wohnungspflegegesetz vom 31. März 1938 (VOBl. S. 95).

8. Die Landesbehörden können bei landesrechtlicher Lockerung nach §§ 22, 22a RMG. bestimmen, daß § 6 auf die Lockerungsräume Anwendung findet (§ 22a Nr. 1 Abs. 4 RMG.); die Festsetzung der Höhe des in Anspruch zu nehmenden Mietzinsteiles obliegt alsdann der Landesbehörde.

§§ 7—9

weggefallen.

§ 7 regelte den Instandsetzungszuschlag als besonderen Betrag für große Instandsetzungsarbeiten. Die Vorschrift hatte längst keine Bedeutung mehr, da dieser Betrag im allgemeinen Satz der gesetzl. M. enthalten war.

§§ 8, 9 regelt das Zwangsverfahren, wenn der Vermieter die Ausführung notwendiger großer Instandsetzungsarbeiten unterlassen hat. Das Gesetz hat den Unterschied zwischen laufenden und großen Instandsetzungsarbeiten beseitigt. Für das Verwaltungszwangsverfahren gilt nunmehr § 6 RMG.

§ 10

Sind Räume an den Unternehmer eines gewerblichen Betriebs vermietet, so hat das Mieteinigungsamt auf Antrag des Vermieters einen besonderen Zuschlag zu der gesetzlichen Miete festzusetzen, soweit infolge der Eigenart des Betriebs besonders hohe Betriebs- und Instandsetzungskosten entstehen und die gesetzliche Miete zur Deckung dieser Kosten nicht ausreicht. § 3 ist zu berücksichtigen [1 2].

1. Für den Individualzuschlag des § 10 gilt zunächst die allgemeine Norm des § 3 Satz 2: durch die ges. M. ist allgemein die Deckung der Betriebs- und Instandsetzungskosten gesichert. § 10 läßt deshalb — für den Einzelfall; wegen der Möglichkeit allgemeiner Erhöhung der ges. M. s. § 11 — die Festsetzung eines Individualzuschlags nur bei besonders hohen Betriebs- und Instandsetzungskosten zu, und nur für die Dauer der Erhöhung der Kosten. Hält das MEA. nach billigem Ermessen (§ 40 Abs. 3 MSchG.) die Voraussetzungen für gegeben, so muß es den Zuschlag festsetzen. Wegen der Notwendigkeit der Zustimmung der Preisbehörde vgl. 8 zu § 1; Ziff. 59 RE. 184/37. Möglich ist auch die Herbeiführung der Mietzinserhöhung durch Antragstellung unmittelbar bei der Preisbehörde, vgl. 5 zu § 2.

In Betracht kommen industrielle und kaufmännische Betriebe, Handwerks- und Fabrikbetriebe, Betriebe in Geschäftshäusern, Büroräumen, Läden usw. Der Betrieb muß ein gewerbsmäßiger, d. h. auf dauernde Erwerbserzielung gerichtet sein; gewerblicher Betrieb im Sinne der GewO. ist nicht erforderlich RG. JW. 1924, 2008. Gemeinnützige Betriebe bleiben außer Betracht.

2. Da reine Geschäfsräume nach § 16 Nr. 5 dem RMG. nicht unterstehen, beschränkt sich die Anwendung des § 10 nur mehr auf die sog. Mischräume, vgl. 8, 9 zu § 16.

Die Entscheidung über das Vorliegen der Voraussetzungen des § 10 trifft ausschließlich das MEA., BayObLG. BayZ. 1930, 44. Antragsberechtigt ist nur der Vermieter, nicht auch ein Mieter des Hauses, KG. JW. 1925, 858.

§ 11

Die Festsetzung der gesetzlichen Miete regelt der Reichsarbeitsminister. Er kann hierbei zulassen, daß allgemein oder in bestimmten Gemeinden Teile der gesetzlichen Miete nach ihrer tatsächlichen Höhe gesondert zu berechnen sind (Umlegung)[1]. Vor der

Festsetzung sind Vertreter der anerkannten[2] Vermieter- und Mietervereinigungen zu hören.

1. Durch § 1 der AusfVO. hat der Reichsarbeitsminister, der den Mindestsatz der ges. M. auf 110 v. H. der Friedensmiete festsetzte, die Regelung im übrigen, also insbes. hinsichtlich des Umlegungsverfahrens, den obersten Landesbehörden überlassen. Diese bedürfen zu ihren Anordnungen der Zustimmung des Reichsarbeitsministers und des Reichsministers der Justiz, § 6 AusfVO.

Für einzelne Arten von Mieträumen kann die ges. M. verschieden festgesetzt werden, z. B. allgemein — Gegensatz: Einzelfall § 10 — höher für Mischräume z. B. § 4 BayAusfVO.

Wegen des Umlegungsverfahrens in Preußen und Bayern vgl. 1 zu § 3; hinsichtlich der Zuständigkeit bei Streit über die Höhe der Umlage vgl. 1 zu § 11 PreußAusfVO.

2. Anerkannt als alleinige Vertretung des deutschen Hausbesitzes ist der „Reichsbund der Haus- und Grundbesitzer e. V." in Berlin und als alleinige Vertretung der deutschen Mieterschaft der „Bund Deutscher Mietervereine e. V." in Dresden, Gesetz über die Anerkennung und Beaufsichtigung von Vereinigungen von Hausbesitzern und Mietern vom 7. März 1935 (RGBl. I S. 352).

§§ 12 und 13

weggefallen.

1. Die Ermächtigung der obersten Landesbehörden zur Sonderregelung für die Berechnung und Umlegung der Kosten der Heizstoffe für Sammelheizung und Warmwasserversorgung in § 12 ist gegenstandslos geworden, da die Landesbehörden nach § 11 RMG., § 1 AusfVO. ohnehin zur Umlegung dieser Kosten befugt sind. Preußen: § 5 AusfVO. (Gemeinde), Bayern: § 7 AusfVO. (Mieteinigungsamt).

2. Auch § 13 (Betriebsregelung) ist weggefallen.

§ 13 a[1]

(1) Sind an einem Gebäude auf behördliche Anordnung oder mit Zustimmung der beteiligten Mieter bauliche Veränderungen vorgenommen, die den Gebrauchswert erhöhen[2], so kann der Vermieter diejenigen[3] Beträge auf die Mieter umlegen, die zur angemessenen Verzinsung und Tilgung des erforderlichen Kapitals notwendig sind (Zusatzmiete). Die Umlegung ist nicht[4] zulässig, wenn die baulichen Veränderungen entweder als Instandsetzungsarbeiten anzusehen sind oder aus der gesetzlichen Miete ohne Beeinträchtigung der ordnungsmäßigen Bewirtschaftung bezahlt werden können, oder wenn die Friedensmiete nach § 2 Abs. 4 Satz 2 erhöht worden ist. Die Umlegung[3] erfolgt nach dem Verhältnis der Friedensmieten auf die Mieter, für die der Gebrauchswert der gemieteten Räume erhöht wird. Wird der Gebrauchswert in verschiedenem Umfang erhöht, so hat die Umlegung nach dem Verhältnis der Erhöhung zu erfolgen.

(2) Im Streitfall entscheidet das Mieteinigungsamt[5]; es kann auf Antrag des Vermieters die nach Abs. 1 Satz 1 erforderliche Zustimmung eines Mieters ersetzen.

(3) Der Reichsarbeitsminister kann allgemein eine Zusatzmiete festsetzen, soweit die baulichen Veränderungen auf Grund behördlicher Anordnungen im öffentlichen Interesse vorgenommen worden sind[6].

1. Die Zusatzmiete ist gerechtfertigt bei bestimmten baulichen Veränderungen auf Grund behördlicher Anordnung im öffentlichen Interesse oder mit Zustimmung der beteiligten Mieter; diese müssen über die Rechtsfolgen der Zustimmung im klaren sein, Ebel 2 zu § 13a; a. M. Günther MietG. 1926, 76; vgl. auch KG. DMR. 1086. Die Zustimmung kann auch nachträglich erfolgen; die widerspruchslose Benutzung der Anlagen und Einrichtungen ist nicht ohne weiteres als Zustimmung anzusehen, OLG. Rostock DMR. 1086.

Nach der Neufassung des § 13a durch Art. I der VO. vom 20. April 1936 kommt es auf die Mehrheit der Mieter nicht mehr an; weigert sich ein Mieter, so kann seine Zustimmung durch das MEA. nach Abs. 2 ersetzt werden. Auch bedingte Zustimmung oder sonstige Einschränkungen der Erklärung des Mieters können durch die Entscheidung des MEA. beseitigt werden.

Wegen der einfacheren Voraussetzungen für die Genehmigung der Zusatzmiete durch die Preisbehörde, vgl. 2 zu Ziff. 61 RE. 184/37.

2. Die Zusatzmiete setzt voraus

1. die Vornahme baulicher Veränderungen, z. B. Anschluß an die Wasserleitung, Kanalisation, Einrichtung der elektrischen Beleuchtung, der Warmwasserversorgung usw. Die baulichen Maßnahmen müssen über den Rahmen von Instandsetzungsarbeiten hinausgehen; die Kosten dieser Maßnahmen sind in der ges. M. bereits berücksichtigt. Die Verbindung von Instandsetzungsarbeiten mit baulichen Verbesserungen steht der Inanspruchnahme der Zusatzmiete nicht entgegen, KG. DWohnA. 1931, 87. Für diese Veränderungen gilt ferner:
   a) sie müssen mit Zustimmung — oben 1 — der Mieter vorgenommen worden sein, die an der Veränderung ein Interesse haben und
   b) der Kostenaufwand darf nicht so gering sein, daß er aus der ges. M. — KG. DWohnA. 1932, 39 — ohne Beeinträchtigung der ordnungsgemäßen Bewirtschaftung des Hauses bezahlt werden kann. Der Gesamtmietertrag des Hauses ist zu berücksichtigen, zustimmend Ebel 6 zu § 13a; a. M. Günther

MietG. 1926, 76. Die Gewährung von Reichszuschüssen für Instandsetzungen kann unter Umständen die ordnungsgemäße Bewirtschaftung ermöglichen, Dahmann, DWohnA. 1933, 140.

Der Nachweis dieser Voraussetzung (b) wird nicht immer leicht zu führen sein; er entfällt für die Entscheidung der Preisbehörde gemäß Ziffer 42, 61 RE. 184/37.

2. die Erhöhung des Gebrauchswertes, d. h. die Verbesserung des bisherigen Zustandes als Folge der baulichen Veränderungen.
3. die Unterlassung der Festsetzung, d. h. der Erhöhung der FM. nach § 2 Abs. 4 Satz 2 RMG. oder Satz 1 RMG. — Günther, MietG. 1926, 76; Dahmann, PrVerwBl. 50, 97 — wegen dieser baulichen Veränderungen.

Ob der Mieter von der Einrichtung tatsächlich Gebrauch macht, ist für die Verpflichtung zur Zahlung der Zusatzmiete unerheblich, LG. I Berlin, MietG. 1928, 90.

3. Die **Höhe** der Zusatzmiete wird wesentlich durch die Höhe der Kosten bestimmt; die Zusatzmiete umfaßt die Beträge, die zur angemessenen Verzinsung und Tilgung des erforderlichen Kapitals notwendig sind.

Die Umlegung auf die Mieter erfolgt nach Maßgabe der Erhöhung des Gebrauchswerts im Verhältnis der Friedensmieten. Sondervorteile werden durch Sonderbelastungen abgegolten (Abs. 1 Satz 4). Der Vermieter nimmt als Raumbenutzer im eigenen Hause an der Umlegung teil.

Die Zusatzmiete darf die umzulegenden Beträge nicht übersteigen, KG. DMR. 849. Sie besteht aus einem festen ziffernmäßigen Betrag oder aus einem Hundertsatz der FM.; eine Erhöhung der FM. selbst ist unzulässig, LG. Hamburg EA. 562. Die Festsetzung der Zusatzmiete erfolgt auf bestimmte Zeit, ist daher befristet festzusetzen; vgl. Staudinger-Kiefersauer, Vorbem. 196 zu § 535.

4. Der Anspruch auf Zusatzmiete ist — s. auch 2 Ziff. 3 — ausgeschlossen, wenn die bauliche Veränderung bereits durch Neufestsetzung der FM. nach § 2 Abs. 4 Satz 2 berücksichtigt ist. Umgekehrt darf eine bauliche Veränderung, für die eine Zusatzmiete zu zahlen ist, bei der Festsetzung der FM. nicht mehr berücksichtigt werden. Im übrigen hat der Vermieter die Wahl, ob er Antrag nach § 2 stellen oder die Zusatzmiete nach § 13a verlangen will; in letzterem Fall ist eine Anrufung des MEA. nur bei Streit (Abs. 2) erforderlich.

5. Das MEA. entscheidet ausschließlich darüber, ob die gesetzlichen Voraussetzungen für die Zusatzmiete vorliegen; es ersetzt auf Antrag die Zustimmung des Mieters, oben 1. An dieser Rechtslage hat die PStopV. nichts geändert. Dagegen bedarf die Festsetzung der Zusatzmiete selbst und des Maßstabes der Umlegung der **Zustimmung der Preisbehörde** gemäß § 3 PStopV., vgl. 8 zu § 1; Ziff. 61 RE. 184/37.

Die Zuständigkeit des MEA. ist hiernach insbesondere dann gegeben, wenn das Kapital für frühere Aufwendungen getilgt ist, bei der früheren Festsetzung der Zusatzmiete durch das MEA. aber die Zusatzmiete nicht befristet worden ist, vgl. oben 3, aber auch 3 zu Ziff. 61 RE. 184/37.

Wegen der Möglichkeit die Erhöhung des Mietzinses unmittelbar bei der Preisbehörde zu beantragen, vgl. 5 zu § 2.

6. Wegen der Zuständigkeit zur Festsetzung der behördlichen Zusatzmiete vgl. Preußen: §§ 1, 12 AusfVO., Bayern: § 8 AusfVO.

Eine Nachprüfung der Voraussetzungen der behördlichen Zusatzmiete durch das Gericht oder das MEA. findet nicht statt, wenn eine Festsetzung erfolgt ist, Staudinger-Kiefersauer, Vorbem. 196 zu § 535.

§ 14

weggefallen.

Untermietverhältnisse sind von den Vorschriften des Reichsmietengesetzes und den Bestimmungen des ersten Abschnittes des Mieterschutzgesetzes befreit (§ 16 Nr. 6 RMG., § 24 MSchG.); die Vorschriften über die

Mietsenkung — RPrVO. vom 8. Dez. 1931 Zweiter Teil Kap. II — finden keine Anwendung (§ 3). Die Feststellung der gesetzlichen Untermiete kommt nicht mehr in Frage; § 14 ist weggefallen.

§ 15

(1) Die auf Grund dieses Gesetzes vom Mieteinigungsamte getroffenen Entscheidungen gelten als vereinbarte Bestimmungen des Mietvertrags[1].

(2) Eine Entscheidung des Mieteinigungsamtes, die auf die Höhe der Miete von Einfluß ist, wirkt von dem ersten Mietzahlungstermin ab, der auf die Stellung des Antrags folgt[2 3].

1. Die Entscheidung des MEA. hat, soweit sie innerhalb der sachlichen Zuständigkeit getroffen ist — 8 zu § 1 —, Wirkung wie eine **Vereinbarung** zwischen den Vertragsparteien; als Vereinbarung erstreckt sie sich auch auf die Gesamtnachfolger, z. B. die Erben und auf die Einzelnachfolger jeden Vertragsteiles, z. B. auf den Grundstückserwerber (§ 571 BGB.), KG. EA. 471, 487; BayObLG. BayZ. 1926, 332. Wegen der Beurteilung des Falles, daß von zwei demselben Eigentümer gehörenden Grundstücken, die einheitlich vermietet sind, eines veräußert wird, vgl. BayObLG. BayZ. 1926, 362; Günther, MietG. 1926, 149.

Mit Rücksicht auf diese unmittelbare Einwirkung der Entscheidung des MEA. ist deshalb die Zustimmung der Preisbehörde bereits für die Entscheidung des MEA. erforderlich, nicht erst für die Geltendmachung der auf der Entscheidung beruhenden höheren Mietzinsforderung, Römer, JW. 1937, 3074 und 1938, 648; a. M. Pfeifer, JW. 1938, 157; vgl. aber auch 1 zu Ziff. 1 RE. 184/37.

Die Auslegung einer Entscheidung des MEA. steht nur diesem, nicht dem ordentlichen Gericht zu, KG. JRdsch. 1932 Nr. 329.

Die auf Grund des § 2 Abs. 5 vorgenommenen Feststellungen und Festsetzungen der FM. haben nicht die

Wirkung nach Abs. 1, da § 15 nur bei Geltung der ges. M. Anwendung findet; sie bilden aber ein der freien Würdigung des Gerichts unterliegendes Beweismittel, Dahmann S. 19.

Die **Änderung der Entscheidung** durch das MEA. ist nach dem Inkrafttreten des Mieterschutzgesetzes — 1. Okt. 1923 — unter den Voraussetzungen zulässig, die gemäß §§ 578 ff. ZPO. für das Wiederaufnahmeverfahren gelten, KG. EA. 375. Hinsichtlich der Entscheidung des MEA. über die Höhe der Friedensmiete hat die Rspr. des KG. folgende Grundsätze entwickelt: die Feststellung der FM. schließt grundsätzlich jeden weiteren Antrag auf Festsetzung der FM. unter denselben Parteien aus. Die Änderung der Entscheidung des MEA. ist nur zulässig, wenn veränderte Umstände eingetreten sind, nicht aber wenn die Unrichtigkeit der Voraussetzungen, die für die Entscheidung maßgebend waren, später bekannt wird; § 44 MSchG. findet keine Anwendung, KG. EA. 471, einschränkend KG. EA. 535. Wenn aber nach Festsetzung der Friedensmiete die vereinbarte FM. sich ermitteln läßt, so wird man — entgegen der Rspr. des KG. — gemäß § 44 MSchG. die Feststellung der tatsächlichen FM. beantragen können, BayObLG. BayZ. 1925, 87; 1929, 263; LG. München I EA. 348. Die Wiederholung des Antrages auf Feststellung der FM. ist dagegen auch dann ausgeschlossen, wenn neue Tatsachen dem Antragsteller bekannt geworden sind, da dem Antrag durch die Feststellung der FM. entsprochen worden ist, KG. JW. 1930, 3272.

Trotz der Entscheidung des MEA. kann diese durch Parteivereinbarung jederzeit außer Wirksamkeit gesetzt werden, es kann insbes. die ges. M. jederzeit durch eine Vertragsmiete ersetzt werden. Nur Vereinbarungen, die gegen § 19 verstoßen, sind nichtig.

2. Abs. 2 ist durch die Neufassung vom 20. April 1936 eingefügt worden; er schafft Klarheit über den Zeitpunkt der Wirksamkeit der Entscheidung des MEA., deren Feststellung bisher umstritten war, vgl. Dahmann S. 13. Maßgebend ist ohne Rücksicht auf den Zeitpunkt der Entscheidung der erste vertragliche oder gesetzliche Zeitpunkt der Mietzinszahlung, der der Stellung des Antrags beim MEA. gefolgt ist.

Den Zeitpunkt, von dem ab die ges. M. zu zahlen ist, bestimmt nicht das MEA., sondern im Streitfall das ordentliche Gericht.

Rückforderungsansprüche des Mieters und Nachzahlungsansprüche des Vermieters sind auch dann nicht anzuerkennen, wenn die irrtümliche Berechnung der ges. M. auf andere Weise als durch eine Entscheidung des MEA. festgestellt worden ist; wenn trotz gewisser Zweifel an der Richtigkeit der Höhe des Mietzinses jahrelang der Betrag bezahlt und entgegengenommen worden ist, würde ein Rückforderungs- oder Nachzahlungsanspruch unter Berufung auf Treu und Glauben abgelehnt werden können, RGZ. 144, 91; Ebel 3 zu § 15.

3. Im Rahmen der Vorschriften über Preisüberwachung sind unter Umständen Entscheidungen des MEA. für einen zurückliegenden Zeitpunkt von besonderer Bedeutung, z. B. hinsichtlich der für den Stichtag vom 17. Okt. bzw. 30. Nov. 1936 maßgebenden Friedensmiete. Haben die Vertragsteile, weil sie sich geeinigt haben, keinen Anlaß zur Stellung eines Antrages auf Festsetzung der FM. gemäß § 2 Abs. 4 gehabt, z. B. wegen erheblicher Verbesserungen der Wohnung, so kann z. B. für die Anwendung des Verbots der Überschreitung der ges. M. bei Neuvereinbarung nach Abschnitt III Abs. 1 der Ersten AusfVO. PStopV. die nachträgliche Feststellung der FM. und damit die Ermittlung der Höhe der ges. M. am Stichtag von erheblicher Bedeutung sein. Diese Entscheidung des MEA. wird durch Abs. 2 nicht ausgeschlossen; sie soll den objektiven Tatbestand des § 1 PStopVO. feststellen, vgl. 3 zur Ersten AusfVO. PStopV.

§ 16

Die Vorschriften dieses Gesetzes finden keine Anwendung[1]

1. auf Neubauten oder durch Um- oder Einbauten neugeschaffene Räume[2], wenn sie nach dem

1. Juli 1918 bezugsfertig [3] geworden sind oder künftig bezugsfertig werden,
2. auf Wohnungen, die durch Teilung einer Wohnung oder durch Umbau von gewerblichen oder sonstigen Räumen als räumlich und wirtschaftlich selbständige Wohnungen gewonnen sind, soweit die Teilung oder der Umbau nach dem 1. Juli 1918 erfolgt ist oder in Zukunft erfolgt. Bei Teilung einer Wohnung findet das Gesetz auf sämtliche Teilwohnungen keine Anwendung [4],
3. auf Räume in Gebäuden, die im Eigentum oder in der Verwaltung des Reichs, eines Landes oder einer sonstigen Körperschaft des öffentlichen Rechts stehen und entweder öffentlichen Zwecken oder zur Unterbringung von Angehörigen der Verwaltung des Reichs, des Landes oder der Körperschaft zu dienen bestimmt sind oder bestimmt werden [5],
4. auf die Abgabe von Räumen solcher Wohnungsunternehmen, die als gemeinnützig im Sinne der Gemeinnützigkeitsverordnung [6] (Verordnung des Reichspräsidenten zur Sicherung von Wirtschaft und Finanzen vom 1. Dezember 1930, Siebenter Teil Kapitel III, Reichsgesetzbl. I S. 517, 593) anerkannt worden sind, sofern nicht die Anerkennung entzogen worden ist. Die Anerkennung und die Entziehung werden durch eine beglaubigte Abschrift der rechtskräftigen Entscheidung der Anerkennungsbehörde nachgewiesen,
5. auf Geschäftsräume [7] mit Ausnahme von Ge-

schäftsräumen, die Teile einer Wohnung bilden[8] oder wegen ihres wirtschaftlichen Zusammenhanges mit Wohnräumen zugleich mit solchen vermietet sind[9],

6. auf Untermietverhältnisse. Einem Untermietverhältnis steht es gleich, wenn ein Hauseigentümer oder jemand, der einen Raum auf Grund eines Erbbaurechts, Nießbrauchs oder eines ähnlichen Rechtsverhältnisses innehat, einen Teil des von ihm selbst im Hause benutzten Raumes vermietet[10],
7. auf Räume, die für besondere Zwecke zu vorübergehendem Gebrauch vermietet sind[11],
8. auf Räume, die nur mit Rücksicht auf ein zwischen den Vertragsteilen bestehendes Dienst- oder Arbeitsverhältnis vermietet sind[12]. Der Reichsarbeitsminister und der Reichsminister der Justiz können in besonderen Fällen die Geltung des Reichsmietengesetzes auf derartige Räume ausdehnen.[13, 14, 15].

1. Die Feststellung oder Festsetzung der FM. kann nach § 2 Abs. 5 auch für die in § 16 ausgenommenen Räume beantragt werden. Die Vorschriften über **Raumwucher** (§ 49a MSchG.; Staudinger-Kiefersauer, Vorbem. 72—84 zu § 535) finden Anwendung. Wegen der Möglichkeit der **Herabsetzung des Mietzinses** durch die Preisbehörde vgl. Ziffer 25—39 RE. 184/37. Das Verbot der Mietzinserhöhung über die Stichtagmiete — vgl. 2 zur Dritten AusfVO. — hinaus, gilt auch für die in § 16 bezeichneten Räume.

Über die Frage, ob die Voraussetzungen des § 16 im Einzelfall vorliegen, entscheidet das ordentliche Gericht, nicht das MEA.; vgl. KG. JW. 1924, 2102.

2. Vgl. § 33 Abs. 1 Satz 1 MSchG. **Neubauten** sind neu errichtete Häuser. Bei **Um- und Einbauten** müssen

durch die bauliche Tätigkeit Räume neugewonnen sein, d. h. es muß an die Stelle des Vorhandenen etwas Neues treten. Die umgestalteten Räume müssen sowohl in ihrer Gestalt als auch in ihrer Verwendbarkeit etwas Neues, etwas anderes als früher darstellen (RGZ. 115, 220; RG. DWohnA. 1927, 69; KG. EA. 374; BayObLG. BayZ. 1924, 296). Die Neugestaltung und die Neuverwendbarkeit muß so umfangreich und bedeutend sein, daß wirklich etwas Neues vorhanden ist. Deshalb genügt z. B. nicht das bloße Einziehen von Wänden, die Veränderung der Raumeinteilung als solcher, die Verminderung oder Vermehrung der Zahl der Einzelräume, das Tieferlegen des Fußbodens oder das Höherlegen der Decke. Dagegen ist es möglich, daß innerhalb des bisherigen Zwecks die Neuverwendbarkeit geschaffen wird, z. B. an Stelle der Lagerräume treten Geschäftsräume (so unter Aufgabe RGZ. 115, 221 nunmehr RGZ. 121, 212; ferner RG. JW. 1928, 2525; KE. DMR. 900).

Unerheblich ist, ob die Kosten der Neuschaffung vom Mieter oder Vermieter aufgebracht worden sind, RG. JW. 1928, 2524.

3. **Bezugsfertig** sind Räume, wenn sie baulich soweit fertiggestellt sind, daß dem Mieter die Ingebrauchnahme der Räume zugemutet werden kann, vgl. § 1 der VO. vom 18. Mai 1934 (RGBl. I, 395) für das Gebiet des Steuerrechts (Eichhorn, DWohnA. 1934, 292). Auf die Feststellungen der Baupolizeibehörde wird aber hier Rücksicht zu nehmen sein, KG. MietG. 1929, 190; Bay. ObLG. DWohnA. 1926, 527; a. M. LG. München I BayZ. 1924, 152; LG. Karlsruhe GrundE. 1925, 179; LG. Leipzig JW. 1927, 1958; LG. III Berlin DMR. 873 und MietG. 1931, 16 (tatsächliche Beziehbarkeit).

4. Vgl. § 33a MSchG. Ob es sich um große oder kleine Wohnungen handelt, ob die Räume benutzt oder unbenutzt sind, ist unerheblich; notwendig ist nur, daß die durch Teilung einer Wohnung oder durch Umbau der Räume gewonnene **Wohnung räumlich und wirtschaftlich selbständig** ist, d. h. daß darin — getrennt von anderen im Hause befindlichen Wohnungen — ein selbständiger

Haushalt geführt werden kann, ohne daß die Mitbenutzung anderer Räume im Hause mehr als ortsüblich erfolgt. Es muß insbesondere eine ausreichende eigene Kochgelegenheit vorhanden sein; die gemeinschaftliche Benutzung von Wasserleitung und Nebengelassen wird nur in Ausnahmefällen und nur, soweit üblich, zuzulassen sein. Vgl. KG. JW. 1925, 1127; 1926, 717; 1927, 277; dazu RG. JW. 1928, 2529 und KG. DMR. 989.

Die Teilung und der Umbau müssen mit dem Willen des Eigentümers erfolgt sein; unerheblich ist alsdann, wer sie tatsächlich vorgenommen und wer die Kosten getragen hat, KG. DMR. 1031. Unschädlich ist in diesem Falle auch der Umstand, daß die Teilung nach ihrer Art nur zu vorübergehendem Zweck erfolgt, KG. DMR. 1031.

5. Die Vorschrift ist hinsichtlich der Ausnahmestellung des Reichs und der Länder nunmehr auch soweit Gebäude in Frage kommen, die in der Verwaltung dieser Körperschaften stehen, mit § 32 MSchG. in Einklang gebracht. Dagegen gilt die Ausnahmestellung in § 16 Nr. 3 weiter nur für Körperschaften des öffentlichen Rechts, nicht auch für gemeinnützige Anstalten, Stiftungen und Organisationen; andererseits besteht für die Körperschaften des öffentlichen Rechts keine dem Abs. 4 des § 32 MSchG. entsprechende weitere Voraussetzung.

Hat das Reich, das Land oder die Körperschaft in einem privaten Gebäude gemietet, so gelten die allgemeinen Grundsätze des RMG. Zu den bevorrechteten Körperschaften zählt in erster Linie die NSDAP. (Gesetz zur Sicherung der Einheit von Partei und Staat vom 1. Dez. 1933, RGBl. I S. 1016). Die deutsche Reichsbahn ist nunmehr ein Unternehmen des Reiches (Gesetz zur Neuregelung der Verhältnisse der deutschen Reichsbahn vom 10. Febr. 1937, RGBl. II S. 47). Das gleiche gilt von dem Unternehmen „Reichsautobahnen", vgl. das Gesetz vom 27. Juni 1933 (RGBl. II S. 509) mit den Änderungen vom 18. Dez. 1933 (RGBl. I S. 1081), vom 14. Mai 1936 (RGBl. I S. 440) und vom 1. Juni 1938 (RGBl. II S. 207); DurchfVO. vom 7. Aug. 1933 (RGBl. I S. 521), mit den Änderungen vom 8. März 1935 (RGBl.

II S. 177) und vom 1. Juni 1938 (RGBl. II S. 208) sowie Drittes Abänderungsgesetz vom 25. Juli 1938 (RGBl. I S. 951).

Auf die augenblickliche Zweckverwendung der Räume kommt es nicht an; diese können also tatsächlich für andere Zwecke verwendet sein. Nur die den einzelnen Verwaltungszweigen zugehörigen Angestellten usw. kommen für die Unterbringung in Frage, vgl. Ebel 10 zu § 16; RGZ. 111, 8.

6. Vgl. § 33 Satz 2 und 3 MSchG. Auf den Stichtag des 1. Juli 1918 kommt es hier nicht an. Maßgebend für die Anerkennung ist die **Gemeinnützigkeitsverordnung** in der Fassung vom 14. Juli 1933 (RGBl. I 484), das Gesetz über Beaufsichtigung und Anerkennung gemeinnütziger Wohnungsunternehmen vom 26. März 1934 (RGBl. I, 246) und die AusfVO. vom 30. März 1931 (RGBl. I, 73), vom 22. Aug. 1931 (RGBl. I, 463), vom 15. Febr. 1933 (RGBl. I, 70), vom 6. Febr. 1934 (RGBl. I, 89) und vom 26. Nov. 1934 (RGBl. I, 1199). Die Anerkennung der Gemeinnützigkeit obliegt den dazu beberufenen Behörden. Die Gerichte haben die Voraussetzungen der Gemeinnützigkeit nicht zu prüfen, ein Gegenbeweis ist nicht zulässig, KG. KGBl. 1932, 3.

Die Geltung des RMG. erlischt ebenso wie der für Mieträume nach allgemeinen Grundsätzen bestehende Mieterschutz, wenn ein gemeinnütziges Wohnungsunternehmen das Gebäude erwirbt; entscheidend ist das Eigentum am Gebäude (LG. Frankfurt, GrundE. 1932, 564; a. M. LG. II Berlin DMR. 1061). Umgekehrt erlischt die Sonderstellung des Gebäudes, wenn das Eigentum von dem Wohnungsunternehmen auf eine Privatperson übergeht, auch wenn der Übergang satzungsgemäß erfolgt, a. M. LG. Königsberg JW. 1932, 2641.

7. **Geschäftsräume** sind alle Räume, die nicht Wohnräume sind, d. h. Räume, die Menschen als Heim oder zum ständigen Aufenthalt dienen, KG. EA. 388. Gewerbliche Benutzung ist nicht erforderlich. In Betracht kommen Büroräume, Läden, Werkstätten, Lehr- und Unterrichtsräume, Künstlerateliers, Schülerheime, Fremdenheime,

Kliniken, Hotels. Benutzung eines Geschäftsraums als Wohnraum für Angestellte nimmt dem Raum nicht die Eigenschaft als Geschäftsraum, RGZ. 124, 4.

Mischräume — unten 8, 9 — sind grundsätzlich — vgl. aber unten 15 — dem RMG. unterstellt, vgl. § 32a MSchG.

8. Geschäftsräume, die **Teile** einer **Wohnung** sind. Räumliche Verbindung zwischen Wohn- und Geschäftsräumen ist erforderlich. Unerheblich ist, ob der Geschäftszweck oder der Wohnzweck überwiegt, RG. JW. 1928, 2531, vgl. aber auch KG. MietG. 1928, 10. Es ist auch nicht notwendig, daß die Gesamtheit der Räume sich als Wohnung darstellt, a. M. KG. DMR. 1238.

9. Geschäftsräume, die wegen ihres wirtschaftlichen Zusammenhangs **mit Wohnräumen zugleich** mit solchen **vermietet** sind. Der Vermieter muß beim Vertragsabschluß davon Kenntnis haben, daß der Mieter die Räume aus wirtschaftlichen Gründen zusammen mietet, OLG. Breslau, MietG. 1927, 69.

Der Begriff des wirtschaftlichen Zusammenhanges darf nicht zu eng ausgelegt werden. Ein wirtschaftlicher Zusammenhang ist dann gegeben, wenn die gemeinschaftliche Benutzung der beiden Raumarten dem Inhaber erhebliche wirtschaftliche Vorteile bietet; nicht nur objektive Gesichtspunkte sind für die Beurteilung maßgebend, sondern auch aus den persönlichen Verhältnissen des Mieters heraus ist die Sachlage zu beurteilen, RGZ. 122, 274; RG. DHausbesZ. 1929, 427; KG. GrundE. 1928, 233. Deshalb kann unter Umständen eine bloß vorübergehende Aufhebung des Zusammenhangs als unschädlich erachtet werden, insbes. dann, wenn die Dauer der Unterbrechung durch Umstände veranlaßt ist, die vom Willen der Partei unabhängig waren, RG. III 494/27. Nicht erforderlich ist, daß die Räume im gleichen Hause sich befinden, KG. DMR. 990; auch räumlicher Zusammenhang ist hier nicht notwendig. In der Regel wird ein und derselbe Mieter beide Raumarten benutzen, RG. DMR. 1299; wenn aber zwischen Hauptvermieter und Mieter ein Vorvertrag über den Eintritt in das gesamte Mietverhältnis besteht, der einen klagbaren Anspruch auf

Abschluß eines dahingehenden Vertrages gibt, wird der wirtschaftliche Zusammenhang auch hinsichtlich des untervermieteten Geschäftsraumes anerkannt werden müssen, RGZ. 121, 321; KG. DMR. 1144.

Der Begriff „zugleich" ist nicht gleichbedeutend mit „zu demselben Zeitpunkt" oder „gleichzeitig". Der Sinn ist vielmehr „zusammen, von demselben Vermieter". Deshalb ist sowohl eine zeitlich aufeinanderfolgende Vermietung in verschiedenen Verträgen hierher zu zählen als auch die Vermietung von räumlich getrennten Geschäfts- und Wohnräumen, sofern nur der Inhaber der Räume im Interesse seines Fortkommens auf das räumliche Verhältnis der beiden Raumarten angewiesen ist, RGZ. 122, 274; KG. EA. 566; KG. MietG. 1928, 28.

10. Vgl. § 24 MSchG. Die in Satz 2 bezeichneten Fälle stehen wirtschaftlich den Untermieterverhältnissen gleich, KG. MietG. 1927, 20. Rechtlich handelt es sich um wirkliche Mietverhältnisse. Ziffer 6 findet keine Anwendung, wenn selbständige — oben 4 — Wohnräume vermietet werden, KG. DMR. 1205.

11. Vgl. § 25 MSchG. Beispiele: Vermietung für die Kur- und Badezeit, Ausstellungen usw.

12. Die Freistellung beschränkt sich auf vermietete (§ 20 MSchG.) Räume, während § 23b MSchG. auch sonst überlassene Räume (§ 21 MSchG.) Räume erfaßt. Andererseits beschränkt sich § 23b MSchG. nur auf Hausmeister- (Pförtner-)wohnungen, während § 16 Nr. 8 alle Arbeitsverhältnisse einbezieht. Auch der Vorbehalt der Wiedereinführung des RMG. gilt nur für § 16 Nr. 8.

13. Auf Räume, die nach § 16 von den Vorschriften dieses Gesetzes befreit sind, findet das **gesetzliche Übergangsrecht** des § 22a Nr. 1 keine Anwendung. Nur insoweit auf Grund landesrechtlicher Anordnung gemäß § 22 eine Lockerung von Mietverhältnissen stattfindet — unten 15 —, gilt § 22a Nr. 1 in vollem Umfang auch nach der Freistellung der Räume.

In allen Fällen ist gemäß § 2 Abs. 5 die Feststellung oder Festsetzung der FM. auch nach erfolgter Freistellung von den Vorschriften des RMG. möglich.

Soweit § 22a Nr. 1 keine Anwendung findet, gilt die Vertragsmiete; fehlt eine Mietzinsvereinbarung, so ist unabhängig von den Bestimmungen des RMG. die angemessene Miete §§ 315, 316 BGB. zu bestimmen, vgl. 2 zu § 22a.

14. Die Aufzählung in § 16 ist, soweit Reichsrecht in Frage kommt, eine erschöpfende. Für beschränkte Dauer, nämlich für laufende Mietverhältnisse bis zum Zeitpunkt der nächsten Neuvermietung gilt neben § 16 noch Art. II Kap. IV Siebenter Teil der RPrVO. vom 1. Dez. 1930 (RGBl. I S. 598) in der Fassung des Art. VIII Kap. IV Zweiter Teil der RPrVO. vom 8. Dez. 1931 (RGBl. I S. 708), nämlich für Mietverträge, die über freigewordene oder freiwerdende Räume nach dem 31. März 1931 neu abgeschlossen worden sind, sofern diese Räume beim Vertragsabschluß einer Inanspruchnahme auf Grund des Wohnungsmangelgesetzes nicht unterlegen haben; die Freistellung von RMG. galt nicht für Räume, die am 31. März 1933 noch einer Inanspruchnahme auf Grund des Wohnungsmangelgesetzes unterlagen. Die Freistellung dieser Mietverhältnisse ist durch Art. I § 2 des Gesetzes vom 18. April 1936 (GRBl. I S. 371) hinsichtlich des Mieterschutzes mit Wirkung vom 20. April 1936 durch Wiedereinführung des Mieterschutzes beseitigt; das Reichsmietengesetz tritt bei laufenden Mietverhältnissen bei der **nächsten Neuvermietung** wieder in Kraft. Über den Begriff „Inanspruchnahme" und deren reichs- und landesrechtliche Anwendung vgl. Staudinger-Kiefersauer, Vorbem. 206 zu § 535.

15. Die landesrechtliche Ausdehnung der Lockerungsmaßnahmen ist gemäß § 22 unter bestimmten Voraussetzungen möglich (§§ 5, 6 AusfVO. RMG.) Das geltende Recht — vgl. § 1 Preuß. u. BayAusfVO. — beschränkt sich auf die Freistellung

a) der sog. teueren Wohnungen, d. h. von Wohnungen mit bestimmter Jahresfriedensmiete,

b) sog. Mischräume, soweit die Jahresfriedensmiete für Wohn- und Geschäftsräume zusammen einen bestimmten Betrag erreicht oder übersteigt.

§§ 17 und 18

weggefallen.

1. § 17 traf Bestimmungen über die Mietervertretung. Nach nationalsozialistischer Auffassung ist die Mietervertretung nicht geeignet, das Einvernehmen zwischen den Mietern und dem Vermieter zu fördern. Mieter und Vermieter eines Hauses bilden vielmehr eine Hausgemeinschaft, deren Pflege Aufgabe aller Beteiligten ist, § 7 DEMV. Vgl. Kiefersauer, Ungeschriebenes Hausgemeinschaftsrecht, DWohnA. 1937, 252. § 17 wird als „weggefallen" bezeichnet.

2. § 18 ermächtigte die obersten Landesbehörden zu der Anordnung, daß der Vermieter binnen bestimmter Frist Anzeige über die Höhe der Friedensmiete bei der Gemeinde zu erstatten hat; diese konnte zur Anlegung eines Mietenverzeichnisses angehalten werden. Die Bestimmung ist, soweit bekannt, nirgends praktisch geworden.

Nach § 1 Abs. 3 kann die oberste Landesbehörde anordnen, daß Vereinbarungen über die Höhe des Mietzinses der Gemeinde anzuzeigen sind.

§ 19

(1) Auf die nach diesem Gesetze den Vertragsteilen zustehenden Rechte kann nicht verzichtet werden[1]. Eine Vereinbarung, nach der einem Vertragsteil bei Ausübung der Rechte besondere Nachteile erwachsen sollen, ist unwirksam[2].

(2) Die Vorschriften dieses Gesetzes finden auch auf Verträge Anwendung, die unter Umgehung oder zum Zwecke der Umgehung des Gesetzes abgeschlossen sind[3].

1. Unwirksam — § 134 BGB. — ist insbesondere der Verzicht auf die Geltendmachung der ges. M., wohl aber kann die ges. M. jederzeit durch einen „vereinbarten Mietzins" ersetzt werden. Im übrigen soll durch § 19 der Wirkungskreis des RMG. nicht erweitert, sondern lediglich seine Wirksamkeit in dem Umfang gesichert werden, den es bereits nach seinem sonstigen Inhalt hat, RG. LZ. 1927, 640. Auch die Vorschriften über Preisüberwachung und Preisbildung beschränken die Vertragsteile in der Geltendmachung der ihnen nach dem RMG. zustehenden Rechte nicht; insbes. kann jeder Teil die Feststellung oder Festsetzung der FM. durch das MEA. jederzeit beantragen; vgl. 5 zu § 2; 2 zu Ziff. 25 u. 27 RE. 184/37.

In Betracht kommen auch Vereinbarungen, durch die die Ausübung der einem Vertragsteil nach dem RMG. zustehenden Rechte erschwert werden sollen, z. B. Verpflichtung zur Erklärung der ges. M. durch eingeschriebenen Brief, 6 zu § 1. Nicht hierher gehört dagegen die Verpflichtung des Hauskäufers zur Zahlung eines höheren Kaufpreises, falls der Hausverkäufer für seine Wohnung die ges. M. zahlen müsse, RG. MietG. 1927, 63.

2. Nachteile sind z. B. Zahlung einer Vertragsstrafe, Verlust des vertraglichen oder gesetzlichen Rücktrittsrechts, des Kündigungsrechts, Auflösung des Mietverhältnisses, Verpflichtung zur Zahlung einer höheren Miete, einer Abstandssumme.

3. Umgehungsverträge nach Abs. 2 verhindern nicht die Anwendung des RMG.; gegenüber § 134 BGB. bringt § 19 eine Erweiterung. Ist nach § 19 nur ein Teil des Vertrages nichtig, so kann § 139 BGB. nicht zur Anwendung kommen, da insoweit § 134 BGB. durch § 19 ersetzt wird: der übrige Inhalt des Vertrages bleibt also rechtswirksam.

Die Umgehung des Gesetzes, d. h. die Verhinderung seiner Anwendung setzt voraus, daß die Vertragsteile ernstlich ein dem RMG. nicht unterliegendes Rechtsgeschäft — 1 zu § 1 — haben abschließen wollen, in der Absicht, den Bindungen des RMG. dadurch zu entgehen. Bei Scheingeschäften, d. h. nicht wirklich beabsichtigten Rechtsgeschäften wird, wenn das verdeckte Rechtsgeschäft ein Mietvertrag ist, dieses von den Vorschriften des RMG. ohne weiteres erfaßt, § 117 BGB.

Unentgeltliche Raumüberlassung, Begründung eines dinglichen Wohnrechts (RG. EA. 597) ist unter diesen Gesichtspunkten zu würdigen.

Als Umgehungsverträge kommen in Betracht: die Überlassung von Räumen in Gesellschaftsverträgen — vgl. Dahmann S. 2 —, gegen Darlehenshingabe, gegen Zahlung einer Abstandssumme oder einer laufenden Vergütung an einen Dritten (RG. EA. 505), gegen Festlegung auf eine bestimmte FM. (RG. EA. 486).

§ 20

Tritt die gesetzliche Miete an die Stelle[1] des vereinbarten Mietzinses, so richtet sich die Verpflichtung zur Tragung der Betriebskosten und zur Instandhaltung des Mietraums[2] nach den Vorschriften des Bürgerlichen Gesetzbuchs; außerdem[3] erlischt jede vom Vermieter oder Mieter übernommene, ihm nach den Vorschriften des Bürgerlichen Gesetzbuchs über den Mietvertrag nicht obliegende Verpflichtung, sofern sie auf die Festsetzung der Höhe des Mietzinses offenbar von Einfluß war. Im übrigen bleiben die auf Gesetz oder Vertrag beruhenden Rechte und Pflichten der Vertragsteile unberührt[4].

1. § 20 findet keine Anwendung, wenn der Mietzins vereinbart ist, mag auch der Mietzins auch vereinbarungsgemäß ganz oder teilweise nach den Vorschriften des RMG. berechnet werden, Kiefersauer, MietG. 1927, 42; a. M. Ebel 1 zu § 20; KG. EA. 920. Die Rechtsfolge des § 20 tritt auch dann nicht ein, wenn die Miete durch die Preisbehörde auf die ges. M. herabgesetzt wird; denn hier wird lediglich die vereinbarte Miete in ihrem Ausmaß auf den Betrag der ges. M. beschränkt, ohne daß an der vertraglichen Grundlage des Mietzinses etwas geändert würde, 5 zu § 1.

Die Preisbehörde kann aber die Vertragsbedingungen im Sinne des § 20 abändern, vgl. 1 zu Ziff. 39 RE. 184/37.

Die Vorschriften des BGB. über die Erhaltungspflicht des Vermieters gelten zwingend kraft Gesetzes überall da, wo die ges. M. von einem Vertragsteil in das bestehende Mietverhältnis eingeführt ist. Sie beseitigen jede die Vorschriften des BGB. zugunsten eines Vertragsteiles abändernde Parteivereinbarung, Kiefersauer, LZ. 1924, 158. Die Rechtsfolge des § 20 tritt auch dann ein, wenn sie sich für die Vertragspartei, die die ges. M. verlangt, ungünstig auswirkt; ein Widerruf der Erklärung der ges. M. ist auch dann ausgeschlossen, wenn der Erklärende diese Rechtslage nicht gewollt hat, vgl. 4 zu § 1. Darüber hinaus werden Ortsgebräuche und übergesetzliche Leistungen, letztere soweit sie die Höhe des Mietzinses offenbar beeinflussen, beseitigt.

Wegen des Zeitpunktes des Eintritts der ges. M. vgl. 7 zu § 1.

2. Rechte und Pflichten hinsichtlich der Erhaltung der Mietsache in dem zum vertragsmäßigen Gebrauch geeigneten Zustand bemessen sich — von dem Zeitpunkt an, von dem die ges. M. zu zahlen ist — ausschließlich nach den §§ 535 ff. BGB. Bis zu diesem Zeitpunkt rückständige vertragliche Leistungen sind von dem bis dahin Verpflichteten zu erfüllen; Verzugsfolgen bleiben bestehen, KG. JW. 1927, 1946. Der Vermieter haftet unbeschränkt, also nicht nur im Rahmen des RMG. (RG. BayZ. 1923, 209; RGZ. 115, 277). Den Umfang der Haftung des Vermieters festzustellen, ist Aufgabe der ordentlichen Gerichte.

Wegen der Übernahme der sog. Schönheitsinstandsetzungen durch den Mieter vgl. die Sonderregelung in § 7 PreußAusfVO.; Staudinger-Kiefersauer 18 zu § 536.

Die Rechtsbehelfe des Mieters bei Verweigerung der Instandhaltungspflicht durch den Vermieter sind: Einleitung des Zwangsverfahrens nach § 6 RMG. oder Geltendmachung der Rechte aus §§ 537 ff. BGB., also Minderung oder Befreiung von Mietzins oder daneben Schadensersatz wegen Nichterfüllung. Die Rechte treten mit dem Zeitpunkt in Kraft, von dem ab die ges. M. gilt. Wegen des Aufrechnungsverbots vgl. §§ 28, 52, Nr. 2 MSchG.

3. Übergesetzliche Leistungen — Nebenleistungen, vgl. Staudinger-Kiefersauer, Vorbem. 179 zu § 535 — eines Vertragsteiles erlöschen z. B. Reinigungspflichten des Mieters hinsichtlich des Hofraumes, des Treppenhauses; gleichgültig, ob es sich um eigentliche Mietleistungen oder um sog. Nebenleistungen handelt, die außerhalb der eigentlichen Raumnutzung — immerhin aber dem räumlichen Verhältnisse der Parteien zum Mietraum entspringend, RGZ. 115, 47 — verlangt und gewährt werden. Sonderleistungen des Vermieters sind z. B. Lieferung von Gas, Starkstrom, Erlaubnis zur Untervermietung (KG. JW. 1927, 1945; LG. III Berlin Grund-E. 1930, 1275); Sonderleistungen des Mieters, z. B. Zahlung der Glasversicherung (KG. DMR. 1154), Beleuchtung des Treppenhauses.

Das Übergesetzliche der Leistung kann sowohl in der Person des Leistenden als auch in der Art der Leistung und ihrer Beziehung zur Mietsache begründet sein, z. B. Sondervergütung dafür, daß der Vermieter sein Geschäft aufgegeben hat, um die Räume zur Vermietung frei zu machen, KG. EA. 792.

Voraussetzung ist, daß bei Nichtvorhandensein dieser übergesetzlichen Leistungen der Mietzins offenbar ein anderer (höher oder niedriger) sein würde. Es genügt, wenn die Erkenntnis des Einflusses der Leistung auf den Mietzins dem Blick eines sachkundigen und unbefangenen Beurteilers sich sofort aufdrängt, RG. Warneyer 1911 Nr. 319; KG. JW. 1927, 1946; die Durchführung einer Beweisaufnahme ist nicht ausgeschlossen; vgl. hierher auch KG. EA. 481, 536.

Ob die Voraussetzungen des Halbsatzes 2 vorliegen, darüber entscheidet das ordentliche Gericht, nicht das MEA., KG. EA. 359; OLG. Rostock, DWohnA. 1927, 556.

4. Satz 2 will feststellen, daß die Einführung der gesetzlichen Miete andere Wirkungen als die Verdrängung des vertraglichen Mietzinses, die Verpflichtung zur Tragung der Betriebs- und Instandhaltungskosten und das Erlöschen bestimmter übergesetzlicher Leistungen nicht zur Folge hat. Deshalb fällt die Vereinbarung über Beginn und Ende der Mietzeit (RGZ. 115, 47), über Optionsrechte (KG. EA. 345), über Verbot der Aufrechnung (§ 28 MSchG.), über Kündigungsform und Kündigungsfrist usw. nicht unter § 20.

§ 21

(1) Der Reichsarbeitsminister und der Reichsminister der Justiz können Vorschriften zur Ausführung dieses Gesetzes erlassen. Soweit sie von dieser Befugnis keinen Gebrauch machen, kann die oberste Landesbehörde mit Zustimmung dieser Minister Ausführungsvorschriften erlassen.

(2) Der Reichsarbeitsminister und der Reichsminister der Justiz können die ihnen nach diesem Gesetz zustehenden Befugnisse den obersten Landesbehörden übertragen und zulassen, daß diese die Befugnisse weiter übertragen. Der Reichsarbeitsminister und der Reichsminister der Justiz können die von den obersten Landesbehörden oder von sonstigen Stellen erlassenen Vorschriften aufheben oder ändern.

1. § 21 sichert den durch Art. I § 5 des Gesetzes vom 18. April 1936 den zuständigen Reichsministern eingeräumten Einfluß auf die Ausgestaltung des Rechts auf dem Gebiete der Mietzinsbildung. In gleicher Richtung: § 6 AusfVO. RMG., § 22 Satz 2 RMG.

2. Das Reich hat eine Ausführungsverordnung vom 20. April 1936 (RGBl. I S. 383) erlassen, unten S. 76.

§ 22

Der Reichsarbeitsminister und der Reichsminister der Justiz[1] können anordnen[2], daß bestimmte Gemeinden oder bestimmte Arten von Mieträumen von den Vorschriften dieses Gesetzes ausgenommen werden, oder daß in einem Land, in bestimmten Gemeinden oder für bestimmte Arten von Mieträumen eine höhere als die gesetzliche Miete nicht neu vereinbart werden darf[3]. Sie können diese Anordnungen wieder aufheben.

1. Die Befugnis zu diesen Anordnungen können mit Zustimmung der beiden Minister die obersten Landesbehörden ausüben oder übertragen (§§ 5, 6 AusfVO. RMG.).

2. Die Anordnung umfaßt

a) Lockerungsmaßnahmen, d. h. bestimmte Gemeinden oder bestimmte Arten von Mieträumen können von den Vorschriften des RMG. ausgenommen werden; hinsichtlich der Zahlung des Mietzinses gelten für die Lockerungsräume die Vorschriften des § 22a Nr. 1;

b) Maßnahmen zur Verhinderung von Mietpreissteigerungen, d. h. das Verbot der Vereinbarung eines höheren Mietzinses als die gesetzliche Miete; das Verbot kann nur für neue Mietzinsvereinbarungen ausgesprochen werden; unzulässig ist also die allgemeine Einführung der ges. Miete als Zwangsmiete. Das Verbot kann im Lande oder in bestimmten Gemeinden allgemein für alle Mietzinsvereinbarungen oder nur für bestimmte Arten von Mieträumen, z. B. für kleinere Geschäftsräume, für mittlere und kleinere Wohnungen usw. ausgesprochen werden. Das Verbot beschränkt lediglich die Höhe des Mietzinses; Nebenleistungen oder übergesetzliche Leistungen eines Vertragsteiles werden entsprechend den Grundsätzen des § 20 RMG. zu beurteilen sein. Wegen der zeitlichen Beschränkung des Rückforderungsrechts des Mieters hinsichtlich eines geleisteten Mehrbetrages vgl. §§ 22a Nr. 2.

3. Wegen der Möglichkeit der Einführung der ges. M. als Höchstmiete auch für bestehende Mietverhältnisse, vgl. Ziffer 28 RE. 184/37; Kiefersauer, DWohnA. 1938, 10.

Über die Berliner Mietsenkungsverordnung s. 4 zu § 1 und Anhang Nr. 4.

§ 22 a[1]

Für ein Mietverhältnis, auf das sich eine auf Grund des § 22 Satz 1 erlassene Anordnung bezieht, gelten folgende Vorschriften:

1. Galt vor dem Inkrafttreten einer Anordnung, durch die bestimmte Gemeinden oder bestimmte Arten von Mieträumen von den Vorschriften dieses Gesetzes ausgenommen werden[2], für ein Mietverhältnis die gesetzliche Miete oder war der Mietzins nach den Vorschriften über die gesetzliche Miete zu berechnen, so ist, wenn der Mietvertrag für den Fall der Außerkraftsetzung des Reichsmietengesetzes eine Regelung nicht vorsieht und auch nachträglich keine Vereinbarung erfolgt, der bisherige Mietzins weiter zu zahlen, auch bleibt die Verpflichtung zur Tragung der Betriebs- und Instandsetzungskosten unberührt; Änderungen der gesetzlichen Miete gelten auch für diese Mietverhältnisse.

   Der Vermieter wie der Mieter kann jederzeit dem anderen Vertragsteile gegenüber erklären, daß die Regelung des Vertrags gelten soll. Die Erklärung bedarf der schriftlichen Form. Sie wirkt von dem ersten Termin ab, für den die Kündigung nach § 565 des Bürgerlichen Gesetzbuchs zulässig sein würde. Läßt sich der Mietzins nicht mehr feststellen, so gilt der angemessene Mietzins.

§ 5 gilt entsprechend[3].

Die oberste Landesbehörde kann[4] bestimmen, daß die Vorschriften des § 6 mit der Maßgabe gelten, daß der Teil des Mietzinses, der für Instandsetzungsarbeiten in Anspruch genommen werden darf, von ihr festgesetzt wird.

2. Darf eine höhere als die gesetzliche Miete nicht neu vereinbart werden, so erlöschen Ansprüche des Mieters auf Rückzahlung[5] eines geleisteten Mehrbetrages, wenn sie nicht vor Ablauf eines Jahres seit ihrer Entstehung gerichtlich geltend gemacht sind. Dies gilt nicht, wenn der Mieter über die Höhe der gesetzlichen Miete arglistig getäuscht worden ist. Der gerichtlichen Geltendmachung steht die Stellung eines Antrags an das Mieteinigungsamt gemäß § 1 Abs. 2, § 2 Abs. 3 und 4 gleich.

1. § 22a hat durch die VO. vom 20. April 1936 eine Änderung erfahren: zunächst ist die Beschränkung des Erlasses der Anordnung auf die Zeit nach dem 16. Februar 1928 weggefallen und damit eine Streitfrage — RGZ. 124, 125 — erledigt. Weiterhin ist — entsprechend der Neuregelung der Ermächtigung in § 22 Satz 1 Halbsatz 2 — das Übergangsrecht durch Einfügung der neuen Nr. 2 auf andere Fälle ausgedehnt worden.

Im übrigen wird grundsätzlich daran festzuhalten sein, daß § 22a nur für eine landesrechtliche Lockerungsanordnung Geltung hat. Für reichsrechtliche Freistellung vom RMG. gilt § 22a nicht; nur wenn ausnahmsweise — § 5 AusfVO. RMG. überläßt das Anordnungsrecht nach § 22 RMG. grundsätzlich den obersten Landesbehörden, verlangt in § 6 lediglich die Einholung der Zustimmung des Reichsarbeitsministers und des Reichsministers der Justiz — die beiden Reichsminister selbst Anordnungen nach § 22 RMG. treffen würden, würde dieser Umstand die Anwendung des § 22a nicht ausschließen. Auf die nach § 16 RMG. befreiten Räume findet § 22a keine Anwendung.

Die Vorschrift des § 22a trifft die beiden in § 22 möglichen Anordnungen. Nr. 1 bezieht sich auf die Lockerungsanordnung des Satzes 1 Halbsatz 1 in § 22; Nr. 2 auf das Verbot der Neuvereinbarung einer höheren als der gesetzlichen Miete in Satz 1 Halbsatz 2.

2. Ist eine landesrechtliche — vgl. oben 1 — Anordnung erlassen, durch die bestimmte Gemeinden oder bestimmte Arten von Mieträumen, z. B. sog. Mischräume — vgl. 15 zu § 16 — von den Vorschriften des Reichsmietengesetzes ausgenommen werden, so gilt folgendes:

a) Voraussetzung für die Anwendung des § 22 ist, daß vor dem Inkrafttreten der Anordnung für die Räume die gesetzliche Miete oder eine Vertragsmiete Geltung hatte, die nach den Grundsätzen der gesetzlichen Miete zu berechnen war. Für Vertragsmieten, die ohne Beziehungen zum RMG. vereinbart sind, tritt durch die Aufhebung des RMG. eine Änderung der Rechtslage nicht ein; für solche Fälle gilt § 22a Nr. 1 nicht. Für die Ermittlung des nach Inkrafttreten der Anordnung zu zahlenden Mietzinses sind nach Abs. 1 maßgebend:

1. Die Vereinbarungen der Vertragsteile, mögen sie vor dem Erlaß der Anordnung bereits im Mietvertrag für den Fall der landesrechtlichen Außerkraftsetzung des RMG. getroffen oder nachträglich erfolgt sein. In beiden Fällen hat es hierbei sein Bewenden.
2. Beim Mangel solcher Verabredung bestimmt § 22a, daß trotz Aufhebung des RMG.
   a) der bisherige Mietzins, d. h. die ges. M. oder die ihr angepaßte Vertragsmiete weiterhin zu zahlen ist;

b) daß für den weiter zu entrichtenden Mietzins die Bestimmungen über die gesetzliche Miete ohne weiteres gelten, obwohl eine ges. M. nach Aufhebung des RMG. nicht mehr vorliegt. Die Feststellung oder Festsetzung der FM. kann nach der ausdrücklichen Vorschrift des § 2 Abs. 4 RMG. auch jetzt noch beim MEA. beantragt werden;

c) daß die Bestimmungen des RMG. über die Verpflichtung zur Tragung der Betriebs- und Instandsetzungskosten nach § 20 weiterhin gelten sollen. Hiernach sind die Normen des BGB. zwingend maßgebend und es erlöschen alle übergesetzlichen Verpflichtungen des Mieters oder Vermieters, sofern sie auf die Festsetzung der Höhe des Mietzinses von Einfluß waren.

b) Das dem Mieter wie dem Vermieter nach Abs. 2 zustehende Recht auf die Vertragsmiete beseitigt die nach Abs. 1 weiterzuzahlende (gesetzliche) Miete.

1. Die Erklärung, daß die Regelung des Vertrags gelten soll, kann jederzeit von einem Vertragsteil dem andern gegenüber abgegeben werden. Die Erklärung bedarf der Schriftform. Sie wird wirksam auf den nach § 565 BGB. zulässigen Kündigungstermin. Es gilt die gleiche Regelung wie bei der Erklärung der ges. M., vgl. 7 zu § 1; insbes. wird der Endzeitpunkt, zu dem die Vertragsmiete herbeigeführt werden soll, bei Mietverhältnissen auf unbestimmte Zeit durch die §§ 1, 4 des Gesetzes vom 24. März 1938 abweichend von § 565 Abs. 1 Satz 1 BGB. vorverlegt. Auf die Dauer des Mietverhältnisses übt die Erklärung der Vertragsmiete selbst — abweichend von § 1 — auch auf Verlangen des anderen Vertragsteiles keine Wirkung aus.

Soweit die Vertragsmiete höher ist als die ges. M., bedarf die Erklärung der vorherigen Zustimmung der Preisbehörde, vgl. 4 zu § 1.

2. Die Neuberechnung der Vertragsmiete ist nur gestattet, wenn der Mietzins sich nicht mehr feststellen läßt, z. B. die Mietverträge aus früherer

Zeit sind verloren gegangen. Nur in diesem Fall hat jeder Vertragsteil einen Anspruch darauf, daß von der vereinbarten Miete abgewichen wird. Es gilt der angemessene Mietzins. Dessen Bestimmung ist nach § 316 BGB. zunächst Sache des Vermieters; ist die Bestimmung objektiv nicht billig, so erfolgt sie durch gerichtliches Urteil nach § 315 BGB. Die Bestimmungen der PStopV sind zu beachten. Der angemessene Mietzins ist nicht immer der ortsübliche Mietzins im Sinne des § 2 Abs. 4 RMG.; es müssen neben der Beschaffenheit und Lage der Mieträume auch die persönlichen Verhältnisse der Vertragsteile berücksichtigt werden und zwar im Zeitpunkt der Bestimmung bzw. der Urteilsfällung.

3. Mit der Wiederherstellung der Vertragsmiete durch die Erklärung nach Abs. 2 werden — soweit die Preisbehörde (s. oben 1) nichts anderes bestimmt — die übrigen Bestimmungen des Mietvertrages wieder in Kraft gesetzt, insbes. die Vereinbarungen über die Tragung der Betriebs- und Instandsetzungskosten, über Nebenverpflichtungen eines Vertragsteils, soweit sie durch § 20 ausgeschaltet waren.

3. Jeder Vertragsteil kann monatliche Mietzinszahlung entsprechend § 5 verlangen, wenn und solange er gesetzliche Miete bezahlt (Abs. 3).

4. Durch landesrechtliche Anordnung — eine solche besteht in Preußen und Bayern nicht — kann das öffentliche Zwangsverfahren gegen den Vermieter zur Ausführung notwendiger Instandsetzungsarbeiten gemäß § 6 auch nach der Lockerung des RMG. zugelassen werden (Abs. 4).

5. Nach § 22 Satz 1 Halbsatz 2 kann angeordnet werden, daß in einem Land, in bestimmten Gemeinden oder für bestimmte Arten von Mieträumen eine höhere Miete als die gesetzliche Miete nicht neu vereinbart werden darf. Nach § 22a Nr. 2 gilt alsdann folgendes:

a) Da die ges. M. in diesem Falle Höchstmiete ist, so hat der Mieter, der in Unkenntnis der Rechtslage mehr bezahlt, gegen den Vermieter Anspruch auf Rückzahlung nach den Grundsätzen der §§ 812 ff. BGB. wegen ungerechtfertigter Bereicherung. Positive Kenntnis der Rechtslage bei der Leistung des höheren Mietzinses schließt nach § 814 BGB. die Rückforderung aus. Wann im einzelnen Fall eine solche Kenntnis vorausgesetzt werden kann, ist Tatfrage.

b) Für diesen Rückforderungsanspruch bestimmt § 22a Nr. 2, daß er erlischt, wenn er nicht spätestens vor Ablauf eines Jahres seit seiner Entstehung gerichtlich geltend gemacht wird; der gerichtlichen Geltendmachung ist die Antragstellung beim MEA. gemäß § 1 Abs. 2, § 2 Abs. 3 und 4 RMG. gleichgestellt. Der Verlust des Anspruchs durch Erlöschen infolge Fristablauf tritt nicht ein, wenn der Mieter vom Vermieter über die Höhe der ges. M. arglistig, d. h. wider besseres Wissen durch Vorspiegelung falscher oder Unterdrückung wahrer Tatsachen (§ 123 BGB.) getäuscht worden ist. Im übrigen erlischt der Anspruch nach Ablauf der Jahresfrist seit seiner Entstehung ohne Rücksicht darauf, wann der Mieter von der Entstehung Kenntnis erhalten hat. Die Regelung des Gesetzes schließt die umstrittene (RGZ. 144, 22) Anwendung der Grundsätze über die sog. Verwirkung eines Anspruchs infolge Nichtgeltendmachung während eines längeren Zeitraums aus, vgl. RG. IV 354/33 vom 22. Jan. 1934; RG. IV 5/34 DWohnA. 1934, 274; OLG. Naumburg, JW. 1935, 228.

§ 23

Ein Vermieter, der eine ihm nach § 1 Abs. 3 obliegende Anzeige vorsätzlich nicht oder nicht rechtzeitig erstattet oder wissentlich unrichtige oder unvollständige Angaben macht, wird mit Geldstrafe oder mit Haft bestraft.

§ 24

weggefallen.

Die Neufassung des Gesetzes auf Grund des Art. I der VO. vom 20. April 1936 (RGBl. I S. 378) ist gemäß Art. III dieser VO. grundsätzlich am 1. Mai 1936 in Kraft getreten. Einzelregelungen — Art. I §§ 2 mit 5, Art. II — sind bereits durch das Gesetz vom 18. April 1936 (RGBl. I S. 371) vorweggenommen worden und am 20. April 1936 (Art. IV) in Kraft getreten.

Die Bestimmung des bisherigen Abs. 2 über das Außerkrafttreten des Gesetzes ist gestrichen nach Art. III Kap. IV des Siebenten Teiles der RPrVO. vom 1. Dez. 1930 RGBl. I S. 598. Die Geltungsdauer des Gesetzes ist damit zunächst unbegrenzt. Nach Art. II Abs. 4 der RPrVO. vom 1. Dez. 1930 in der Fassung vom 8. Dez. 1931 tritt das Reichsmietengesetz am 1. April 1933 außer Kraft, falls bis zu diesem Zeitpunkt ein Gesetz in Kraft tritt, wodurch die Vorschriften des BGB. über die Miete unter sozialen Gesichtspunkten ausgestaltet werden. Ein solches *soziales Mietrecht* — vgl. hierzu Staudinger-Kiefersauer, Vorbem. 1, 38, 39 zu § 535 — ist bis jetzt noch nicht geschaffen; deshalb bleibt das RMG. bis auf weiteres in Kraft.

2. Ausführungsbestimmungen

A. Ausführungsverordnung des Reichs zum Reichsmietengesetz.

Vom 20. April 1936 (RGBl. I S. 383).

Auf Grund der §§ 1, 2, 6, 11, 13a, 21 und 22 des Reichsmietengesetzes in der Fassung der Verordnung vom 20. April 1936 (Reichsgesetzbl. I S. 378) wird folgendes verordnet:

§ 1.

I Der Mindestsatz der gesetzlichen Miete beträgt 110 vom Hundert der Friedensmiete. Im übrigen setzen die obersten Landesbehörden die Höhe der gesetzlichen Miete fest. Sie können hierbei bestimmen, daß allgemein oder in bestimmten Gemeinden Teile der gesetzlichen Miete nach ihrer tatsächlichen Höhe gesondert zu berechnen sind (Umlegung). Vor der Festsetzung sind Vertreter der anerkannten Vermieter- und Mietervereinigungen zu hören.

II Die obersten Landesbehörden können für einzelne Gemeinden anordnen, daß Vereinbarungen über die Höhe des Mietzinses der Gemeinde anzuzeigen sind.

§ 2.

Bei Räumen mit Sammelheizung und Warmwasserversorgung sind für die Sammelheizung 7 vom Hundert und für die Warmwasserheizung 3 vom Hundert der Friedensmiete abzurechnen.

§ 3.

Wird gemäß § 6 des Reichsmietengesetzes auf Anordnung der von der obersten Landesbehörde bestimmten Stelle ein Teil des Mietzinses für notwendige Instandsetzungsarbeiten in Anspruch genommen, so darf dieser Betrag 18 vom Hundert der Friedensmiete nicht übersteigen.

§ 4.

Die obersten Landesbehörden können für Nebenleistungen der im § 2 Abs. 1 des Reichsmietengesetzes genannten Art einen Hundertsatz der Friedensmiete allgemein bestimmen. Sie können ferner eine Zusatzmiete gemäß § 13a Abs. 3 des Reichsmietengesetzes festsetzen. Diese Befugnisse können sie weiterübertragen.

§ 5.

Die obersten Landesbehörden können anordnen, daß bestimmte Gemeinden oder bestimmte Arten von Mieträumen von den Vorschriften des Reichsmietengesetzes ausgenommen werden oder daß in einem Land, in bestimmten Gemeinden oder für bestimmte Arten von Mieträumen eine höhere als die gesetzliche Miete nicht neu vereinbart werden darf. Sie können diese Anordnungen wieder aufheben. Diese Befugnisse können sie weiterübertragen.

§ 6.

Die auf Grund dieser Verordnung ergehenden Anordnungen der obersten Landesbehörden bedürfen der Zustimmung des Reichsarbeitsministers und des Reichsministers der Justiz.

§ 7.

Diese Verordnung tritt, soweit Befugnisse auf die obersten Landesbehörden übertragen sind, mit dem Tage der Verkündung, im übrigen am 1. Mai 1936 in Kraft.

B. Ausführungsbestimmungen der Länder.

Die auf Grund des Reichsmietengesetzes und des Mieterschutzgesetzes erlassenen landesrechtlichen Vorschriften mußten gemäß Art. I § 5 des Gesetzes vom 18. April 1936, RGBl. I S. 371 mit den reichsrechtlichen Bestimmungen in Einklang gebracht und bis zum 30. April 1936 neu bekanntgemacht werden. Landesrechtliche Vorschriften, die nicht neu bekanntgemacht sind, traten am 1. Mai 1936 zufolge dieser Vorschrift außer Kraft; einer ausdrücklichen Aufhebung der früheren Vorschriften bedurfte es nicht. Vgl. hierher Staudinger-Kiefersauer, Vorbem. 50, 150 zu § 535. Wegen des Saarlandes s. oben S. 13.

I. Preußen.

Verordnung zur Ausführung des Reichsmietengesetzes.

Vom 24. April 1936 (GS. S. 99) und vom 30. März 1938 (GS. S. 46).

Auf Grund der §§ 6 und 21 des Reichsmietengesetzes in der Fassung der Verordnung vom 20. April 1936 (Reichsgesetzbl. I S. 378) und der §§ 1, 4, 5 und 6 der Ausführungsverordnung des Reichs vom 20. April 1936 (Reichsgesetzbl. I S. 383) wird mit Zustimmung des Reichsministers der Justiz [1 2] folgendes verordnet:

1. Die VO. umfaßt

1. die Lockerungsanordnung des § 1 für sog. teuere Wohnungen und Mischräume,
2. die Vorschriften der §§ 2—7, §§ 9—11, § 13 über die gesetzliche Miete,
3. Vorschriften über die Ausführung von Instandsetzungsarbeiten (§ 8),

4. Vorschriften über die Zuständigkeit zur Festsetzung der behördlichen Zusatzmiete (§ 12).

2. Mit Zustimmung des Preiskommissars für die Preisbildung sind durch die Änderung der AusfVO. vom 30. März 1938 (GS. S. 46) weitere Bestimmungen erlassen worden; für die auf Preußen übergegangenen Gebiete der Länder Hamburg, Lübeck, Oldenburg und Mecklenburg gelten Sonderbestimmungen, vgl. 1 zu § 3.

§ 1

(1) Die Vorschriften des Reichsmietengesetzes gelten nicht für Mietverhältnisse über Wohnungen, deren Jahresfriedensmiete[1]

a) 1200 Mark und mehr in Berlin und Stettin

b) 1000 Mark und mehr in den Orten der Sonderklasse,

c) 800 Mark und mehr in den Orten der Ortsklasse A,

d) 600 Mark und mehr in den Orten der Ortsklasse B,

e) 450 Mark und mehr in den Orten der Ortsklasse C,

f) 350 Mark und mehr in den Orten der Ortsklasse D

beträgt. Sie gelten ferner nicht für Mietverhältnisse über Geschäftsräume[2], die Teile einer Wohnung bilden oder wegen ihres wirtschaftlichen Zusammenhanges mit Wohnräumen zugleich mit diesen vermietet sind, wenn die Jahresfriedensmiete für die Wohn- und Geschäftsräume zusammen die im Satz 1 bezeichneten Grenzen erreicht oder übersteigt.

(2) Die Regierungspräsidenten, der Staatskommissar für die Hauptstadt Berlin und der Ver-

bandspräsident des Siedlungsverbandes Ruhrkohlenbezirk können für bestimmte Gemeinden oder bestimmte Arten von Mieträumen die Grenzen ändern, sie können anordnen, daß für bestimmte Gemeinden oder für bestimmte Arten von Mieträumen eine höhere als die gesetzliche Miete nicht neu vereinbart werden darf. Sie können diese Anordnungen wieder aufheben. Alle hiernach ergehenden Anordnungen bedürfen der Zustimmung des Reichsarbeitsministers und des Reichsministers der Justiz.

(3) Die Zugehörigkeit einer Gemeinde zu den im Abs. 1 bezeichneten Ortsklassen bestimmt sich nach dem auf Grund des § 12 des Reichsbesoldungsgesetzes aufgestellten Ortsklassenverzeichnisse.

1. Wird die FM. gemäß § 2 Abs. 4 RMG. festgesetzt, so ist die festgesetzte FM. maßgebend. Bei Räumen mit Sammelheizung und Warmwasserversorgung werden die Hundertsätze von 7% und 3% (§ 2 AusfVO. RMG.) nicht in Abzug gebracht. Solange eine Festsetzung gemäß § 2 Abs. 4 RMG. nicht erfolgt ist, gilt die vereinbarte (festgestellte) FM. als Jahresfriedensmiete im Sinne des § 1 und zwar auch dann, wenn durch Umbauten usw. eine Neufestsetzung an sich möglich und zweckmäßig wäre. Dies gilt auch für die Anwendung der Sonderregelung in Abschnitt III der Ersten AusfVO. PStopV.

2. Vgl. 8 und 9 zu § 16 RMG.

§ 2[1]

Der Mindestsatz der gesetzlichen Miete beträgt 110 v. H. der Friedensmiete (§ 1 der Ausführungsverordnung des Reichs zum Reichsmietengesetz vom 20. April 1936 — Reichsgesetzbl. I S. 383 —).

1. Abgesehen von den Umlagebeträgen und etwaigen Zuschlägen der §§ 3ff. gibt es grundsätzlich keinen gesetzlichen Zuschlag, insbes. auch nicht für Untervermietung, vgl. Dahmann S. 15; Ebel 1 zu § 2. Ausnahme für Oldenburg und Hamburg; nach § 6 der Oldenburg. AusfVO. erhöht sich der Mindestsatz der ges. M. für die weitervermieteten Räume um 20 v. H. für die Dauer der Untervermietung, vgl. 5 zu § 1 RMG. Wird ein Zuschlag vereinbart, so verwandelt sich die ges. M. in Vertragsmiete. Unangemessener Zuschlag kann Raumwucher (§ 49a MSchG.) sein; LG. Berlin, GrundE. 1935, 463 hat einen Zuschlag von 8 v. H. als angemessen erachtet, Staudinger-Kiefersauer, Vorbem. 78 zu § 535. Wegen der Notwendigkeit der Zustimmung der Preisbehörde zur Erhebung eines Zuschlages für Untervermietung s. Ziff. 9—12 RE. 184/37.

Eine Umlegung der Kosten des Fahrstuhlbetriebs findet bei der ges. M. nicht mehr statt, Dahmann S. 26.

§ 3[1]

(1) Der Vermieter ist berechtigt, die Grundsteuer umzulegen. Übersteigt der von dem Vermieter infolge der Einführung des Grundsteuergesetzes vom 1. Dezember 1936 (Reichsgesetzbl. I S. 986) als Grundsteuer zu zahlende Betrag den Betrag der früheren Grundvermögensteuer, zu dessen Umlegung der Vermieter nach den bisherigen Vorschriften berechtigt war, so bleibt diese Erhöhung außer Betracht[2]. Den bisherigen Betrag kann der Vermieter auch dann umlegen, wenn die Grundsteuer niedriger ist[3 4].

(2) Wurden vor dem 1. Mai 1936 in einer Gemeinde Zuschläge zur Grundvermögensteuer als Abgeltung der Abgaben für Entwässerung und Fäkalienabfuhr, für Straßenreinigung oder Müll- und Schlackenabfuhr erhoben, und war der Vermieter nach den bisherigen Vorschriften (Verord-

nung über die Regelung der gesetzlichen Miete vom 4. Januar 1928 — Gesetzsamml. S. 3 —) zu einer Umlegung dieser Zuschläge nicht berechtigt, so verbleibt es hierbei.

1. § 3 hat im Zusammenhang mit der Neuregelung der Grundsteuer ab 1. April 1938 eine Änderung erfahren. Nach § 1 der PreußAusfVO. vom 30. März 1938 (GS. S. 46) ist die Vorschrift des vorstehenden Absatzes 1 an die Stelle der beiden bisherigen Absätze 1 und 2 getreten; der bisherige Abs. 3 ist Abs. 2 geworden. Für die aus den Ländern Hamburg, Lübeck, Oldenburg und Mecklenburg auf Preußen übergegangenen Gebiete sind in den §§ 2 bis 7 AusfVO. vom 30. März 1938 Sonderbestimmungen getroffen, die von der PreußAusfVO. z. RMG. im einzelnen abweichen.

2. Die Miete — gleichviel, ob ges. M. oder Vertragsmiete — erstarrt auf der vor dem 1. April bestehenden Höhe, 2 zu § 4 RMG. Im Rahmen des Umlageverfahrens darf der Vermieter — mit Zustimmung der Preisbehörde, die die Genehmigung mit dem bloßen Hinweis auf das Verbot der Steuerabwälzung in Ziff. 47 RE. 184/37 nicht versagen kann, Kiefersauer, DWohnA. 1938, 414 — die Grundsteuer nur im bisherigen Betrag umlegen.

3. Die Umlegung des Grundsteuerbetrages — oben 2 — ist dem Vermieter auch dann gestattet, wenn infolge der mit der Einführung der Grundsteuer verbundenen Belastungsverschiebung für sein Gebäude der Betrag der zu zahlenden Grundsteuer sich gegenüber dem Stand vor dem 1. April 1938 ermäßigt.

4. Wegen der Regelung in Bayern vgl. § 3 Abs. 2 BayAusfVO.

§ 4

Der Vermieter ist berechtigt, das Wassergeld umzulegen. Die Umlegung ist erst zulässig, wenn der Vermieter dem Mieter gegenüber vor[1] der Fälligkeit des Mietzinses[2] eine entsprechende schriftliche

Erklärung abgegeben hat. Macht er von diesem Rechte Gebrauch [3], so vermindert [4] sich die gesetzliche Miete um 3 v. H. der Friedensmiete.

1. Die Erklärung kann also nicht nachträglich erfolgen. Nimmt der Vermieter trotz rechtzeitiger Erklärungsabgabe den vollen Mietbetrag an, so liegt hierin nicht ohne weiteres ein Widerruf der Erklärung.

Nur der Vermieter, nicht auch der Mieter hat das Recht zur Wahl der Berechnungsart des Wassergeldes, Dahmann, S. 21.

2. Mietzins ist die für die Zahlungszeit im voraus oder nachträglich zu entrichtende Mietzinsrate. Für den nächsten Zahlungsabschnitt kann der Vermieter wieder zur vollen Zahlung des Mietzinses zurückkehren und durch schriftliche oder mündliche Erklärung von der Umlegung absehen.

3. War die Erklärung vor dem 16. Okt. 1937 — vgl. 1 zur Ersten AusfVO. PrStopV. — erfolgt, so darf die Umlegung ohne weitere Genehmigung beibehalten werden, RE. 153/37 Ziffer I Abs. 3, vgl. 1 zur Dritten AusfVO. Vom 16. Okt. 1937 an ist die Umlegung des Wassergeldes nur mit Zustimmung der Preisbehörde zulässig — Ziff. 62 RE. 184/37 —, für deren Entscheidung der RfP. durch Erlaß vom 1. März 1938 (Anhang Nr. 2) Richtlinien gegeben hat, vgl. hierzu von Hoffer, GrundE. 1938, 224. Die Preisbehörde kann auch den Satz von 3 v. H. ermäßigen.

4. Die Minderung tritt mit rechtswirksamer, d. h. schriftliche Erklärung für den nächstfälligen Zahlungsabschnitt ein. Im Streitfall entscheidet das MEA. gemäß § 1 Abs. 2 RMG., vgl. KG. DMR. 849.

§ 5

Bei Räumen mit Sammelheizung und Warmwasserversorgung ist der Vermieter berechtigt [1], die Kosten der Heizstoffe einschließlich der Anfuhrkosten nach Quadratmetern der beheizten Fläche [2] umzulegen. Die Kosten der Beheizung gemeinsam benutzter Räume sind auf die Rauminhaber zu verteilen. Der Vermieter ist berechtigt, monatlich für die Heizstoffe Vorschüsse in Höhe von $^1/_{12}$ des Verbrauchs des Vorjahrs zu erheben. Ist der Verbrauch des Vorjahrs nicht zu ermitteln, so sind die voraussichtlich entstehenden Kosten zugrunde zu legen.

1. Die Umlegung der Heizkosten bedarf vom 16. Oktober 1937 an unter Umständen der Zustimmung der Preisbehörde, wenn die Umlegung vorher nicht erfolgt war; denn in diesem Fall hatte der Vermieter bis dahin eine Leistung übernommen, die bei Geltung der ges. M. die Mieter trifft und der Übergang von der Vertragsmiete zur ges. M. ist genehmigungspflichtig, wenn diese den Betrag der bisherigen Miete übersteigt, vgl. 4 zu § 1 RMG.

2. Beheizte Fläche ist die Bodenfläche der Räume, die mit Heizkörpern versehen sind; nicht hierher zählen Räume mit Leitungsrohren, auch wenn diese unverkleidet sind. Leerstehende Räume kommen nur dann nicht in Betracht, wenn die Heizanlage abgesperrt ist, vgl. Ebel zu § 5; Dahmann S. 25.

§ 6

(1) Werden in einer Gemeinde nach dem 30. April 1936 Abgaben für Entwässerung und Fäkalienabfuhr, für Straßenreinigung oder Müll- und Schlackenabfuhr neu eingeführt, so ist der Vermieter berechtigt[1], diese Abgaben umzulegen; werden derartige Abgaben nach diesem Zeitpunkt erhöht, so gilt das gleiche hinsichtlich der Erhöhung. Haben bei einer Neueinführung dieser Abgaben die Vermieter die Aufwendungen für die gleichen Zwecke bisher selbst getragen, so haben die im § 1 Abs. 2

genannten Behörden für diese Aufwendungen einen Hundertsatz der Friedensmiete festzusetzen[2]; um diesen Hundertsatz vermindert sich der umlagefähige Betrag.

(2) Sind Abgaben der im Abs. 1 genannten Art vor dem 1. Mai 1936 neu eingeführt oder erhöht worden und ist auf Grund der bisher geltenden Vorschriften die gesetzliche Miete um einen von der Gemeinde festgesetzten Hundertsatz der Friedensmiete erhöht worden, so verbleibt es hierbei. Ist die Festsetzung eines Hundertsatzes bisher unterblieben, so gelten bis zum 30. September 1936 die Verordnungen über die Betriebskosten in der gesetzlichen Miete vom 14. April 1928 (Gesetzsamml. S. 100) und 3. Juli 1929 (Gesetzsamml. S. 83).

1. Wegen des Erfordernisses der vorherigen Genehmigung der Preisbehörde vgl. 1 zu § 3 RMG.
2. Vgl. 2 zu Ziff. 43 RE. 184/37.

§ 7

(1) Hat ein Mieter auf Grund ausdrücklicher oder stillschweigender Vereinbarung die Schönheitsinstandsetzungen in seinen Mieträumen (das Tapezieren und Anstreichen oder Kalken der Wände und Decken, das Streichen der Fußböden und der Fenster und das Streichen der Türen) übernommen[1], so ist er berechtigt[2], die gesetzliche Miete um 4 v. H. der Friedensmiete zu kürzen. In diesem Falle ist er verpflichtet, die Schönheitsinstandsetzungen auf seine Kosten ausführen zu lassen.

(2) Kommt er dieser Pflicht[3] nicht nach, so kann der Vermieter die Schönheitsinstandsetzung selbst

ausführen lassen und verlangen, daß der Mieter vom nächsten Zahlungstermin ab die volle gesetzliche Miete zahlt. Bei Streit hierüber entscheidet das Mieteinigungsamt. Weitergehende Ansprüche des Vermieters bleiben unberührt.

1. Die Schönheitsinstandsetzungen hat grundsätzlich der Vermieter zu tragen, § 536 BGB., § 20 RMG. Die Übernahme durch den Mieter kann vor der Erklärung der ges. M. oder später erfolgen; ohne Kürzung der ges. M. bewirkt die Verpflichtung die Rückgängigmachung der ges. M. durch Vertragsmiete, vgl. 4 zu § 1; 1 zu § 20 RMG.

Bei Übergang von der ges. M. zur Festmiete geht die Pflicht zur Ausführung von Schönheitsinstandsetzungen auf den Vermieter über, sofern sich aus der Vereinbarung nichts anderes ergibt, LG. Berlin GrundE. 1935, 463, 1003; GrundE. 1936, 710; anders BG. Berlin GrundE. 1938, 213.

2. Die Übernahme der Schönheitsinstandsetzungen nach Abs. 1 ist seit dem 16. Oktober 1937 nur noch mit Zustimmung der Preisbehörde zulässig — Ziff. 62 RE. 184/37 —, das gleiche gilt für die Rückgängigmachung der Vereinbarung unter Erhöhung der Miete um 4 v. H. der FM.

Die Ausführungen hinsichtlich der Umlegung des Wassergeldes — 3 zu § 4 — gelten auch hier, vgl. GrundE. 1938, 212, 224; Anhang Nr. 2.

Die Verpflichtung des Mieters aus der Vereinbarung ist nicht auf den Betrag der Kürzung der FM. beschränkt, Dahmann S. 23.

3. Die Geltendmachung der Rechte des Vermieters bei Verzug des Mieters nach §§ 286, 326 BGB. bleiben unberührt. Wegen des Umfangs der Verpflichtungen des Mieters aus der Übernahme der Schönheitsinstandsetzungen vgl. Ebel 3 zu § 7; Staudinger-Kiefersauer, 18 zu § 536; Dahmann S. 24. Abs. 2 ermächtigt den Vermieter ohne Rücksicht darauf, ob der Mieter im Verzug ist, die Arbeiten selbst auszuführen und die volle ges. M. wieder zu fordern. Die Geltendmachung dieses

Rechtes ist nach dem Erlaß vom 1. März 1938 (Anhang Nr. 2) an die Genehmigung der Preisbehörde nicht gebunden; vgl. auch Ziff. I Abs. 5 AV. RJM. vom 5. April 1938, Anhang Nr. 1. Hinsichtlich der vertraglichen Wiederübernahme der Schönheitsinstandsetzungen durch den Vermieter verbleibt es bei der Genehmigungspflicht, oben 2.

§ 8[1]

(1) Hat der Vermieter die Ausführung notwendiger Instandsetzungsarbeiten unterlassen, so hat die Gemeinde die sachgemäße Ausführung der Arbeiten durch geeignete Anordnungen zu sichern. Vor der Anordnung sind beide Vertragsteile zu hören.

(2) Die Gemeinde kann namentlich anordnen, daß nach erfolglosem Ablauf einer dem Vermieter gesetzten Frist

1. ein Mieter zur Vornahme notwendiger, bestimmt bezeichneter Arbeiten berechtigt ist und einen entsprechenden Betrag des Mietzinses, der bei der jeweils fälligen Zahlung 18 v. H. der Friedensmiete nicht übersteigen darf, einbehalten kann,
2. die Mieter einen Teil des Mietzinses, der bei der jeweils fälligen Zahlung 18 v. H. der Friedensmiete nicht übersteigen darf, an eine von ihr zu bezeichnende Stelle abzuführen haben. Die Beträge können wie Gemeindeabgaben beigetrieben werden. Die Gemeinde hat dann die notwendigen Instandsetzungsarbeiten ausführen zu lassen. Sobald die Kosten für die ausgeführten Arbeiten aus den abgeführten Mietbeträgen gedeckt sind, hat die Gemeinde ihre Anordnung wieder aufzuheben.

(3) Soweit auf Grund einer nach Abs. 1 oder Abs. 2 ergangenen Anordnung der Gemeinde ein Betrag des Mietzinses für Instandsetzungsarbeiten in Anspruch genommen wird, erlischt der Anspruch des Vermieters. Dies gilt auch für den Fall der Abtretung, Verpfändung oder Beschlagnahme der Mietzinsforderung.

(4) Gegen eine Anordnung der Gemeinde findet die Beschwerde an die Aufsichtsbehörde binnen zwei Wochen statt. Diese entscheidet endgültig. Die Beschwerde hat aufschiebende Wirkung. In der Anordnung ist auf das Rechtsmittel hinzuweisen.

1. Vgl. § 6 RMG.; Dahmann S. 32.

§ 9

Die Gemeinden können für Nebenleistungen der im § 2 Abs. 1 Satz 2 des Reichsmietengesetzes genannten Art einen Hundertsatz allgemein bestimmen. Soweit dies nach den bisherigen Vorschriften (§ 2 der Verordnung des Preußischen Ministers für Volkswohlfahrt über die Mietzinsbildung vom 17. April 1924 — Gesetzsamml. S. 474 —) bereits geschehen ist, verbleibt es bei dieser Festsetzung.

§ 10[1]

Wird auf Grund des § 2 Abs. 4 des Reichsmietengesetzes der ortsübliche Mietzins festgesetzt, so ist er durch Vergleich mit dem Mietzinse zu ermitteln, der für die mit dem 1. Juli 1914 beginnende Zeit in der Gemeinde für Räume gleicher Art und Lage regelmäßig vereinbart war. Die Festsetzung lediglich auf Grund des abgeschätzten

Bauwerts vom 1. Juli 1914 oder auf Grund einer Abschätzung ohne Rücksicht auf die für Räume gleicher Art und Lage vereinbarten Mieten oder die Aufstellung von Durchschnittspreisen für das Quadratmeter benutzter Fläche ist unzulässig.

1. Hinsichtlich der umfangreichen Rechtsprechung des Kammergerichts vgl. Ebel zu § 10.

§ 11

In den Fällen der §§ 3, 4 und 6 hat die Umlegung[1] nach dem Verhältnisse der Friedensmiete[2] — bei Räumen mit Sammelheizung und Warmwasserversorgung der reinen Friedensmiete (§ 2 Abs. 1 Satz 4, 5 des Reichsmietengesetzes) — zu erfolgen. Hierbei sind auch Räume zu berücksichtigen, für die nicht die gesetzliche Miete gezahlt wird oder die nicht vermietet sind.

1. Streit über die Höhe der Umlage ist, wenn für das Mietverhältnis die ges. M. gilt, auf Antrag nach § 1 Abs. 2 RMG. vom MEA. zu entscheiden. Gilt die ges. M. für das Mietverhältnis nicht, so kommt eine Umlegung nur auf Grund besonderer Vereinbarung in Betracht; Streitigkeiten gehören in diesem Fall vor das ordentliche Gericht.

2. Soweit die Preisbehörde die Genehmigung zu erteilen hat — vgl. 1 zu § 3 RMG. — kann sie an Stelle der Friedensmiete die Umlegung nach der Jetztmiete anordnen.

§ 12

Die im § 1 Abs. 2 genannten Behörden können eine Zusatzmiete gemäß § 13 a Abs. 3 des Reichsmietengesetzes festsetzen.

§ 13

Die in dieser Verordnung den Gemeinden übertragenen Befugnisse werden in Gemeinden unter 2000 Einwohnern von dem Landrat ausgeübt.

§ 14

Diese Verordnung tritt am 1. Mai 1936 in Kraft.

II. Bayern.

Verordnung zur Ausführung des Reichsmietengesetzes.

Vom 28. April 1936 (GVBl. S. 78) und vom 5. April 1938 (GVBl. S. 159).

Auf Grund der §§ 6 und 21 des Reichsmietengesetzes und der §§ 1, 4, 5 und 6 der Ausführungsverordnung zum Reichsmietengesetz vom 20. April 1936 (Reichsgesetzbl. 1936 I S. 383) wird nach Zustimmung[1] des Reichsarbeitsministers und des Reichsministers der Justiz[2] folgendes verordnet:

1. Die AusfVO. umfaßt

1. die Lockerungsanordnung des § 1 für sog. teuere Wohnungen und Mischräume,
2. die Vorschriften der §§ 2—4 über die gesetzliche Miete,
3. die Begriffsbestimmung des § 5 über Betriebskosten,
4. Vorschriften über die Ausführung von Instandsetzungsarbeiten (§ 6), über die Verteilung der Kosten der Heizstoffe für Sammelheizung und Warmwasserversorgung (§ 7), über die Zuständigkeit der Regierung zur Festsetzung der behördlichen Zusatzmiete (§ 8).

2. Wegen der Zustimmung des Reichskommissars für die Preisbildung zu der Abänderung des § 3 vgl. 4 zu § 3.

§ 1

(1) Die Vorschriften des Reichsmietengesetzes finden keine Anwendung[1] auf Mietverhältnisse über Wohnungen, deren Jahresfriedensmiete[2]

a) 1000 Mark und mehr in München und Ludwigshafen a. Rh.,
b) 800 Mark und mehr in den Orten der Ortsklasse A,
c) 600 Mark und mehr in den Orten der Ortsklasse B,
d) 450 Mark und mehr in den Orten der Ortsklasse C und
e) 350 Mark und mehr in den Orten der Ortsklasse D

beträgt.

(2) Die Vorschriften des Reichsmietengesetzes finden ferner keine Anwendung auf Mietverhältnisse über Geschäftsräume, die Teile einer Wohnung bilden oder wegen ihres wirtschaftlichen Zusammenhangs mit Wohnräumen zugleich mit solchen vermietet sind, wenn die Jahresfriedensmiete für die Wohn- und Geschäftsräume zusammen die in Abs. I bezeichneten Beträge erreicht oder übersteigt.

(3) Die Ortsklasseneinteilung bestimmt sich nach dem auf Grund des § 12 des Reichsbesoldungsgesetzes aufgestellten Ortsklassenverzeichnis (vgl. die Bekanntmachungen des Staatsministeriums der Finanzen vom 28. Oktober 1924, St.Anz. Nr. 252, vom 20. Oktober 1925, St.Anz. Nr. 245, vom 8. Mai 1926, St.Anz. Nr. 106 und vom 1. Februar 1927, St.Anz. Nr. 27).

1. Die Ausnahmeregelung des § 1 beruht auf § 22 RMG. und §§ 5, 6 der AusfVO. RMG.

Die reichsrechtliche Lockerung der sog. teueren Wohnungen und Mischräume in Art. I Kap. IV des Zweiten Teils der RPrVO. vom 8. Dez. 1931 (RGBl. I S. 699, 708) ist mit dem 1. Mai 1936 außer Kraft getreten. Demgemäß gilt für diese Raumarten nur mehr das landesrechtliche Lockerungsrecht des § 1. Für die Übergangszeit gelten die Grundsätze des § 22a Nr. 1 RMG.

2. Wegen der Jahresfriedensmiete vgl. 1 zu § 1 PreußAusfVO.; wegen des Begriffs der Mischräume vgl. 8 und 9 zu § 16 RMG.

§ 2

Der Mindestsatz[1] der gesetzlichen Miete[2] beträgt bis auf weiteres 110 v. H. der Friedensmiete.

1. Der Landesbehörde ist in § 1 AusfVO. RMG. anheimgegeben

a) die Höhe der gesetzlichen Miete im übrigen festzusetzen; sie kann insbesondere für bestimmte Raumarten Zuschläge erheben; dies ist in § 4 für die sog. Mischräume geschehen;

b) Teile der gesetzlichen Miete umzulegen: dies ist in § 3 hinsichtlich der Mehraufwendungen für bestimmte Betriebskosten als zulässig erklärt.

2. Reichsrechtlich sind neben dem gesetzlichen Mindestmaß vorgesehen

a) der besondere Zuschlag für gewerbliche Betriebe, wenn infolge der Eigenart des Betriebs besonders hohe Betriebs- und Instandsetzungskosten entstehen (§ 10 RMG.);

b) die Zusatzmiete des § 13a RMG.; eine besondere Abart ist die behördliche Zusatzmiete in § 13a Abs. 3 RMG., § 4 AusfVO. RMG., § 8 dieser VO.

Wegen des Zuschlags für Untervermietung vgl. 1 zu § 2 PreußAusfVO.

§ 3[1]

(1) Die Vermieter sind berechtigt, Mehraufwendungen[2], die ihnen durch eine nach dem 1. Januar 1929 erfolgte Einführung neuer gemeindlicher Gebühren und Abgaben, soferne sie als Betriebskosten im Sinne des § 4 des Reichsmietengesetzes anzusehen sind, oder durch eine nach dem gleichen Zeitpunkt vorgenommene Erhöhung bereits bestehender Gebühren oder Abgaben der genannten Art entstehen, auf die Mieter nach dem Verhältnis der Friedensmiete, bei Räumen mit Sammelheizung und Warmwasserversorgung der reinen Friedensmiete (§ 2 Abs. 1 RMG.), umzulegen[3]. Der im Hause wohnende Vermieter ist an der Umlegung zu beteiligen. Bei Streit entscheidet das Mieteinigungsamt.

(2) Die Grundsteuer kann auf die Mieter in Höhe der Sondersteuern[4] auf Wohnungen und Mieten (Feuerschutzabgabe und ähnlichen Abgaben) umgelegt werden, die nach § 27 Nr. 3 des Einführungsgesetzes zu den Realsteuergesetzen vom 1. Dezember 1936 (RGBl. I S. 961) am 1. April 1938 fortgefallen sind und zu deren Umlegung die Vermieter nach den bisherigen Vorschriften berechtigt waren.

1. Die Regelung entspricht im allgemeinen der Ziff. 2 der bisher geltenden VO. über die gesetzliche Miete vom 23. Dez. 1931 (GVBl. S. 406). Eine dem § 6 Abs. 2 PreußAusfVO. entsprechende Verpflichtung der Gemeinden — vgl. aber auch 3 zu Ziff. 43 RE. 184/37 — zur Festsetzung eines Hundertsatzes bei Neueinführung von Abgaben besteht nicht, vgl. dazu Dahmann S. 21; Staudinger-Kiefersauer, Vorbem. 197 zu § 535.

Die Erhöhung des Mietzinses bedarf der vorherigen Genehmigung der Preisbehörde, vgl. 1 zu § 3 RMG.; Ziff. 43, 46 RE. 184/37; 1 zur Dritten AusfVO. PStopV.

2. Das Umlegungsverfahren gilt nur für den Mehraufwand des Vermieters für gemeindliche Gebühren und Abgaben, soweit solche als Betriebskosten nach § 4 RMG., § 5 dieser VO. anzusehen sind. Hiernach kommen in Betracht: Gebühren für die Benützung gemeindlicher Anstalten, Unternehmungen und Einrichtungen, z. B. Wasserzins, Gebühren für Kanalbenützung, Hausunratabfuhr, Straßenreinigung, Kanalreinigung. Da die Aufzählung des § 5 keine erschöpfende ist, wie schon aus dem Worte z. B. hervorgeht, können auch noch andere Gebühren und Abgaben in Frage kommen, z. B. die in manchen Gemeinden eingeführte Feuerschutzabgabe (vgl. aber unten 4) (ihre Aufzählung unter den Umlagen dürfte nicht richtig sein). In allen Fällen aber muß es sich um Beitragsleistungen für die Benutzung oder Bereithaltung gemeindlicher Einrichtungen handeln. Nur gemeindliche Gebühren und Abgaben kommen hier in Betracht. Beiträge für staatliche oder private Unternehmungen gehören nicht hieher; eine Erhöhung der Beiträge zur Brandversicherung oder zur Haftpflicht- oder Wasserschadenversicherung berechtigt den Vermieter nicht zur Umlegung des Mehraufwandes.

Nur der Mehraufwand an Betriebskosten kommt in Betracht. Maßgebend für die Ermittlung des Mehraufwandes ist immer der Stand der als Betriebskosten anzusehenden gemeindlichen Gebühren und Abgaben am 31. Dezember 1928. Die an diesem Stichtag vorhandene Belastung ist durch die gesetzliche Miete abgegolten. Unerheblich ist, ob der umzulegende Mehraufwand auf der Neueinführung oder auf einer Erhöhung der bezeichneten gemeindlichen Gebühren und Abgaben beruht; gleichgültig ist auch, ob die Neueinführung oder Erhöhung vor oder nach dem 1. Januar 1929 erfolgt ist; trotz des scheinbar entgegenstehenden Wortlautes ist entscheidend, daß der Mehraufwand nach dem 1. Januar 1929 notwendig geworden war, mag der Beschluß der Neueinführung der

Erhöhung mit Wirkung vom 1. Januar 1929 auch vorher erfolgt sein.

3. Die Umlegung des Mehraufwandes erfolgt nach dem Verhältnis der Friedensmieten des Hauses; wegen der Möglichkeit der Umlegung nach der Jetztmiete vgl. 2 zu § 11 PreußAusfVO. Die vom Vermieter selbst benutzten Räume sind mit ihrer Friedensmiete in Ansatz zu bringen. Bei Streitigkeiten entscheidet das MEA.; dessen Entscheidung ist nach § 41 MSchG. binnen einer Notfrist von zwei Wochen mit der Rechtsbeschwerde anfechtbar.

4. Abs. 2 ist durch die AusfVO. vom 5. April 1938 (GVBl. S. 159) mit Zustimmung des RfP. eingefügt worden. Anlaß zu dieser Änderung gab die Neuregelung der Grundsteuer, in die ab 1. April 1938 alle „Sondersteuern auf Wohnungen (Wohnräume) und Mieten" eingebaut worden sind. Da die Grundsteuer — abweichend von der Regelung in Preußen, § 3 PreußAusfVO. — in Bayern nicht umgelegt werden kann, wäre die Neuregelung der Grundsteuer ab 1. April 1938 an sich ohne Einfluß auf die Mietzinsbildung geblieben; das Verbot der Mietzinserhöhung wegen Erhöhung der steuerlichen Belastung — vgl. 2 zu § 4 RMG. — hätte daher den Vermieter (Eigentümer) um so härter getroffen, als Teile der geltenden Grundsteuer, z. B. die bisher nach Abs. 1 umlegungsfähige Feuerschutzabgabe — oben 2 —, ohne die Regelung des Abs. 2 nicht mehr hätten umgelegt werden dürfen. Abs. 2 stellt daher in seiner Auswirkung nur die Regelung wieder her, die durch Abs. 1 vor der Neuordnung der Grundsteuer in Bayern in Geltung war. Da die Umlegung nur in Höhe der bisher den Vermieter treffenden Sondersteuern erfolgen darf, tritt eine Mehrbelastung des Mieters nicht ein.

Soweit die weggefallene Sondersteuer nicht den Vermieter, sondern den Mieter getroffen hat, kann der Mietzins erhöht werden, vgl. VO. vom 1. April 1938 unten S. 209.

§ 4

Bei Geschäftsräumen, die Teile einer Wohnung bilden oder wegen ihres wirtschaftlichen Zusammenhangs mit Wohnräumen zugleich mit solchen vermietet sind, erhöht sich für die geschäftlich benützten Räume bei einer Jahresfriedensmiete bis zu 600 Mark einschließlich die nach § 2 festgesetzte gesetzliche Miete bis auf weiteres um 5 v. H., bei einer höheren Jahresfriedensmiete um 10 v. H. der Friedensmiete. Wird für geschäftlich benützte Räume und für Wohnräume eine einheitliche Friedensmiete geschuldet, so wird im Streitfalle der auf den geschäftlich benützten Raum entfallende Teilbetrag der Friedensmiete vom Mieteinigungsamt festgestellt. Geschäftlich benützte Räume sind alle Räume, die nicht Wohnraum sind.

Für reine Geschäftsräume gilt das Reichsmietengesetz nicht (§ 16 Nr. 5); soweit Mischräume landesrechtlich — § 1 — von den Vorschriften des RMG. ausgenommen sind, gilt gleichfalls keine gesetzliche Miete.

§ 5

Als Betriebskosten im Sinne des § 4 RMG. gelten für das Haus zu entrichtende Steuern[1] nebst Zuschlägen, außerdem gemeindliche und sonstige Umlagen[2] (Feuerschutzabgabe[3] und dergl.), Gebühren für die Benützung gemeindlicher Anstalten, Unternehmungen und Einrichtungen, z. B. Wasserzins, Gebühren für Kanalbenützung, Hausunratabfuhr, Straßenreinigung, Kaminreinigung usw., Beiträge zur Brandversicherung, zur Baunot-, Haftpflicht-, Wasserschadenversicherung, Verwaltungskosten und ähnliche Unkosten.

1. Nach Einführung der gemeindlichen Grundsteuer ab 1. April 1938 entfallen staatliche Haussteuer, Umlagen für Kreis, Bezirk und Gemeinde; die Höhe der Grundsteuer ist örtlich verschieden.

Die sog. Wohnungsbauabgabe ist zum Teil ($^{9}/_{17}$) in die staatliche Geldentwertungsabgabe, zum anderen Teil ($^{8}/_{17}$) in die gemeindliche Grundsteuer übergegangen. Die Geldentwertungsabgabe beträgt im Höchstfall 24 v. H. der steuerbaren Friedensmiete, vgl. 3 zu § 2 der VO. über Mietbeihilfen, unten S. 204.

2. Gemeindliche Umlagen werden nur mehr vorübergehend für Neuhausbesitz erhoben.

3. Die Feuerschutzabgabe darf ab 1. April 1938 nicht mehr erhoben werden; sie ist in die gemeindliche Grundsteuer übergegangen. Wegen der Umlegung des auf den Vermieter treffenden Teiles der Grundsteuer vgl. 4 zu § 3.

§ 6

(1) Hat der Vermieter die Ausführung notwendiger Instandsetzungsarbeiten unterlassen[1], so hat die Bezirkspolizeibehörde[2] die sachgemäße Ausführung der Instandsetzungsarbeiten durch geeignete Anordnungen zu sichern.

(2) Die Bezirkspolizeibehörde kann nach ihrem Ermessen bestimmen, welche Anordnungen zur Ausführung der Instandsetzungsarbeiten im Einzelfalle zu treffen sind. Sie kann nach fruchtlosem Ablauf einer dem Vermieter gesetzten Frist anordnen, daß die Mieter einen entsprechenden Teil des Mietzinses nicht an den Vermieter, sondern an eine von ihr zu bezeichnende Stelle zu entrichten haben oder daß sie bestimmte Arbeiten selbst ausführen lassen und einen entsprechenden Betrag des Mietzinses einbehalten können. Der Betrag, der auf Grund einer solchen Anordnung für Instandsetzungsarbeiten in Anspruch genommen wird, darf bei dem jeweils fälligen Mietzins 18 v. H. der Friedens-

miete nicht übersteigen. Soweit die Zahlung eines Teilbetrages des Mietzinses an eine gemeindliche Stelle angeordnet ist, können die Beträge von den Mietern wie Gemeindeabgaben beigetrieben werden.

(3) Vor einer Anordnung nach Abs. II sind beide Vertragsteile zu hören. Die Bezirkspolizeibehörde kann von den Vertragsteilen alle zur Entscheidung benötigten Auskünfte, insbesondere über die Höhe der für die Instandsetzungsarbeiten gemachten Aufwendungen verlangen und die Vorlage der Belege anordnen.

(4) Gegen eine Anordnung der Bezirkspolizeibehörde findet die Beschwerde an die Aufsichtsbehörde binnen 2 Wochen statt. Diese entscheidet endgültig. Die Beschwerde hat aufschiebende Wirkung. In der Anordnung ist auf das Rechtsmittel hinzuweisen.

1. Die materiellen Voraussetzungen der Zwangsmaßnahmen sind in § 6 RMG. geregelt.

2. Zuständig ist die Bezirkspolizeibehörde — Bezirksamt, (Ober-) Bürgermeister in Stadtbezirken und in bisher kreisunmittelbaren Städten §§ 27, 28 der bayer. AngleichungsVO. z. DGO. —; auf fristgerechte Beschwerde entscheidet endgültig die Aufsichtsbehörde (Abs. 4). Die Gemeinde kann als Zahlstelle für die beanspruchten Teile des Mietzinses bestimmt werden; in diesem Fall werden die Beträge von den Mietern wie Gemeindeumlagen beigetrieben.

§ 7

(1) Die Verteilung der Kosten der Heizstoffe[1] für Sammelheizungen und Warmwasserversorgung auf die Hausbewohner bleibt der Vereinbarung der Beteiligten überlassen.

(2) Kommt ein Einverständnis hierüber nicht zustande, so entscheidet das Mieteinigungsamt; es verteilt den Gesamtaufwand für Heizstoffe auf die Beteiligten in der Regel nach dem Verhältnis der beheizten Räume (Kubikraum); dabei sind alle Räume des Anwesens, insbesondere auch die vom Vermieter selbst benützten Räume sowie Räume, für die nicht die gesetzliche Miete zu zahlen ist, zu berücksichtigen.

1. Vgl. 1 zu § 5 PreußAusfVO.

§ 8

Zuständig zur Festsetzung der behördlichen Zusatzmiete (§ 13a Abs. III RMG.) sind die Regierungen; vor Festsetzung ist dabei in der Regel das örtlich zuständige Mieteinigungsamt, in Gemeinden ohne Mieteinigungsamt der Bürgermeister anzuhören. Die Festsetzung ist endgültig.

§ 9

(1) Diese Verordnung tritt am 1. Mai 1936 in Kraft.

(2) Gleichzeitig werden aufgehoben:

a) die Verordnung über die Mietzinsbildung in Bayern vom 29. März 1928 in der Fassung der Verordnung vom 22. Dezember 1931 (GVBl. S. 405),

b) die Achte Verordnung zur Lockerung des Mieterschutzes und der gesetzlichen Mietzinsbildung in Bayern vom 26. September 1933 (GVBl. S. 313),

c) die Bekanntmachung über die Lockerung des Mieterschutzes und der gesetzlichen Mietzinsbildung in Bayern vom 26. September 1933 (GVBl. S. 314),

d) die Verordnung vom 21. Januar 1936 über die gesetzliche Miete im Jahre 1936 (GVBl. S. 14).

II. Preisüberwachung und Preisbildung bei Mieten.

Eines der wichtigsten Ziele nationalsozialistischer Staatsführung ist die Aufrechterhaltung der gegenwärtigen Preisgrundlage. Spekulative Preiserhöhungen müssen unter allen Umständen verhindert werden. Die Beibehaltung der Preisgrundlage bildet eine wesentliche Voraussetzung für die erfolgreiche Durchführung des Vierjahresplanes. Auf dem Gebiete des Preisbildungsrechts wurde durch Gesetz vom 29. Okt. 1936 (RGBl. I S. 927) ein eigener Reichskommissar für die Preisbildung (RfP.) bestellt, dessen Aufgabengebiet der Führer selbst mit den Worten umrissen hat, „daß es besser ist, wenn wir unsere Wirtschaft so aufbauen, daß zwischen Lohn und Preis ein stabiles Vernis besteht, als daß wir Löhne und Preise einfach laufen lassen" Dem RfP. obliegt gemäß §§ 1, 2 des Gesetzes vom 29. Okt. 1936 (PBG.)

1. die Überwachung der Preisbildung für Güter und Leistungen jeder Art — Preisüberwachung — und
2. der Erlaß aller zur Sicherung volkswirtschaftlich gerechtfertigter Preise und Entgelte erforderlichen Maßnahmen — Preisbildung —.

Preisüberwachung und Preisbildung erstrecken sich auch auf die Miet- (Pacht-)preise für Räume. Die Tätigkeit des RfP. und der von ihm beauftragten Stellen beschränkt sich nicht etwa auf die Festsetzung von Höchstpreisen für bestimmte Güter und Leistungen und deren Überwachung. Der RfP. hat vielmehr, wie der Beauftragte für den Vierjahresplan, Generalfeldmarschall Göring, am 28. Okt. 1936 in der Kundgebung im Berliner Sportpalast sich ausdrückte, „die Aufgabe, immer wieder festzustellen, ob der Preis berechtigt ist, oder Eigennutz und Ichsucht entspringt. Ist dies der Fall, dann wird rücksichtslos durchgegriffen". Der Schwerpunkt der Gesetzgebung auf dem Gebiete der Preisbildung ruht also nicht in den einzelnen Gebots- und Verbotsvorschriften, sondern in der aktiven Tätigkeit des RfP. und der von ihm beauftragten Stellen.

Dieser hervorragenden Aufgabe entsprechend sind auch die Maßnahmen des RfP. und der von ihm beauftragten Stellen mit besonderen Wirksamkeiten ausgestattet. Diese bestehen

1. in der Möglichkeit, jeden Rechtsvorgang hinsichtlich der Preisgestaltung der Nachprüfung zu unterziehen und im Rahmen der Preisüberwachung und der Preisbildung die erforderlichen Anordnungen zu treffen;
2. in der alleinigen Zuständigkeit des RfP. und der von ihm beauftragten Stellen auf dem Gebiete des Preisbildungsrechts mit der Folge, daß die auf Grund des Gesetzes vom 29. Okt. 1936 ergehenden Anordnungen für die Verwaltungsbehörden und für die Gerichte bindend sind, d. h. von ihnen nicht einer Nachprüfung und Änderung unterworfen werden können (§ 6 Abs. 1 PBG.).

1. Preisbildungsgesetz.

Gesetz zur Durchführung des Vierjahresplans — Bestellung eines Reichskommissars für die Preisbildung —.

Vom 29. Oktober 1936 (RGBl. I S. 927).

Die Reichsregierung hat zur Durchführung des Vierjahresplans auf dem Gebiete der Preisbildung das folgende Gesetz beschlossen, das hiermit verkündet wird:

Im Lande Österreich und in den sudetendeutschen Gebieten ist das PBG. „sinngemäß anzuwenden". Zweite VO. z. Einführung des Vierjahresplans im Lande Österreich vom 27. März 1938 (RGBl. I S. 315); VO. über die Aufgaben des RfP. in den sudetendeutschen Gebieten vom 18. Okt. 1938 (RGBl. I S. 1444).

§ 1

(1) Zur Überwachung der Preisbildung[1] für Güter und Leistungen jeder Art, insbesondere für

alle Bedürfnisse des täglichen Lebens, für die gesamte landwirtschaftliche, gewerbliche und industrielle Erzeugung und für den Verkehr mit Gütern und Waren jeder Art sowie für sonstige Entgelte[2] wird ein Reichskommissar bestellt.

(2) Die gesetzlichen Vorschriften über die Überwachung und Gestaltung der Löhne und Gehälter, im besonderen die Vorschriften des Gesetzes zur Ordnung der nationalen Arbeit bleiben unberührt.

(3) Der Reichskommissar wird vom Führer und Reichskanzler ernannt. Er untersteht dem Beauftragten für den Vierjahresplan Preußischen Ministerpräsidenten Generaloberst Göring. Der Reichskommissar hat seinen Sitz in Berlin.

1. Die Tätigkeit des RfP. umfaßt nicht nur die Preisüberwachung, sondern auch die Preisbildung selbst. § 2 Abs. 2 überträgt dem RfP. die Wahrnehmung der Aufgaben und Befugnisse „auf dem Gebiete der Genehmigung, Festsetzung, Überwachung und Bildung von Preisen und Entgelten". Von der bloßen Überwachung der Entwicklung (Bildung) der Preise, die der Aufgabe der früheren Reichskommissare für die Preisüberwachung entsprochen hat, ist das PBG. zur unmittelbaren Gestaltung der Preise übergegangen.

2. Preise (Entgelte) für Güter und Leistungen jeder Art unterliegen der Überwachung durch den RfP. Die Entgelte für die Nutzung der Grundstücke (Miete, Pacht, Nießbrauch) unterliegen deshalb der Kontrolle des RfP. ebenso wie die Grundstückspreise. Da das wirkliche Entgelt für die Überlassung eines Grundstücks nur aus der Gesamtheit der vertraglichen Bestimmungen zu ermitteln ist, unterliegen auch die sonstigen Bestimmungen der Miet- (Pacht-)verträge der Nachprüfung durch den RfP. Vgl. Ziff. 1, 39 und 62 RE. 184/37.

§ 2

(1) Der Reichskommissar ist ermächtigt, die zur Sicherung volkswirtschaftlich gerechtfertigter Preise und Entgelte [1] erforderlichen Maßnahmen zu treffen [2].

(2) Der Reichskommissar für die Preisbildung hat die den Obersten Reichsbehörden auf dem Gebiete der Genehmigung, Festsetzung, Überwachung oder Bildung von Preisen und Entgelten zugewiesenen Aufgaben und Befugnisse wahrzunehmen.

(3) Der Reichskommissar kann mit Zustimmung des Beauftragten für den Vierjahresplan die ihm nach diesem Gesetz zustehenden Aufgaben und Befugnisse ganz oder teilweise auf andere Stellen übertragen [3].

1. Die Sicherung volkswirtschaftlich gerechtfertigter Preise (Entgelte) ist das Ziel aller Maßnahmen, zu denen § 2 den RfP. ermächtigt. Die Rechtfertigung des Preises muß eine volkswirtschaftliche sein, d. h. sie darf nicht ausschließlich nach privatwirtschaftlichen Gesichtspunkten erfolgen. Auf dem Gebiet des Mietwesens ist die Herabsetzung des Mietzinses auf die Höhe der ges. M. für Altwohnungen vorgesehen, gleichviel ob die Räume dem Reichsmietengesetz unterliegen oder nicht, Ziff. 25, 29 RE. 184/37. Hinsichtlich der Neubauwohnungen ist nach Maßgabe der Anweisungen in Ziff. 32 bis 39 RE. 184/37 eine Nachprüfung des Mietzinses möglich.

Ziel aller Maßnahmen ist der **volkswirtschaftlich gerechtfertigte Mietzins.** Dieser Mietzins muß dem objektiven Nutzungswert der Mieträume entsprechen, dessen Ermittlung die wichtigste Aufgabe der Mietzinsbildung darstellt, vgl. Einleitung S. 9 und Ziff. 38 RE. 184/37.

2. Art und Umfang der zu ergreifenden **Maßnahmen** zu bestimmen, ist Sache des RfP.; er kann allgemeine Anordnungen treffen oder im Einzelfalle eingreifen. Unmittelbarer Eingriff in Vertragsrechte ist möglich. Ob solche Eingriffe vom RfP. beabsichtigt sind, kann lediglich aus dem Inhalt der Anordnung oder des Erlasses entnommen werden. Auf dem Gebiet der Preisbildung und Preisüberwachung bei Mieten — RE. 184/37 — sind unmittelbare Eingriffe in die Vertragsbestimmungen vorgesehen. Die Vorschriften dieses RE. unterscheiden zwischen der auf § 2 PVG. gegründeten Mietzinsherabsetzung und der Zulassung der Mietzinserhöhung durch Ausnahmebewilligung nach § 3 PStopV. Die Mietzinsherabsetzung verpflichtet die Vertragsteile unmittelbar (Ziff. 70), die Genehmigung der Mietzinserhöhung dagegen nicht (Ziff. 72).

Die eigenmächtige Wiedererhöhung des durch die Preisbehörde herabgesetzten Mietzinses ist nach § 134 BGB. nichtig und nach der VO. vom 8. Januar 1935 (RGBl. I S. 10) strafbar, Ziff. 71 RE. 184/37.

3. Die Übertragung der Preisüberwachung und Preisbildung bei Mieten ist durch die Vierte Anordnung vom 27. Sept. 1937 auf die Stadt- und Landkreise erfolgt, s. unten S. 128.

§ 3

Der Reichskommissar schlägt dem Beauftragten für den Vierjahresplan die zur Durchführung dieses Gesetzes erforderlichen Rechtsverordnungen und allgemeinen Verwaltungsvorschriften vor [1 2].

1. Die wichtigste Verordnung ist die Verordnung über das Verbot von Preiserhöhungen vom 26. Nov. 1936 (RGBl. I S. 955) — PStopV. —.

2. Vgl. auch die Überleitungsverordnung zum PVG. vom 26. Nov. 1936 (RGBl. I S. 955); nach Art. III dieser VO. ist der RfP. ermächtigt, durch allgemeine Verwaltungsvorschriften Abänderungen der bisherigen, noch fortgeltenden organisatorischen und verwaltungsrechtlichen Bestimmungen vorzunehmen.

§ 4

(1) Zuwiderhandlungen gegen Anordnungen, die auf Grund dieses Gesetzes erlassen sind, können[1] mit Zuchthaus, Gefängnis, Haft oder Geldstrafe, letztere in unbegrenzter Höhe, oder mit einer oder mehreren dieser Strafen bedroht werden. Dabei kann die Einziehung derjenigen Gegenstände, auf die sich die strafbare Handlung bezieht, sowie die öffentliche Bekanntmachung des Urteils vorgesehen werden. Wegen einer solchen Zuwiderhandlung kann Anklage vor den auf Grund der Verordnung der Reichsregierung vom 21. März 1933 (Reichsgesetzbl. I S. 136) errichteten Sondergerichten erhoben werden.

(2) Der Reichskommissar kann Ordnungsstrafen in Geld, deren Höhe unbegrenzt ist, androhen und verhängen[2].

(3) Er ist ermächtigt, bei Zuwiderhandlung gegen seine Anordnungen und Maßnahmen die Schließung von Betrieben, in denen eine Zuwiderhandlung erfolgt ist, zu verfügen oder die Weiterführung des Betriebes von Auflagen abhängig zu machen. Er kann auch Einzelpersonen auf dem Gebiete, auf dem die Zuwiderhandlung erfolgt ist, jede Tätigkeit untersagen oder sie von Auflagen abhängig machen[3 4].

1. Abs. 1 Satz 1 und 2 stellt lediglich eine Ermächtigung des RfP. zur Strafandrohung dar. Die Bestrafung selbst kann auf diese Vorschriften nicht gestützt werden. Verstöße gegen veröffentlichte Durchführungsanordnungen werden gemäß Ziff. II der Zweiten Verordnung zur Durchführung des Vierjahresplans vom 5. Nov. 1936 (RGBl. I S. 936) mit Gefängnis oder mit Geldstrafe, letztere in unbegrenzter Höhe, oder mit einer dieser Strafen bestraft. Bei Verstößen gegen die PStopV. ist § 4 Abs. 1 PStopV. Rechtsgrundlage für die Bestrafung.

2. Das **Ordnungsstrafrecht** des Abs. 2 stellt eine eigene Strafbefugnis des RfP. und der von ihm beauftragten Stellen dar; über das Ordnungsstrafrecht im allgemeinen vgl. Rietzsch JW. 1938, 773 und Meeske DJ. 1938, 404.

Soweit in den einzelnen Verordnungen Strafvorschriften nicht enthalten sind, kann die zuständige Preisüberwachungsstelle bei Zuwiderhandlungen Ordnungsstrafen — grundsätzlich in unbegrenzter Höhe (s. unten 4) — verhängen, auch wenn die Anordnung selbst — allgemein oder im Einzelfall — eine Strafandrohung nicht enthält, § 1 der Verordnung über Ordnungsstrafen bei Zuwiderhandlungen gegen Preisschildervorschriften und Preisfestsetzungen vom 8. Jan. 1935 (RGBl. I S. 10); für das Verfahren gelten die Bestimmungen des Abschnittes IV der VO. über Preisüberwachung vom 11. Dez. 1934 (RGBl. S. 1245).

3. Die Schließung von Betrieben war bisher schon möglich; vgl. hiezu die VO. vom 8. Dez. 1931 (RGBl. I S. 747). Einschneidend ist die Befugnis des RfP., Einzelpersonen die Ausübung ihrer Berufstätigkeit zu untersagen. Die Vermietung von Grundstücken kann bei groben Verstößen des Vermieters insbes. gegen die Verpflichtung zur Hausgemeinschaft — Kiefersauer, D. WohnA. 1937, 252 — untersagt werden; diese Maßnahme hätte zur Folge, daß der Hausbesitzer sein Haus verkaufen muß (vgl. die ähnliche Rechtslage des Erben nach § 3 DVO. ReichsgrenzSichG., Kiefersauer, Grundstückverkehrsrecht S. 172. Die Erzwingung erfolgt hier durch Ordnungsstrafen.

4. Wegen der Ausdehnung der Strafbestimmungen des § 4 auf die bisher erlassenen Verordnungen und Anordnungen, soweit sie nicht durch das PBG. aufgehoben worden sind, vgl. Ziff. II der Überleitungsverordnung (2 zu § 3). Hiernach ist bei Verstößen nicht nur wie bisher der Vermieter, sondern auch der Mieter strafbar, der einen höheren Mietzins bietet oder in Kenntnis des festgesetzten oder höchstzulässigen Preises zahlt. Ordnungsstrafen sind in unbegrenzter Höhe möglich. Unmittelbar auf früheres Recht anzuwenden sind nur die Abs. 2 und 3, während das Strafrecht des Abs. 1 nur bei ausdrücklicher Anordnung des RfP. frühere Bestimmungen zu ersetzen oder zu ergänzen vermag, s. oben 1.

§ 5

Die Verwaltungsbehörden und Gerichte haben dem Reichskommissar Amts- und Rechtshilfe zu leisten.

§ 6

(1) Die auf Grund dieses Gesetzes ergehenden Anordnungen sind für die Verwaltungsbehörden und Gerichte bindend[1].

(2) Wegen eines Schadens, der durch eine Anordnung oder Maßnahme auf Grund dieses Gesetzes entsteht, wird eine Entschädigung nicht gewährt[2 3].

1. Die Anordnungen des RfP. und der von ihm beauftragten Stellen sind hiernach — auch im Einzelfall — der **Nachprüfung durch andere Behörden**, insbes. durch die Gerichte, in vollem Umfang **entzogen**. Das gilt insbes. auch für die Feststellung, daß ein Verstoß gegen Preisvorschriften nicht vorliegt; der dem § 4 GVB. zugrunde liegende Gedanke gilt in erhöhtem Maße für das Preisbildungsrecht: die Unbedenklichkeitserklärung der Preisbildungsbehörde — Lent DJ. 1938, 413 — schließt jede spätere Anfechtung der Preisbildung des Rechtsgeschäfts durch die Parteien und die Nachprüfung der Preisbildung durch andere Behörden aus, Kiefersauer, DWohnA. 1938, 185; Ziff. 63 RE. 184/37; DWohnW. 1938, 508.

2. Eingriffe des RfP. könnten unter Umständen als Enteignungen, die zur Schadloshaltung verpflichten, anzusehen sein; Abs. 2 schließt auch für diese Fälle jeden Entschädigungsanspruch aus.

3. Wegen der Ausdehnung des § 6 auf das frühere, aber noch gültige Preisüberwachungsrecht vgl. Ziff. I der ÜberleitungsVO. (2 zu § 3).

2. Preisstopverordnung.

Verordnung über das Verbot von Preiserhöhungen.

Vom 26. November 1936 (RGBl. I S. 955).

Auf Grund des Gesetzes zur Durchführung des Vierjahresplans — Bestellung eines Reichskommissars für die Preisbildung — vom 29. Oktober 1936 (RGBl. I S. 927) wird auf Vorschlag des Reichskommissars für die Preisbildung folgendes verordnet:

§ 1

(1) Preiserhöhungen für Güter und Leistungen jeder Art, insbesondere für alle Bedürfnisse des täglichen Lebens, für die gesamte landwirtschaftliche, gewerbliche und industrielle Erzeugung und für den Verkehr mit Gütern und Waren jeder Art sowie für sonstige Entgelte sind verboten[1]. Dieses Verbot gilt rückwirkend vom 18. Oktober 1936 ab. Verträge, die von beiden Vertragspartnern erfüllt sind, bleiben von der Rückwirkung unberührt.

(2) Als eine Preiserhöhung ist es auch anzusehen[2], wenn die Zahlungs- und Lieferungsbedingungen zum Nachteil der Abnehmer verändert werden.

1. Das Preiserhöhungsverbot gilt grundsätzlich auch für **Miet- und Pachtpreise** für Räume.

Für Miet- (Pacht-) preise galt in der Zeit vom 1. Dez. 1936 bis 15. Dezember 1937 die Sonderregelung des Abschnittes III der Ersten AusfVO. zur PStopV. Hiernach konnte bei Mietverhältnissen, die dem Reichsmietengesetz nicht unterliegen, der Stichtagmietzins vom 17. Oktober 1936 unter bestimmten Voraussetzungen ohne Genehmigung nach § 3 überschritten werden; für Räume, die dem RMG. unterstehen, galt grundsätzlich die ges. M. als Höchstmiete.

Vom 16. Dezember 1937 ab gilt für alle Mietverhältnisse die PStopV. uneingeschränkt, vgl. Dritte AusfVO. zur PStopV.

Über die hiernach möglichen verschiedenen Stichtagmieten vgl. 3 zur Dritten AusfVO. PStopV.

Wegen der zivilrechtlichen Folgen des Verstoßes gegen § 1 vgl. 3 zu Ziff. 24 RE. 184/37.

2. Das Preiserhöhungsverbot umfaßt alle Vereinbarungen, die auf die Höhe des Entgelts von Einfluß sind. Jede mittelbare oder unmittelbare Umgehung des Verbots ist durch § 2 ausdrücklich untersagt; auch die Nichterfüllung vertraglicher Verpflichtungen, durch die auf Kosten des anderen Vertragsteiles Ausgaben erspart werden sollen, ist als Verstoß gegen § 1 anzusehen, z. B. Nichterfüllung der Instandsetzungspflicht durch den Vermieter. Das gleiche gilt für die Absicht, Vertragsverpflichtungen aufzulösen, um bessere Preisbedingungen zu erzielen, z. B. Kündigung von Mietverhältnissen zum Zwecke der Mietzinssteigerung, vgl. Staudinger-Kiefersauer, 28 zu § 564. Die österreichische PStopV. — 1 zu § 6 — stellt in § 2 Abs. 2 der Preiserhöhung gleich „jede unmittelbare oder mittelbare Verschlechterung der Gegenleistung, insbes. der Zahlungs- und Lieferungsbedingungen, sowie die ungerechtfertigte Weigerung, Waren herzustellen oder zu liefern". Vgl. hierher insbes. Ziff. 1 RE. 184/37.

§ 2

Es ist verboten, Handlungen vorzunehmen, durch die mittelbar oder unmittelbar die Vorschriften des § 1 umgangen werden oder umgangen werden sollen[1].

1. Vgl. 2 zu § 1.

§ 3[1]

Soweit[2] aus volkswirtschaftlichen Gründen oder zur Vermeidung besonderer Härten eine Ausnahme dringend erforderlich erscheint, können der Reichskommissar für die Preisbildung oder die von ihm beauftragten Stellen Ausnahmen zulassen oder anordnen.

1. Die ausnahmslose Durchführung des Preiserhöhungsverbots (§§ 1, 2) würde zu einer unerträglichen Erstarrung des Wirtschaftslebens führen. § 3 läßt daher in engbegrenztem Rahmen Ausnahmebewilligungen zu. Der RfP. kann diese Ausnahmebewilligung allgemein oder für den Einzelfall erteilen; für Mieten sind die Stadt- und Landkreise zuständig.

Die Erteilung einer **Ausnahmebewilligung** nach § 3 setzt voraus, daß das Rechtsgeschäft gegen das Preiserhöhungsverbot mittelbar (§ 2) oder unmittelbar (§ ,1) verstößt. Die Feststellung dieses Verstoßes im Einzelfall ist ausschließlich Aufgabe der Preisbehörde. Die Entscheidung der Preisbehörde ist für Gerichte und Verwaltungsbehörden bindend, mag es sich um eine positive oder negative Feststellung handeln. Durch die sog. Unbedenklichkeitserklärung stellt die Preisbildungsbehörde fest, daß ein Verstoß gegen die PStopV. nicht vorliegt; diese Feststellung hat zur Folge, daß die Gültigkeit der Preisvereinbarung unter dem Gesichtspunkt der Preisbestimmungen weder von den Vertragsteilen noch sonst (von einer Behörde) in Zweifel gezogen werden kann, vgl. Lent DJ. 1938, 413; Kiefersauer DWohnA. 1938, 185; Ziff. 63 RE. 184/37.

Die Erteilung der Ausnahmebewilligung hat keinen Einfluß auf das zwischen den Mietparteien bestehende Vertragsverhältnis, Ziff. 72 RE. 184/37. Der Vermieter, der die hiernach preisrechtlich bewilligte Mietzinserhöhung gegen den Willen des Mieters durchsetzen will, muß, wenn er vertraglich daran gehindert ist, die Aufhebung des Mietverhältnisses anstreben. Dies geschieht bei Mietverhältnissen, die dem Mieterschutzgesetz nicht unterstehen, durch Kündigung; diese Kündigung ist erlaubt, Ziff. 17 RE. 184/37. Bei Räumen, die dem Mieterschutz unterliegen, steht dem Vermieter die Mietaufhebungsklage nach § 4 der AusfVO. zur VO. über Kündigungsschutz für Miet- und Pachträume vom 4. Dez. 1937 zu, Ziff. 18 RE. 184/37.

2. Die Voraussetzungen für die Erteilung der Ausnahmebewilligung sind eng begrenzt — vgl. aber die mildere Fassung des § 3 der PStopV. für Österreich, 1 zu § 6 —, weil eine möglichst umfassende Aufrechterhaltung der geltenden Preisgrundlage im Interesse der Durchführung des Vierjahresplanes gelegen ist. Die Ziele der Preiserhöhung auf Grund des § 3 haben daher mit der Zubilligung des volkswirtschaftlich gerechtfertigten Preises im Sinne des § 2 PBG. grundsätzlich nichts zu tun. Der Ausnahmepreis des § 3 darf diesen Preis nicht überschreiten, er wird aber regelmäßig hinter dem volkswirtschaftlich gerechtfertigten Preis zurückbleiben.

§ 4

(1) Wer den Bestimmungen dieser Verordnung oder den zu ihrer Durchführung erlassenen Anordnungen vorsätzlich oder fahrlässig zuwiderhandelt, wird mit Gefängnis[1] und Geldstrafe, letztere in unbegrenzter Höhe, oder mit einer dieser Strafen bestraft. Dabei kann die Einziehung des erzielten Entgeltes und der Gegenstände, auf die sich die strafbare Handlung bezieht, sowie die öffentliche Bekanntmachung des Urteils verfügt werden.

(2) Die Strafverfolgung tritt nur auf Antrag ein[2].

(3) Die Bestimmungen der §§ 14, 15, 16 (mit Ausnahme von Abs. 2 Satz 2) und § 17 der Verordnung über Preisüberwachung vom 11. Dezem-

ber 1934 (Reichsgesetzbl. I S. 1245) finden entsprechende Anwendung; jedoch kann die im § 15 der Verordnung vom 11. Dezember 1934 angedrohte Ordnungsstrafe[3] in unbegrenzter Höhe verhängt werden. Über die Beschwerden gegen die Festsetzung von Ordnungsstrafen entscheidet der Reichskommissar für die Preisbildung oder die von ihm bestimmten Stellen endgültig.

1. Zuchthausstrafe ist, abweichend von der Ermächtigung in § 4 PBG., nicht angedroht.

2. Zur Antragstellung ist bei Verstößen durch Mietzinsvereinbarungen und -angebote nicht die Preisbehörde befugt, sondern die Preisüberwachungsstelle gemäß Ziff. 3 des OrgErl. vom 12. Dez. 1936. Antrag auf Verhandlung vor dem Sondergericht kann im Rahmen der PStopV. nicht gestellt werden. Der Strafantrag nach Abs. 2 kann zurückgenommen werden (§ 14 Abs. 2 der VO. über Preisüberwachung vom 11. Dez. 1934, s. unten 3).

3. An Stelle der Strafverfolgung kann die Preisüberwachungsstelle Ordnungsstrafen in unbegrenzter Höhe verhängen; bei Übertragung nach Ziffer 4 des Org.-Erl. kann die Preisbildungsbehörde Ordnungsstrafen bis zu 500 *RM* verhängen.

Die gegen die Festsetzung der Ordnungsstrafe nach § 16 VO. zulässige Beschwerde ist binnen einer Woche nach Zustellung des Bescheids bei der Behörde, die die Strafe verhängt hat, schriftlich einzureichen; die Behörde kann der Beschwerde abhelfen, wenn sie als begründet anzusehen ist. Die Beschwerde hat keine aufschiebende Wirkung. Über Beschwerden gegen die Preisbehörde (Ordnungsstrafe bis zu 500 *RM*) entscheidet die Preisüberwachungsstelle; wird die Strafe von dieser verhängt, dann entscheidet über die Beschwerde endgültig in Preußen der Oberpräsident, in Bayern die oberste Landesbehörde, Ziff. 3 Abs. 3 Org.-Erl. Die Beitreibung der Ordnungsstrafe erfolgt nach Landesrecht (§ 17 VO.).

§ 5[1]

Bei Zuwiderhandlungen gegen die Bestimmungen dieser Verordnung kann die Schließung von Betrieben, in denen die Zuwiderhandlung begangen worden ist, auf Zeit oder auf Dauer verfügt oder die Weiterführung des Betriebes von Auflagen abhängig gemacht werden. Auch kann den schuldigen Einzelpersonen auf dem Gebiete, auf dem die Zuwiderhandlung erfolgt ist, jede Tätigkeit untersagt oder die weitere Tätigkeit von Auflagen abhängig gemacht werden.

1. Vgl. § 4 Abs. 3 PVG. Der RfP. hat sich die Untersagung der Tätigkeit bei Einzelpersonen selbst vorbehalten, Ziff. 7 des OrgErl. vom 12. Dez. 1936, ReichsAnz. Nr. 291. In Ziff. 21, 22 RE. 184/37 sind die Sicherungsmaßnahmen im einzelnen aufgezählt, die die Preisüberwachungsstelle bzw. die Preisbehörde neben oder an Stelle der Bestrafung gegen den Vermieter verhängen können.

§ 6

Diese Verordnung[1] tritt mit dem Tage ihrer Verkündung[2] in Kraft.

1. Für das Land Österreich gilt die der PStopV. nachgebildete VO. vom 29. März 1938 (RGBl. I S. 340). Stichtag für Österreich ist der 17. März 1938, doch kann an Stelle des Stichtagpreises für bestimmte Gegenstände und Leistungen ein Durchschnittspreis zugelassen werden (§ 1 Abs. 2).
Eine Sonderregelung gilt für die sudetendeutschen Gebiete gemäß VO. vom 22. Oktober 1938 (RGBl. I S. 1456).
2. D. i. den 1. Dez. 1936.

3. Erste Ausführungsverordnung zur Verordnung über das Verbot von Preiserhöhungen.

Vom 30. November 1936 (RGBl. I S. 956).

Auf Grund des § 3 der Verordnung über das Verbot von Preiserhöhungen vom 26. November

1936 (RGBl. I S. 955) wird folgendes angeordnet:

I

II

III[1]

(1) Die Bestimmungen des Reichsmietengesetzes[2] in der Fassung der Verordnung über die Änderung des Reichsmietengesetzes und des Mieterschutzgesetzes vom 20. April 1936 (RGBl. I S. 378, 380) und der darauf beruhenden reichs- und landesrechtlichen Ausführungsbestimmungen werden durch die Verordnung über das Verbot von Preiserhöhungen vom 26. November 1936 (RGBl. I S. 955) nicht berührt. Eine höhere als die gesetzliche Miete darf nicht neu vereinbart werden; war am 18. Oktober 1936 eine höhere als die gesetzliche Miete vereinbart, so findet bei Abschluß neuer Mietverträge der § 1 der Verordnung über das Verbot von Preiserhöhungen Anwendung[3].

(2) Bei Räumen, die den Vorschriften des Reichsmietengesetzes auf Grund reichsrechtlicher oder landesrechtlicher Bestimmungen nicht unterliegen, gilt folgendes[4]:

a) Bei Abschluß neuer Mietverträge darf der Mietzins, der am 18. Oktober 1936 galt, nicht überschritten werden[5].

b) Ändert sich die Benutzungsart der Mieträume wesentlich oder hat der Vermieter in den Räumen nach dem 18. Oktober 1936 Änderungen vorgenommen, die den Mietwert der Räume erhöhen, so kann eine entsprechende Steigerung[6] des Mietzinses vorgenommen werden.

c) Erhöhen sich nach dem 18. Oktober 1936 die von dem Vermieter vertraglich oder kraft Gesetzes zu tragenden Lasten, so kann der Mehrbetrag nach dem Verhältnis der gezahlten Miete auf die Mieter umgelegt werden[7].

(3) Für Streitigkeiten, die sich bei Anwendung der im Absatz 2 genannten Bestimmungen ergeben, ist das Mieteinigungsamt zuständig.

(4) Die Bestimmungen des Absatzes 2 gelten bei Pachtverhältnissen über gewerbliche Räume entsprechend[8].

IV und V

1. Die Sonderregelung der Ziffer III hatte **Gültigkeit** für die Zeit vom 1. Dezember 1936 bis 15. Oktober 1937. Für diesen Zeitraum tritt die Sonderregelung an die Stelle der Vorschriften der PStopV., s. 1 zu § 1 PStopV.

Im Rahmen der Sonderregelung des Abs. 2 tritt das Mieteinigungsamt an die Stelle der Preisüberwachungsstelle, sofern sich Streitigkeiten aus der Anwendung dieser Vorschriften (Buchst. b und c) ergeben, s. unten 4. Die Zuständigkeit der Preisüberwachungsstelle ist nur insoweit ausgeschlossen, als es sich um die Feststellung der Voraussetzungen des Abs. 2 Buchst. b und c handelt. Da das MEA. aber nur bei Streit unter den Vertragsteilen tätig werden kann, ist die Möglichkeit einer über die Grenzen des Abs. 2 (Buchst. b und c) hinausgehenden Mietpreissteigerung bei Nichtanrufen des MEA. gegeben, ohne daß die Preisüberwachungsstelle hätte eingreifen können. Auch nachträglich, d. h. nach Aufhebung der Ersten und Erlaß der Dritten AusfVO. kann die Preisbehörde solche Verstöße aus der Zeit der Geltung der Ersten AusfVO. nicht mehr feststellen und bestrafen oder Maßnahmen nach § 5 PStopV. anwenden. Hat dagegen ohne Rücksicht auf die in Abs. 2 Buchst.

b und c angeführten Voraussetzungen eine Erhöhung der Stopmiete (Buchst. a) stattgefunden, so kann die Preisbehörde auch nachträglich diese Verletzung des § 1 PStopV. — unten 4 — feststellen, bestrafen und Maßnahmen gemäß § 5 PStopV. zur Anwendung bringen. Der erhöhte Mietzins gilt nicht als Stichtagmiete, vgl. 2 Ziff. 5 zur Dritten AusfVO.

Bei Überschreitung der Höchstmiete nach Abs. 1 ist die Preisüberwachungsstelle, wenn sie eine Ausnahmebewilligung ablehnt, zum Einschreiten nach den Vorschriften der PStopV. befugt. In den Fällen des Abs. 2 ist die Preisüberwachungsstelle berechtigt, auf Antrag über den Rahmen der vom MEA. zugelassenen Mietpreiserhöhung gemäß § 3 PStopV. eine Mietzinserhöhung zuzulassen (unten 4) und Überschreitungen der vom MEA. gemäß Buchst. b und c zugelassenen Erhöhungen nach § 4 P.-StopV. zu bestrafen, vgl. 2 Ziff. 4 zur Dritten AusfVO.

Unberührt durch die Sonderregelung bleibt die Befugnis der Preisbildungsstelle, auf Antrag des Vermieters aus volkswirtschaftlichen Gründen gemäß § 2 PBG. eine Mietpreiserhöhung zuzulassen; diese erhöhte Miete bleibt auch über den 15. Oktober 1937 hinaus bestehen; sie gilt als Stichtagmiete, Römer JW. 1937, 3073.

Die Sonderregelung ist durch die Dritte AusfVO. vom 27. Sept. 1937 mit Wirkung vom 16. Okt. 1937 an aufgehoben worden. Miet- und Pachtzinsen, die nach den Vorschriften der Ziffer III eine Änderung erfahren haben, bleiben auch nach dem 15. Okt. 1937 — insbes. für die Anwendung der PStopV. — wirksam, vgl. 2 zur Dritten AusfVO. Die amtl. Erläuterung der Sonderregelung ist abgedruckt bei Staudinger-Kiefersauer, Vorbem. 6a zu § 535.

2. Die Sonderregelung unterscheidet zwischen Mietverhältnissen, die dem RMG. unterliegen, und anderen Mietverhältnissen; Pachtverhältnisse über gewerbliche Räume werden nach Abs. 4 den Mietverhältnissen außerhalb des RMG. gleichgestellt.

Das Reichsmietengesetz gilt im Saarland erst vom 1. April 1937 an, VO. vom 22. März 1937 (RGBl. I

S. 372); **bis** dahin gilt im Saarland nach § 2 der VO. zur Regelung des Mietwesens im Saarland vom 17. Juni 1935 / 23. Juni 1936 (RGBl. I S. 761, 529) ein besonderes Verbot der Mieterhöhung über den Stand vom 1. Januar 1935 hinaus.

Wegen des Geltungsbereichs des Reichsmietengesetzes vgl. Staudinger-Kiefersauer, Vorbem. 152 ff. zu § 535. Wegen der maßgebenden Jahresfriedensmiete s. 1 zu § 1 PreußAusfVO. RMG.

3. Für Mietverhältnisse, die dem RMG. unterliegen, gilt folgendes: Bestehende Mietverhältnisse bleiben von der Sonderregelung und damit auch von der PStopV. grundsätzlich unberührt; dies gilt auch dann, wenn vor dem 1. Dez. 1936 vertraglich eine höhere als die gesetzliche Miete vereinbart war. Satz 2 Halbsatz 2 zieht aus dieser Rechtslage die Folgerung, wenn er bestimmt, daß dieser höhere Mietzins bei Abschluß neuer Mietverträge als Stopmietpreis im Sinne des § 1 PStopV. gilt, der ohne Ausnahmebewilligung nach § 3 PStopV. nicht überschritten werden darf; durch Erlaß des RfP. vom 22. Mai 1937 ist zugelassen worden, daß ein in der Zeit vom 17. Oktober bis 30. November 1936 vereinbarter höherer Mietzins auch bei Neuvermietung beibehalten werden darf, vgl. Ziff. 3 RE. 184/37 und RG. IV 233/37 DWohnA. 1938, 215. Der Stopmietpreis vom 17. Okt. bzw. 30. Nov. 1936 ist auch dann gültig, wenn das Mietverhältnis nach der Vereinbarung erst zu einem späteren Zeitpunkt, z. B. zum 1. Jan. 1937, in Wirksamkeit getreten ist; denn maßgebend ist nicht der Zeitpunkt des Inkrafttretens des Mietverhältnisses, sondern der Zeitpunkt des Abschlusses des Vertrages, Erl. d. RfP. vom 13. Mai 1937, GrundE. 1938, 405; vgl. Staudinger-Kiefersauer, Vorbem. 167a zu § 535; Römer JW. 1937, 3072.

Neuvereinbarungen im Sinne des Abs. 1 sind deshalb nur Vereinbarungen, die nach dem 30. Nov. 1936 getroffen worden sind, KG. JW. 1937, 3033; sie setzen einen Mieterwechsel nicht voraus, umfassen vielmehr alle vertraglichen Änderungen und Ergänzungen des Mietvertrages, soweit sie das Wertverhältnis von Leistung und Gegenleistung berühren.

Die **Anwendung des Reichsmietengesetzes** ist durch Abs. 1 nicht beschränkt. Mieter und Vermieter können sich jederzeit nach Maßgabe der §§ 1, 1a RMG. auf die gesetzliche Miete berufen, auch wenn diese höher ist als der am 17. Okt. bzw. 30. Nov. 1936 vereinbarte Mietzins. **Eine Festlegung des Mietzinses auf den Stichtag vom 17. Okt. bzw. 30. Nov. 1936 ist für den Geltungsbereich des RMG. nicht erfolgt.** Die gesetzliche Miete ist — vorbehaltlich der Ausnahme in Halbsatz 2 — **Höchstmiete**, gleichviel, ob gesetzliche Miete oder Vertragsmiete am Stichtag Geltung hatte. Durch Festsetzung des MEA. gemäß § 2 Abs. 4 RMG. — vgl. 3 zu § 15 RMG. — kann die FM. und damit die ges. M. ziffermäßig erhöht werden; die hiernach erhöhte ges. M. tritt ohne weiteres an die Stelle der bisherigen ges. M. Überschreitungen der gesetzlichen Miete bedürfen im übrigen der Genehmigung der Preisüberwachungsstelle nach § 3 PStopV. Mietzinsvereinbarungen bis zur Höhe der ges. M. sind ohne Genehmigung zulässig; die erhöhte Miete tritt an die Stelle der Stichtagmiete vom 17. Okt. 1936, vgl. 2 Ziff. 5 zur Dritten AusfVO.

4. Für **Mietverhältnisse**, die **nicht dem Reichsmietengesetz** unterstehen, gilt grundsätzlich der **Mietzins**, der am 17. Okt. 1936 galt, als **Stoppreis** im Sinne des § 1 P.-StopV., der bei Neuvereinbarungen nicht überschritten werden darf (Buchst. a), vgl. 2 Ziff. 5 zur Dritten Ausf.-VO. und über die zivilrechtlichen Folgen der Überschreitung s. unten 5. Darüber hinaus sind in Buchst. b und c die Voraussetzungen festgelegt, unter denen der Stoppreis — ohne Genehmigung der Preisüberwachungsstelle — überschritten werden darf.

Die Entscheidung darüber, ob die Ausnahmefälle der Buchst. b und c vorliegen, ist nicht der Preisüberwachungsstelle, sondern nach Abs. 3 dem Mieteinigungsamt übertragen. Das MEA. ist nicht befugt, über Rechtsfragen zu entscheiden, also insbes. darüber, ob eine Neuvereinbarung vorliegt; hierfür ist das ordentliche Gericht zuständig, KG. JW. 1937, 3033. Das MEA. ist auch nicht ermächtigt, über die Grenzen des Abs. 2 hinaus Mietzinssteigerungen zuzulassen; die hierzu erforderliche Ausnahmebewilligung stünde nur der Preisüberwachungsstelle (s. oben 1) zu, die mit Rücksicht auf die allgemeine Regelung dieser AusfVO., die selbst eine Ausnahmebewilligung nach § 3 PStopV. darstellt, regelmäßig nicht erteilt zu werden braucht.

Das Vorliegen der Voraussetzungen nach Buchst. b und c berechtigt den Vermieter nicht ohne weiteres, eine höhere Miete zu fordern, sondern nur dazu eine höhere Miete zu vereinbaren, soweit ihm nicht nach Maßgabe des Mietvertrages das Recht auf Erhöhung des Mietzinses, gegebenenfalls zur Umlegung bestimmter Beträge zusteht. Willigt der Mieter in die Preissteigerung nicht ein, so entscheidet auf Antrag das Mieteinigungsamt darüber, ob die Voraussetzungen für die Mietzinssteigerung gegeben sind und ob die Mieterhöhung entsprechend ist. Die Durchsetzung des Anspruchs des Vermieters erfolgt entweder durch Klage vor dem ordentlichen Gericht, wenn der Vermieter einen vertragsmäßigen Anspruch besitzt, oder durch Kündigung des Mietverhältnisses, die nach Anerkennung des Anspruchs durch das MEA. zulässig ist, vgl. Staudinger-Kiefersauer, Vorbem. 28 zu § 564. Wegen der später erfolgten Ausdehnung der Mietaufhebungstatbestände auf diesen Fall s. § 4 der Ersten AusfVO. zur Verordnung über Kündigungsschutz für Miet- und Pachträume vom 4. Dez. 1937 (RGBl. I S. 1325), Staudinger-Kiefersauer, Bd. II, 2. Teil S. 884.

Die Entscheidung des Mieteinigungsamts bindet das ordentliche Gericht, soweit sich das MEA. sich im Rahmen des Abs. 2 hält, RGZ. 103, 315; 104, 153; 140, 144.

3. Die Ermittlung des am **Stichtag** geltenden Mietzinses ist nicht immer einfach. Häufig besteht zwischen der vereinbarten und der tatsächlich bezahlten Miete ein Unterschied, z. B. wenn der Mieter mit der Zahlung am Stichtag im Rückstand war oder unter stillschweigender Duldung des Vermieters einen niedrigeren Mietzins als den vereinbarten Mietzins entrichtet hatte. Verstöße des Mieters gegen die Vertragspflichten sind nicht zu berücksichtigen. Die ausdrückliche oder stillschweigende Duldung der Zahlung einer geringeren Miete verpflichtet den Vermieter dann, wenn der Mietzinsnachlaß nicht von vornherein

auf einen bestimmten Zeitraum begrenzt worden ist; der geringere Mietzins ist alsdann Stichtagmiete, die Rückkehr zur ursprünglichen Vertragsmiete bedarf — auch wenn der Vermieter sich für die Vergünstigung ein einseitiges Widerrufsrecht vorbehalten hat — der Genehmigung nach § 3 PStopV., Römer, JW. 1937, 3073; vgl. auch LG. Düsseldorf JW. 1938, 1121.

Bei der Staffelmiete ist weder der am Stichtag maßgebende Mietzins auf den Jahresbetrag umzurechnen, noch ist ein Durchschnittsbetrag für die ganze Vertragsdauer zu ermitteln. Die bei Staudinger-Kiefersauer, Vorbem. 167a zu § 535 vertretene Auffassung wird aufgegeben. Die Staffelmiete bleibt rechtswirksam, vgl. 3 zu Ziff. 5 RE. 184/37. Bei Neuvereinbarung kann ohne Genehmigung der zuletzt gültige (höchste) Betrag des Staffelmietzinses vereinbart werden. Wegen der Umsatzmiete vgl. 3 zu Ziff. 5 RE. 184/37.

Waren die Räume am Stichtag nicht vermietet, so ist regelmäßig die zuletzt vereinbarte und bezahlte Miete maßgebend. Für Räume, die bisher nicht vermietet waren, z. B. weil sie der Eigentümer selbst benutzte, ist der ortsübliche Mietzins zum Stichtag nach den Grundsätzen des § 2 Abs. 4 Satz 3 RMG. zu ermitteln.

Stichtag ist grundsätzlich der 17. Oktober 1936; da die PStopV. bereits auf den 18. Okt. 1936 zurückreicht, ist der letzte Tag der 17. (nicht der 18.) Oktober 1936. Wegen der Berücksichtigung von Mietzinserhöhungen, die bis zum 30. Nov. 1936 vereinbart worden sind und wegen des Begriffes der Neuvereinbarung vgl. oben 3.

Die Überschreitung der Stichtagmiete ohne vorherige Zustimmung der Preisüberwachungsstelle — oben 1 — macht nicht gemäß § 134 BGB. den Mietvertrag nichtig; die Nichtigkeitsfolge beschränkt sich vielmehr auf den den Stopmietpreis überschreitenden Teil des Mietpreises. Dies gilt auch für Mietvorverträge, KG. DWohnA. 1938, 264; vgl. auch 3 zu Ziff. 24 RE. 184/37.

6. Die — ohne Genehmigung der Preisüberwachungsstelle zulässige — **Erhöhung des Mietpreises über den Stichtagpreis** — oben 5 — hinaus ist zugelassen, wenn

a) die Benutzungsart der Mieträume sich wesentlich ändert, z. B. wenn die Wohnräume in Büroräume umgewandelt werden. Diese Änderung muß wesentlich sein; dies ist insbesondere dann der Fall, wenn dadurch dem Vermieter erhöhte Betriebs- und Instandsetzungskosten entstehen. Die Untervermietung der Räume zählt nicht hierher. Die Erhöhung des Mietzinses muß der Mehrbelastung des Vermieters entsprechen. Vgl. nunmehr Ziffer 41 RE. 184/37 und RE. 153/38, Anhang Nr. 7.

b) der Vermieter nach dem 17. Oktober 1936 in den Räumen Änderungen vorgenommen hat, die den Mietwert der Räume erhöhen, z. B. durch Einrichtung der Sammelheizung, der elektrischen Beleuchtung, durch Einbau eines Badezimmers usw. Bloße Instandsetzungsarbeiten zählen nicht hierher, auch wenn sie erhebliche Mittel erfordern, vgl. nunmehr Ziff. 42 RE. 184/37. Die Erhöhung des Mietzinses muß so bemessen sein, daß eine angemessene Verzinsung und Abschreibung der Aufwendungen möglich ist, vgl. § 13a RMG.

Willigt der Mieter in die hiernach berechtigte Erhöhung des Mietzinses nicht ein, obwohl er die Berechtigung anerkannt oder das MEA. die Erhöhung bestätigt hat, so kann der Vermieter das Mietverhältnis kündigen, vgl. Staudinger-Kiefersauer, 28 zu § 564.

7. Die **Umlegung des Mehrbetrages der Lasten** gegenüber dem Stichtag vom 17. Oktober 1936 erfolgt nach dem Verhältnis der Mieten; leerstehende Räume und die vom Vermieter etwa im Hause selbst benutzten Räume sind zu berücksichtigen. Umlegungsmaßstab ist die vertragsmäßig vereinbarte Miete; wo eine solche fehlt, die ortsübliche Miete. Nur der Mehrbetrag der Lasten darf umgelegt werden; es kommen also nur neue oder erhöhte Lasten in Betracht.

Lasten, die der Vermieter nach Gesetz oder Vertrag zu tragen hat, sind nicht nur die auf dem Grundstück ruhenden Lasten im Sinne des § 546 BGB. (z. B. Grundsteuern, Schornsteinfegergebühren, Brandversicherungsbeiträge usw.), sondern auch alle Betriebskosten im Sinne des § 4 RMG., Kapitalzinsen, nicht aber Instandsetzungskosten.

Die Regelung in Ziff. 43—47 RE. 184/37 beschränkt sich auf die Neueinführung oder Erhöhungen von Gebühren.

Der Wegfall von steuerlichen Vergünstigungen, z. B. der Haussteuerermäßigung, ist keine Erhöhung der Lasten; vgl. 2 zur Dritten AusfVO. Auch die sich aus dem Gesetz zur Änderung der Vorschriften über die Steuerbefreiung des Neuhausbesitzes vom 2. April 1936 (RGBl. I S. 344) für den Hausbesitz ergebenden steuerlichen Mehrbelastungen zählen nicht hierher, weil sie bereits vor dem 18. Oktober 1936 vorhanden waren; nach RE. 121/37 vom 3. Juli 1937 ist in diesem Fall eine Umlegung auch dann nicht gestattet, wenn nach dem Mietvertrag die Abwälzung der Gebühren und Steuererhöhungen auf den Mieter zulässig wäre. Unbillige Härten sind durch steuerliche Billigkeitsmaßnahmen auszugleichen, vgl. die Runderlasse des Reichsfinanzministers vom 2. April 1936 (RStBl. S. 291), vom 11. Jan. 1937 (RStBl. S. 62) und die Richtlinien für Billigkeitsmaßnahmen auf dem Gebiet der Grundsteuer vom 19. April 1938 (RStBl. S. 409), ferner Kiefersauer, DWohnA. 1938, 414.

8. Die Möglichkeit zur Erhöhung des **Pachtzinses** über gewerbliche Räume über den Stoppreis hinaus ist im Rahmen der Bestimmungen des Abs. 2 gegeben. Streitigkeiten über die Anwendung der Grundsätze des Abs. 2 entscheiden mangels ausdrücklicher Regelung die ordentlichen Gerichte; die Zuständigkeit der Mieteinigungsämter beschränkt sich gemäß Abs. 3 auf Mietverhältnisse, Staudinger-Kiefersauer, Vorbem. 167 c zu § 535.

Wegen der Unterscheidung zwischen Miete und Pacht vgl. Staudinger-Kiefersauer, 4 ff. zu § 581. Auch die Verpachtung eines gewerblichen Unternehmens gehört hierher, selbst wenn die Überlassung des Unternehmens die Hauptleistung des Verpächters darstellt, die Raumpacht also demgegenüber zurücktritt. Gewerblicher Nutzung dient jede Raumnutzung, die der gewerblichen Gewinnerzielung dient.

4. Dritte Ausführungsverordnung zur Verordnung über das Verbot von Preiserhöhungen

Vom 27. September 1937 (RGBl. I Nr. 114 vom 15. Oktober 1937 — S. 1127).

Auf Grund des § 3 der Verordnung über das Verbot von Preiserhöhungen vom 26. November 1936 (RGBl. I S. 955) wird folgendes angeordnet:

Abschnitt III der Ersten Ausführungsverordnung zur Verordnung über das Verbot von Preiserhöhungen vom 30. November 1936 (Reichsgesetzbl. I S. 956) wird aufgehoben[1]. Miet- oder Pachtzinsfestsetzungen, die nach dem 17. Oktober 1936 auf Grund der vorbezeichneten Bestimmungen vorgenommen worden sind, bleiben wirksam[2 3 4].

1. Ziffer I des RE. 153/37 vom 9. Oktober 1937 — vgl. aber wegen der teilweise überholten Rechtsauffassung 8 zu § 1 RMG. — führt hierzu aus:

„Auf Grund der Vorschriften des Abschnitts III der Ersten Ausführungsverordnung zur Verordnung über das Verbot von Preiserhöhungen vom 30. Nov. 1936 waren bisher noch in gewissem Umfang Mieterhöhungen ohne Genehmigung der Preisbildungsstellen zugelassen. Nach den mir zugegangenen Berichten der Preisbildungs- und Preisüberwachungsstellen ist diese Möglichkeit in erheblichem Umfang dazu benutzt worden, um Mietsteigerungen durchzusetzen, die sachlich nicht berechtigt waren; die Mieter haben wegen der bestehenden Mangellage auf dem Wohnungsmarkt zumeist nicht gewagt, sich dem zu widersetzen. Durch die Dritte Ausführungsverordnung zur Verordnung über das Verbot von Preiserhöhungen vom 27. Sept. 1937, die im Reichsanzeiger und im Reichsgesetzblatt veröffentlicht ist, werden deshalb die Vorschriften des Abschnitts III der Ersten Ausführungsverordnung aufgehoben. Nunmehr bedarf jede Mieterhöhung ohne Rücksicht darauf, ob eine Wohnung dem Reichsmietengesetz unterliegt oder nicht, der vorherigen Zustimmung der Preisbildungsstelle gemäß § 3 der Preisstopverordnung. Insbesondere ist also eine Berufung des Vermieters auf die gesetzliche Miete gemäß § 1 des Reichsmietengesetzes oder die Festsetzung einer Zusatzmiete durch den Vermieter (§ 13a des Reichsmietengesetzes) nur mit Zustimmung der Preisbildungsstelle zulässig. Ebenso ist die Zustimmung der Preisbildungsstelle erforderlich, wenn ein Mieteinigungsamt auf Grund von § 2 Abs. 4 des Reichsmietengesetzes eine Friedensmiete erhöhen oder auf Grund von § 10 des Reichsmietengesetzes einen Zuschlag zu der gesetzlichen Miete festsetzen will. Für Entscheidungen der Mieteinigungsämter darüber, ob und in welcher Höhe ein Vermieter berechtigt ist, eine Zusatzmiete zu erheben (§ 13a Abs. 2 erster Halbsatz des Reichsmietengesetzes), ist kein Raum mehr. Die in § 13a Abs. 3 des Reichsmietengesetzes dem Reichsarbeitsminister erteilte Befugnis zur Festsetzung allgemeiner Zusatzmieten ist auf Grund von § 2 des Gesetzes zur Durchführung des Vierjahresplans — Bestellung eines Reichskommissars für die Preisbildung — vom 29. Oktober 1936 auf mich übergegangen. Sie steht deshalb nicht mehr den Obersten Landesbehörden oder den in den Ausführungsverordnungen der Länder zum Reichsmietengesetz bestimmten Behörden, sondern gemäß Ziffer 1 der Ersten Anordnung über die Wahrnehmung der Aufgaben und Befugnisse des Reichskommissars für die Preisbildung vom 12. Dezember 1936 (Reichsanzeiger Nr. 291) den Preisbildungsstellen zu.

Nach dem Reichsmietengesetz und den Ausführungsvorschriften der Länder ist es zulässig, Teile der gesetzlichen Miete nach ihrer tatsächlichen Höhe zu erheben. Insbesondere berechtigt bisher die Neueinführung oder Erhöhung von Gebühren den Hauseigentümer zu einer entsprechenden Mieterhöhung. Auch zu derartigen Mieterhöhungen bedarf es in Zukunft einer Zustimmung oder Anordnung der Preisbildungsstellen, die unter Umständen generell erteilt werden kann. Ich weise aber schon jetzt darauf hin, daß Erhöhungen der steuerlichen Belastung, die sich aus der Einführung des Reichsgrundsteuergesetzes vom 1. Dezember 1936 ergeben, nicht zu Mietsteigerungen führen dürfen.

Soweit in den Ausführungsverordnungen der Länder eine gesonderte Umlegung des Wassergeldes oder der Heizungskosten zugelassen ist, bleibt sie ohne besondere Genehmigung nach den bisherigen Vorschriften zulässig. Ebenso bleiben die für Schönheitsreparaturen getroffenen Regelungen zunächst bestehen......"

Wegen der Umlegung des Wassergeldes vgl. § 4 PreußAusfVO., wegen der Übernahme der Schönheitsinstandsetzungen durch den Mieter § 7 PreußAusfVO., s. auch Anhang Nr. 2; wegen der Umlegung der Heizungskosten § 5 PreußAusfVO., § 7 BayAusfVO.

2. Ziffer II des RE. 153/37 erläutert:

„Durch Satz 2 der Verordnung vom 27. Sept. 1937 ist bestimmt, daß die bis zum Inkrafttreten dieser Verordnung auf Grund der Vorschriften des Abschnitts III der Ersten Ausführungsverordnung vorgenommenen Miet- und Pachtzinsfestsetzungen gültig bleiben. Das bedeutet, daß alle in der Zeit vom 18. Oktober bis 30. November 1936 vorgenommenen Vereinbarungen wirksam bleiben, auch wenn sie erst zu einem späteren Zeitpunkt in Kraft getreten sind. Gültig bleiben auch diejenigen nach dem 1. Dezember 1936 vorgenommenen Mieterhöhungen, zu denen der Vermieter auf Grund der aufgehobenen Vorschriften berechtigt war, aber nur insoweit, als sie auch wirklich im Einklang mit diesen Vorschriften stehen. Darauf ist besonders bei denjenigen Erhöhungen, die auf Grund von Abschnitt III Abs. 2 Ziffer b der Ersten Ausführungsverordnung vorgenommen worden sind, zu achten, weil hier vielfach seitens der Vermieter Mieterhöhungen verlangt und durchgesetzt worden sind, die in den von ihnen aufgewandten Kosten keine Rechtfertigung finden.

Ferner weise ich darauf hin, daß der Wegfall der für die Durchführung von Wohnungsteilungen gewährten Hauszinssteuerermäßigungen keine Lastenerhöhung im Sinne des Abschnitts III Abs. 2 Ziffer c darstellt, also den Vermieter nicht zu einer Mieterhöhung berechtigt."

3. Soweit die Miet- und Pachtzinserhöhungen, die auf Grund des Abschnitts III Abs. 2 Buchst. b oder c vorgenommen worden sind, mit diesen Vorschriften nicht in Einklang stehen, kann zwar mangels einer Entscheidung des Mieteinigungsamts nachträglich eine Bestrafung nach der PStopV. nicht erfolgen — 1 zur Ersten AusfVO. —, die Preisbehörde kann aber auf Grund des § 2 PBG. die Miet- und Pachtzinsen jederzeit auf das volkswirtschaftlich gerechtfertigte Maß herabsetzen und nachträglich mit den Grundsätzen des Abs. 2 Buchst. b und c in Einklang bringen. Wegen der Rechtslage bei Verletzung des Abs. 2 Buchst. a vgl. 1 zur Ersten AusfVO. sowie unten Ziff. 5.

Als Stichtagmiete kommt in Betracht

1. der Mietzins der am 17. Oktober 1936 Geltung hatte, vgl. 5 zur Ersten AusfVO.;
2. der zwischen dem 18. Oktober 1936 und dem 1. Dezember 1936 vereinbarte Mietzins — RG. DWohnA. 1938, 215 —, auch wenn die höhere Miete erst von einem nach dem 30. November 1936 liegenden Zeitpunkt an gilt, vgl. 3 zu Ersten AusfVO.;
3. der etwa von der Preisbildungsstelle festgesetzte oder von der Preisüberwachungsstelle ausnahmsweise zugelassene höhere Mietzins, vgl. 1 und 4 zur Ersten AusfVO.;
4. der vom Mieteinigungsamt
   a) durch Feststellung oder Festsetzung der Friedensmiete (§ 2 RMG.),
   b) durch Gewährung eines Zuschlags gemäß § 10 RMG.
   c) durch Gewährung der Zusatzmiete (§ 13a RMG.),
   d) durch Entscheidung gemäß Abs. 2 Buchst. b und c Abschnitt III der Ersten AusfVO.

   erhöhte Mietzins.
5. Der vom Vermieter im Rahmen und auf Grund der Bestimmungen des Abschnitts III Abs. 2 Buchst. b und c erhöhte Mietzins. Die hiernach zulässige Mietzinserhöhung ist auch dann als Stichtagmiete maßgebend, wenn sie erst nach dem 15. Oktober 1937 ver-

einbarungsgemäß in Kraft getreten ist; der Zeitpunkt des Vertragsschlusses ist auch hier maßgebend, vgl. 3 zur Ersten AusfVO.

Überschreitungen der Stopmiete (Buchst. a) ohne Rücksicht auf die Voraussetzungen der Buchst. b und c verletzen § 1 PStopV., vgl. 4 zur Ersten AusfVO. Der hiernach willkürlich erhöhte Mietzins gilt nicht als Stichtagmiete, vgl. 1 zur Ersten AusfVO.

Für Mietverhältnisse die dem RMG. unterliegen, konnten nach Abs. 1 Mietzinserhöhungen bis zur Höhe der ges. M. ohne Genehmigung vereinbart werden. Soweit dies bis 15. Okt. 1937 geschehen ist, tritt der neue Mietzins als Stichtagmiete an die Stelle der Stopmiete, vgl. Bescheid des RfP. vom 8. Nov. 1937 DWohnW. 1937, 671 und 3 zur Ersten AusfVO.

Mietzinssenkungen, die nach dem 30. Nov. 1936 erfolgt sind, sind für den Vermieter nicht verbindlich; er kann sich daher ohne Genehmigung der Preisbehörde auf die frühere höhere Stopmiete — vgl. 5 zur Ersten AusfVO. — berufen und einer Neuvereinbarung des Mietzinses zugrunde legen, Römer JW. 1937, 3073.

6. Nach dem 15. Oktober 1937 kann auch die gemäß § 3 PStopV. von der Preisbehörde zugelassene höhere Miete als Stichtagmiete in Betracht kommen und bei einer Neuvermietung ohne weitere Genehmigung gefordert werden, es sei denn, daß die Erhöhung nur befristet — vgl. Ziff. 41 RE. 184/37 — genehmigt worden ist.

4. Die Aufhebung der Ziffer III der Ersten AusfVO. ist am 16. Oktober 1937 in Kraft getreten. Von diesem Zeitpunkt an gelten deshalb auch für alle Mietverhältnisse — gleichviel, ob sie dem Reichsmietengesetz unterstehen oder nicht — sowie für alle Pachtverhältnisse über gewerbliche Räume die Grundsätze der Preisstopverordnung, d. h. jede Mietzins- (Pachtzins-)erhöhung über den Stoppreis hinaus bedarf der vorherigen Genehmigung der Preisbehörde. Wegen der Neuornung der Zuständigkeiten s. unten S. 128.

über den Rahmen der Preisüberwachung hinaus enthält der RE. 184/37 Anweisungen für die Festsetzung des volkswirtschaftlich gerechtfertigten Mietpreises.

5. Vierte Anordnung über die Wahrnehmung der Aufgaben und Befugnisse des Reichskommissars für die Preisbildung vom 27. 9. 1937

(Deutscher Reichsanzeiger Nr. 238)

Auf Grund des Absatzes III der Überleitungsverordnung zum Gesetz zur Durchführung des Vierjahresplans — Bestellung eines Reichskommissars für die Preisbildung — vom 26. November 1936 (Reichsgesetzbl. I S. 955) wird folgendes bestimmt:

Die in Ziffer 1, Absatz 2 der Ersten Anordnung über die Wahrnehmung der Aufgaben und Befugnisse des Reichskommissars für die Preisbildung vom 12. Dezember 1936 (Reichsanzeiger Nr. 291) bezeichneten Befugnisse[1] sowie die Erteilung von Ausnahmebewilligungen auf Grund von § 3[2] der Verordnung über das Verbot von Preiserhöhungen vom 26. November 1936 (Reichsgesetzbl. I S. 955) werden[3] hinsichtlich der Mieten und Pachten für Wohn- und Geschäftsräume[4] den Stadt- und Landkreisen als staatliche Aufgaben[5] übertragen[6 7].

In den Landkreisen können die Befugnisse auf kreisangehörige Gemeinden mit mehr als 10000 Einwohnern — in der Rheinprovinz und in Westfalen auf die Ämter — weiter übertragen werden.

Maßnahmen allgemeiner Art[8] dürfen die vorstehend bezeichneten Behörden nur mit Genehmigung der Preisbildungsstellen treffen.

1. Es handelt sich um die Festsetzung von Preisen, die nur für einen räumlich begrenzten Bezirk von Bedeutung sind.

2. Vgl. Ziffern 17, 21, 22, 62 und 63 RE. 184/37.

3. Durch RE. 154/37 vom 9. Oktober 1937 wird die Übertragung der Aufgaben auf die Stadt- und Landkreise als Auftragsangelegenheiten näher begründet. Die Stellung des Personals und der notwendigen Verwaltungseinrichtungen ist Sache der Stadt- und Landkreise. Auf die Heranziehung besonders zuverlässiger Beamten und Angestellten wird besonderer Wert gelegt; auch in kleineren Städten und bei den Landkreisen sollen, soweit möglich, rechtskundige Beamte zu Dezernenten bestimmt werden.

Die Zusammenfassung dieser Aufgaben mit jenen der Wohnungsaufsicht wird empfohlen. Der RE. verbietet „büromäßige oder personelle Verbindung mit der Verwaltung des gemeindeeigenen Hausbesitzes". „Mieterhöhungen für Wohnungen, die der zur Entscheidung zuständigen Gemeinde oder einer ihrer Einflußnahme unterliegenden Wohnungsgesellschaft angehören, dürfen nur mit vorheriger Zustimmung der Aufsichtsbehörde zugelassen werden."

4. Mietverhältnisse über Wohn- und Geschäftsräume unterstehen der Preisüberwachung und Preisbildung durch die Preisbehörde, gleichviel ob es sich um Räume in Neubauten oder Altbauten handelt, ob die Räume dem Reichsmietengesetz oder dem Mieterschutzgesetz unterliegen oder nicht.

Pachtverhältnisse kommen hier nur insoweit in Betracht, als es sich um Geschäftsräume oder Mischräume — vgl. 8, 9 zu § 16 RMG. — handelt, Ziff. 64—66 RE. 184/37. Hinsichtlich der landwirtschaftlichen Pachten und der Fischereipachten gilt RE. 95/37 vom 22. Mai 1937, abgedruckt bei Kiefersauer, Grundstückverkehrsrecht S. 194, hinsichtlich der Jagdpachtverträge RE. 152/37 und RE. 113/38 MittBl. 1938 I Nr. 34. Für die Verpachtung von Grundstücken, die unter die Kleingarten- und Kleinpachtlandordnung — vgl. Staudinger-Kiefersauer, Vorbem. 9 zu § 581 — ist der RE. 158/37 vom 21. Oktober 1937 maßgebend.

5. Die Träger des übertragenen Wirkungskreises sind die Stadt- und Landkreise, nicht die unteren Verwaltungsbehörden als solche. Bei dem organischen Aufbau der Verwaltung wird aber vielfach der Unterschied in der Praxis nicht erkennbar.

In Bayern sind die Bezirksverwaltungsbehörden, d. h. in Stadtkreisen der (Ober-) Bürgermeister, in Landkreisen das Bezirksamt, in bisher kreisunmittelbaren Städten der (Ober-) Bürgermeister zuständig. Soweit beim Vollzug der Anordnung die Stadt oder der Bezirk als solcher beteiligt ist, muß vor der Entscheidung die Zustimmung der Aufsichtsbehörde eingeholt werden, vgl. Ziff. 2 der Fünften Bek. vom 21. Oktober 1937, GVBl. S. 295.

Wegen der Zusammenarbeit mit den Miet- und Pachteinigungsämtern vgl. Anhang Nr. 3.

6. Wegen der Übertragung weiterer Zuständigkeiten der Preisüberwachungsstellen vgl. Ziff. 20 RE. 184/37. Hinsichtlich der Weiterübertragung der Befugnisse auf kreisangehörige Gemeinden und Ämter s. Abs. 2.

7. Die Entscheidung der mit der Preisbildung und Preisüberwachung beauftragten Behörden ist grundsätzlich endgültig. Ein förmliches Beschwerderecht ist den Beteiligten — im Gegensatz zur Regelung bei Grundstücken — nicht eingeräumt. Lediglich die Dienstaufsichtsbeschwerde, für deren Einlegung eine Frist nicht vorgeschrieben ist, ist möglich. Aufsichtsbehörden sind die in Ziff. 2 des Organisationserlasses vom 12. Dez. 1936 bezeichneten Behörden (Preisüberwachungsstellen), in Preußen der Regierungspräsident, in Bayern die Kreisregierung. Für das Verfahren der Aufsichtsbehörden gelten die allgemeinen Verwaltungsgrundsätze. Eine sachliche Nachprüfung der Entscheidung der Preisbehörden ist möglich.

Die Bezeichnung der mit der Preisbildung und Preisüberwachung betrauten Behörden lautete ursprünglich „Preisbildungsbehörden"; zur Vermeidung von Mißverständnissen hat der RfP. durch RE. 47/38 (MittBl. II Nr. 5 S. 2) angeordnet, daß sich die Behörden lediglich als „Preisbehörden" zu bezeichnen haben, vgl. auch die Sechste Bay. Bek. vom 2. Juni 1938 (GVBl. S. 202).

Die Entscheidung der Preisbehörde ist zu begründen und den Beteiligten zuzustellen, Ziff. 69 RE. 184/37. Die Gebühren — Ziff. 74 a. a. O. — sind staatliche Gebühren: sie verbleiben den Stadt- und Landkreisen als Entschädigung für den Personal- und Sachaufwand, oben 3.

8. Z. B. allgemeine Mietsenkung, allgemeine Zulassung des Zuschlages wegen Untervermietung, also jede über die Entscheidung eines Einzelfalles hinausgehende Maßnahme, auch wenn es sich nur um allgemeine Verwaltungsanordnungen, Richtlinien usw. handelt. Solche Maßnahmen der Preisbehörden bedürfen der vorherigen Zustimmung nicht der Preisüberwachungsstelle, sondern der Preisbildungsstelle (Ziff. 1 des Organisationserlasses vom 2. Dez. 1936), d. h. in Preußen grundsätzlich des Oberpräsidenten, in Bayern des Staatsministeriums für Wirtschaft (mit seinen Abteilungen).

6. Runderlaß Nr. 184/37 des Reichskommissars für die Preisbildung

Vom 12. Dezember 1937.

Inhaltsübersicht.

II. Volkswirtschaftlich erforderliche Mietzinserhöhungen (§ 3 der Preisstop-VO.)

1. bei Änderung der Benutzungsart,
2. bei Durchführung baulicher Verbesserungen,
3. bei Neueinführung oder Erhöhung von Gebühren,
4. zum Ausgleich von Krisenmieten,
5. bei Wohnungen, die dem Reichsmietengesetz unterliegen,
6. Ausnahmegenehmigung zum Zwecke sonstiger Vertragsänderungen oder zur Beseitigung von Zweifeln.

III. Mietzinssenkungen und Mietzinserhöhungen bei Geschäftsräumen.

IV. Verfahren bei der Durchführung von Mietzinssenkungen und Mietzinserhöhungen.

V. Gebühren.

Der Mietzins nimmt unter den gesamten Lebenshaltungskosten einen besonders breiten Raum ein. Die Sicherung des volkswirtschaftlich gerechtfertigten Mietzinses ist also im Rahmen der mir und den Behörden, die ich mit der Preisüberwachung und Preisbildung beauftragt habe, durch das Gesetz vom 29. Oktober 1936 (RGBl. I S. 927) gestellten Aufgaben von allergrößter Bedeutung. Die Aufgabe umfaßt einerseits die genaue Überwachung der Innehaltung des Preiserhöhungsverbots bei Mieten, weiterhin die Senkung eines Mietzinses, der bereits beim Inkrafttreten dieser Verordnung überhöht war, und schließlich die Erhöhung eines Mietzinses, dessen Beibehaltung dem Vermieter auch vom Standpunkt der Allgemeinheit aus nicht zugemutet werden kann.

Zwecks einheitlicher Durchführung der Preisüberwachung und Preisbildung bestimme ich folgendes[1]):

A. Preisüberwachung.

I. Unzulässige Mietzinserhöhungen.

(1) Durch die Verordnung über das Verbot von Preiserhöhungen vom 26. November 1936 (RGBl. I S. 955) (Preisstopverordnung) wird nicht nur jede unmittelbare Mietzinssteigerung verboten[1], es ist auch unzulässig, bei ziffernmäßig gleichbleibendem Mietzins den Mieter in anderer Weise höher zu belasten oder den Wert der Leistung, die dem Vermieter obliegt, durch irgendwelche Maßnahmen zu vermindern (mittelbare Mietzinserhöhungen)[2]. Danach verstößt z. B.[3] die Forderung nicht seit langem allgemein üblicher Mietzinsvorauszahlungen oder besonderer Mietzinssicherheiten (auch wenn sie verzinst werden), die Forderung von Umzugsbeihilfen und Abstandssummen, die Abwälzung von Instandsetzungskosten auf den Mieter oder die Verkoppelung von Vermietungen mit irgendwelchen anderen Rechtsgeschäften gegen die Preisstopverordnung. Dabei ist es unerheblich, ob derartige Forderungen vom Vermieter selbst, von

---

[1]) Sonderschriften: Kiefersauer, Preisgebundenes Mietrecht, DWohnA. 1938, 1 und 49; Lampe, Preisbildung und Preisüberwachung bei Mieten, DWohnW. 1937, 745 und 762; 1938, 1; Römer, Die neue Mietregelung, JW. 1937, 2893 und 3072; Lampe, Ein Jahr Mietpreisbildung, Gemeindetag 1938, 822.

dem bisherigen Mieter oder einer anderen Person oder Stelle erhoben werden.

1. Rechtslage seit 16. Oktober 1937; wegen der in der Zeit vom 1. Dezember 1936 bis 15. Oktober 1937 maßgebenden Sonderregelung vgl. Erl. zur Ersten Ausf.-VO. PStopV.

Die PStopV. gilt für Mietverhältnisse über Räume jeder Art, für Hauptmietverhältnisse ebenso wie für Untermietverhältnisse — vgl. 1 zu Ziff. 12 —, für Wohnräume, Geschäftsräume, Mischräume — vgl. 8, 9 zu § 16 RMG. —; es ist unerheblich, ob die Räume dem Reichsmietengesetz unterliegen oder nicht.

Auch Mietverhältnisse über Räume, die erst nach dem 15. Oktober 1937 erstmals vermietet worden sind, werden von dem Verbot der Mietzinserhöhung betroffen. Dies gilt auch für Neubauten, die nach dem Stichtag errichtet worden sind, Kiefersauer DWohnA. 1938, 414; vgl. Ziffer 7.

Eine Mietzinserhöhung liegt nicht vor, wenn bei Vereinbarung einer Festmiete die Erhöhung der FM. vom Vermieter lediglich zu dem Zweck angestrebt wird, um zu erreichen, daß die Räume nicht mehr dem MSchG. unterstehen; die Entscheidung des MEA. bedarf deshalb nicht der Zustimmung der Preisbehörde, Römer JW. 1937, 3074; a. M. Holthöfer JW. 1938, 438. Vgl. hierher KG. JW. 1937, 2832.

Pachtverhältnisse über Räume unterstehen gleichfalls der PStopV. — 1 zu § 1 PStopV. —; wegen der Preisüberwachung bei Geschäftsräumen vgl. Ziffer 64 bis 66.

2. Zur Feststellung der „mittelbaren Preiserhöhung" ist die Gesamtheit der am Stichtag bestehenden Vertragsbestimmungen in ihrer wirtschaftlichen Auswirkung zu überprüfen, vgl. Ziff. 39. Auch die Änderung der vertraglich vereinbarten Kündigungsfristen oder anderer Vertragsbestimmungen ist, wenn sie gegen den Willen des Mieters erfolgen soll, an die Zustimmung der Preisbehörde gebunden, Grunds. Entsch. vom 10. Mai 1938, Anhang Nr. 9 (I). Dieser Grundsatz gilt auch für Mietverhältnisse, die den Bestimmungen des Mieterschutzgesetzes unterliegen, soweit in diesen Fällen die Kündigung nicht etwa bereits durch das Mieterschutzgesetz selbst verboten ist, Grunds. Entsch. vom 1. August 1938, Anhang Nr. 9 (VI a); vgl. hierher auch Staudinger-Kiefersauer, Vorbem. 88, 89 zu § 535. Wegen der Zulässigkeit der „Kündigung" der Verlängerungsklausel bei mieterschutzpflichtigen Räumen, Kiefersauer DWohnA. 1939, 23.

Die Ausübung einseitiger Rechte zur Mietzinserhöhung ist verboten, vgl. Ziff. 5 Satz 3. Auch die Einschränkung des Gegenstandes der Raumnutzung, z. B. durch Wegnahme von Bodenräumen, der Gartenbenutzung usw., die Änderung der Bedingungen der Mietzinszahlung zu Lasten des Mieters ist unzulässig.

3. Die Aufzählung ist nicht erschöpfend. Soweit die Forderung der Abstandssumme usw. als Raumwucher anzusehen ist — vgl. Staudinger-Kiefersauer, Vorbem. zu § 535 — ist sie auch nach der PStopV. verboten.

Nach der Grunds. Entsch. vom 5. Juli 1938, Anhang Nr. 9 (III), wird gegen die Zahlung einer Abstandssumme dann nichts einzuwenden sein, wenn ihr eine gleichwertige Leistung gegenübersteht, z. B. bei besonderen geldlichen Aufwendungen des bisherigen Mieters oder — bei vorzeitiger Entlassung des Mieters aus dem Mietverhältnisse — des Vermieters. Dagegen rechtfertigt die Überlassung der Wohnung selbst und die notwendigerweise damit verbundenen Umzugskosten keine Abfindung, GrundE. 1938, 552. Über Verschleierung eines Abstandes durch Zahlung einer Entschädigung für übergroßen Heizkostenaufwand durch den Mieter, der vertragsmäßig Festmiete entrichtet, vgl. KG. DWohnA. 1938, 348.

Wegen der Forderung von Mietkautionen vgl. Römer JW. 1937, 372 und 3074; Obermair JW. 1938, 151; Römer JW. 1938, 648. Ist eine solche am 30. Nov. 1936 nicht gefordert worden, so bedarf das Verlangen der Wertsicherheit in jedem Fall der Genehmigung; dies gilt auch für Neubauten.

Eine mittelbare Preiserhöhung durch **Verkoppelung mit anderen Rechtsgeschäften** könnte insbesondere bei der **Vermietung von Garagen** — vgl. 3 zu Ziff. 64 — in Frage kommen. Da die in den Garagenmietverträgen übliche Klausel **nicht** zum Bezug **verpflichtet**, sondern nur eine Erwartung ausspricht, steht bei dieser Fassung eine verbotene Verkopplung nicht in Frage. Frühere **Verpflichtungsverträge**, d. h. solche vor der PStopV., bleiben rechtswirksam und sind zu erfüllen, soweit nicht im Einzelfall das Gericht anders entscheidet, Grunds. Entsch. vom 18. Mai 1938, Anhang Nr. 9 (II).

Bei den vom Vermieter zu tragenden **Instandsetzungskosten** ist die **Unterlassung der Ausführung notwendiger** — 4 zu § 6 RMG. — **Instandsetzungsarbeiten** als ein Verstoß gegen die PStopV. anzusehen, gleichviel ob dadurch der Mieter gezwungen wird, die Arbeiten selbst auszuführen oder nicht; es genügt, daß die Unterlassung der Vornahme der Arbeiten den Gebrauchswert der Wohnung mindert, Lampe, DWohnW. 1938, 4. § 6 RMG. erfährt damit eine wichtige Ergänzung und Erweiterung; vgl. 7 zu § 6 RMG.

II. Stichtag für die Berechnung des Mietzinses.

(2) Vergleichstag (**Stichtag**)[1] ist nach der Preisstopverordnung der 17. Oktober 1936. Durch die Erste Ausführungsverordnung vom 30. November 1936 (RGBl. I S. 956) waren aber die zwischen dem 17. Oktober und dem 30. November[2] geschlossenen Mietverträge von der Rückwirkung der Preisstopverordnung ausgenommen. An dieser Rechtslage hat sich durch die Dritte Ausführungsverordnung vom 27. September 1937 (RGBl. I

S. 1127) nichts geändert (vgl. Runderlaß Nr. 153/37).

1. Die möglicherweise in Betracht kommenden Stichtagmieten sind in 2 zur Dritten AusfVO. PStopV. aufgezählt. Eine niedrigere als die Stichtagmiete vom 30. Nov. 1936 kann maßgebend sein, wenn der Mietzins durch allgemeine Anordnung gemäß Ziff. 28 oder durch Anordnung im Einzelfall herabgesetzt worden ist; die Wiedererhöhung ist ohne Genehmigung der Preisbildungsbehörde unzulässig und strafbar; vgl. Ziff. 71.

Der letzte vor dem Stichtag gezahlte Mietzins ist maßgebend, wenn die Mieträume an diesem Tage vorübergehend leerstanden oder anders als durch Vermietung genutzt wurden. Wenn die Räume jedoch nach dem Stichtag zu einem niedrigeren als dem letzten vor dem Stichtag erzielten Mietzins vermietet wurden, so ist dieser Mietzins maßgebend, es sei denn, daß die Senkung nur befristet — vgl. 4 zu Ziff. 4 — vorgenommen worden ist, Grundſ.Entſch. vom 18. Juli 1938, Anhang Nr. 9 (IV).

2. Vgl. Ziffer 3.

(3) Durch den Erlaß vom 22. Mai 1937 (Mitteilungsblatt des Reichskommissars für die Preisbildung Nr. 6 S. 7) habe ich zugelassen, daß ein in der Zeit vom 17. Oktober bis 30. November 1936 vereinbarter Mietzins auch bei einer Neuvermietung beibehalten werden darf. Diese Bestimmung ist als Ausnahmegenehmigung gemäß § 3 der Preisstopverordnung anzusehen, so daß regelmäßig von dem Rechtszustand vom 30. November 1936 ausgegangen werden kann.

(4) Maßgebend[1] sind in erster Linie die schriftlich[2] getroffenen Vereinbarungen. Wenn mit er-

klärter oder stillschweigender Einwilligung des Vermieters am Stichtag zugunsten des Mieters eine vom schriftlichen Vertrag abweichende Regelung[3] bestand, ist diese maßgebend. Vertragswidriges Verhalten des Mieters oder Vergünstigungen, die der Vermieter nur unter ausdrücklicher zeitlicher Befristung[4] gewährt hat, beeinflussen die Höhe des Stichtagmietzinses nicht.

1. D. h. maßgebend für die Berechnung des Stichtagmietzinses; vgl. 5 zur Ersten AusfVO. PStopV.

2. Da Schriftlichkeit nicht ein Formerfordernis für die Rechsgültigkeit des Mietvertrages ist, können unter Umständen — vgl. Staudinger-Kiefersauer, 22 zu § 566 — auch mündliche Nebenabreden in Betracht kommen.

3. Die Abweichung von den Vertragsbestimmungen ist eine tatsächliche. Es wäre aber nicht richtig, von dem tatsächlich am Stichtag bezahlten Mietzins auszugehen — so in ähnlichem Fall LG. Düsseldorf, JW. 1938, 1121; maßgebend ist vielmehr die tatsächliche Mietzinszahlung nur dann, wenn sie im Rahmen des ausdrücklichen oder stillschweigenden Einverständnisses beider Vertragsteile erfolgt, Römer JW. 1938, 1122. Deshalb ist in Satz 3 mit Recht vertragswidriges Verhalten des Mieters als unbeachtlich bezeichnet.

4. Der Vermieter kann daher nach Ablauf der festgelegten Zeit ohne weiteres die Rechte aus dem Vertrag in Anspruch nehmen. Wurde die Vergünstigung ohne zeitliche Begrenzung — ausdrücklich oder stillschweigend — gewährt, so bedarf der Vermieter, auch wenn er sich das Widerrufsrecht vorbehalten hat, der Zustimmung der Preisbehörde, wenn er den vertraglichen Mietzins wieder fordern will. Durch wiederholte Verlängerung einer an sich zeitlich begrenzten Ermäßigung des Mietzinses usw. können Verhältnisse entstehen, die die Annahme einer bloß vorübergehenden Regelung ausschließen, es sei denn, daß ein besonderer Grund, z. B. Krankheit, Erwerbslosigkeit des Mieters die wiederholte Verlängerung gerechtfertigt hatte.

(5) Ein von dem allgemeinen Stichtag abweichender Zeitpunkt ist maßgebend[1], wenn bis zum 30. November 1936 für einen späteren Termin eine Mietzinserhöhung fest vereinbart war. Dabei muß das Ausmaß und der Zeitpunkt des Inkrafttretens der Mietzinserhöhung von vornherein fest bestimmt gewesen sein. Auf Vertragsbestimmungen[2], die den Vermieter ermächtigen, den Mietzins bei Eintreten besonderer Umstände, etwa aus Anlaß der Einführung oder Erhöhung von Steuern und Gebühren einseitig zu erhöhen, darf dieser sich nach Inkrafttreten der Preisstopverordnung nicht mehr berufen[3].

1. Vgl. Staudinger-Kiefersauer, Vorbem. 167a zu § 535; 3 zur Ersten AusfVO. PStopV.

2. Die Ausübung vertraglicher Rechte zur einseitigen Mietzinserhöhung über den Stand des Stichtages hinaus bedarf der Ausnahmebewilligung nach § 3 PStopV. Auch die Ausübung des Optionsrechts, d. h. des Rechts auf Verlängerung des Mietvertrags bedarf der Zustimmung der Preisbehörde, wenn damit eine Erhöhung des Mietzinses verbunden ist. Soweit nach Landesrecht die Umlegung von einzelnen Teilen der ges. M. gestattet ist, bedarf sie grundsätzlich nur dann der Genehmigung, wenn am Stichtag eine Umlegung nicht ererfolgt war; im einzelnen vgl. die Erl. zu §§ 4, 5, 7 Preuß. AusfVO. Wegen der Neueinführung oder Erhöhung gemeindlicher Gebühren und Abgaben vgl. § 6 Preuß. AusfVO., § 3 Abs. 1 BayAusfVO., ferner Ziff. 43ff. Steuererhöhungen dürfen grundsätzlich nicht zu Mieterhöhungen führen, vgl. 2 zu § 4 RMG. und Ziff. 47.

3. Unberührt von der PStopV. bleiben Staffelmietverträge — vgl. 5 zur Ersten AusfVO. — und Mietverträge, deren Entgelt nach der Höhe des Umsatzes berechnet wird. Nach dem 30. Nov. 1936 können Umsatzmietverträge, sofern sie nicht zur Umgehung der

PStopV. abgeschlossen werden (§ 2 PStopV), neu vereinbart werden; eine Herabsetzung des Umsatzmietzinses ist jedoch auf Grund des § 2 PBG. möglich, wenn die Gewinnsteigerung hinter der Umsatzsteigerung zurückbleibt und deshalb der Anteil des Vermieters am Gewinn unverhältnismäßig höher wird; vgl. 5 zu Ziff. 64.

(6) Ausgenommen waren bis zum 15. Oktober 1937 die Fälle, in denen der Vermieter auf Grund der Vorschriften des Abschnittes III Absatz 2 Ziffer b und c der Ersten Ausführungsverordnung zu einer Erhöhung des Mietzinses ohne Zustimmung der Preisbildungsstelle berechtigt war[1]. Dazu gehören, wie ich in dem Runderlaß vom 3. Juli 1937 (Nr. 121/37) klargestellt habe, nicht die Steuererhöhungen, die sich aus dem Gesetz zur Änderung der Vorschriften über die Steuerbefreiung des Neuhausbesitzes vom 2. April 1936 (RGBl. I S. 344) ergeben[2].

1. Vgl. 6 und 7 zur Ersten AusfVO. PStopV.

2. Abgedruckt Anhang Nr. 1; dazu Kiefersauer, D. WohnA. 1938, 414.

III. Mietzins für nach dem Stichtag erstmalig vermietete Räume.

(7) Wie ich wiederholt entschieden habe, fallen auch Wohnungen, die nach dem 30. November 1936 erstmalig vermietet[1] worden sind, unter die Preisstopverordnung. Für derartige Wohnungen darf grundsätzlich kein höherer Mietzins gefordert werden, als am 17. Oktober 1936 für gleichwertige Wohnungen üblich und angemessen war (vgl. Runderlaß 1/37 Abschn. III, Abs. 8)[2]. Um die Neubautätigkeit nicht zu beeinträchtigen, darf aber auf

Grund der Preisstopverordnung keine weitergehende Mietzinsherabsetzung verlangt werden, als nach den Grundsätzen der Ziff. 34—38 zulässig ist[3].

1. Erstmalige Vermietung liegt nicht nur dann vor, wenn die Räume am Stichtag leer gestanden oder vom Eigentümer oder sonstigen Nutzungsberechtigten selbst benutzt worden sind, sondern auch dann, wenn das Gebäude erst nach dem Stichtag errichtet worden ist, gleichviel ob ein Neubau erstellt worden ist oder ob die Räume durch Umbau, Einbau oder Teilung von Räumen neu gewonnen worden ist. Freie Neubaumieten sind nicht mehr zugelassen, Kiefersauer, DWohnA. 1938, 6 und 414.

2. In Abs. 8 heißt es: „Bei neuen Erzeugnissen ist der Preis zu bilden nach dem Preis, der an den Stichtagen für ein vergleichbares Erzeugnis erzielt worden ist. Als neue Erzeugnisse gelten auch solche, die gegen früher wesentliche Änderungen aufweisen. Änderungen unwesentlicher Art bleiben unberücksichtigt."

3. Die Ziffern 34—38 geben Anweisungen für die Ermittlung des volkswirtschaftlich gerechtfertigten Mietzinses. Angemessen ist der Mietzins, der dem objektiven Nutzungswert des Mietraums entspricht; dieser Mietzins dürfte in der Regel den Bedürfnissen der Hausbewirtschaftung entsprechen. Die Ermittlung des objektiven Nutzungswertes erscheint deshalb die vordringlichste Aufgabe der amtlichen Mietzinspreisbildung, Kiefersauer, DWohnA. 1938, 5. Eine solche Nutzungswertfeststellung und die Festhaltung ihrer Ergebnisse in besonderen Wohnungskatastern würde eine brauchbare Grundlage für die Preisbildung bebauter Grundstücke bilden, dazu Kiefersauer, Grundstückverkehrsrecht, München 1938.

(8) Für diejenigen auf Grund von Ziffer 1 des Organisationserlasses vom 12. Dezember 1936 (RAZ. Nr. 291)[1] mit der Preisüberwachung beauftragten Behörden, die nicht gleichzeitig auf Grund der Anordnung vom 27. September 1937

(RAB. Nr. 238) als Preisbildungsbehörden für Mieten bestimmt sind (Staatliche Polizeipräsidenten), wird es sich im allgemeinen empfehlen, darüber, ob ein für eine neuerstellte Wohnung geforderter Mietzins nach der Preisstopverordnung zulässig ist, nicht selbst zu entscheiden, sondern die Entscheidung der Preisbildungsbehörde herbeizuführen. Diese kann den volkswirtschaftlich gerechtfertigten Mietzins nach den Richtlinien der Ziffern 34—38 festsetzen.

1. Die Ziffern 2, 3 und 4 des Org.-Erlasses lauten:

Ziffer 2:

(1) Die Preisüberwachung wird übertragen in Preußen den Regierungspräsidenten — in Berlin, Altona-Wandsbek und Harburg-Wilhelmsburg den Polizeipräsidenten —, in Bayern den Kreisregierungen, in Sachsen den Kreishauptleuten, in Hamburg der Behörde für Wirtschaft, in den übrigen Ländern der Obersten Landesbehörde, im Saarland dem Reichskommissar für das Saarland.

(2) Die zuständigen Dienststellen bedienen sich ....

Ziffer 3:

(1) Die Befugnis bei Zuwiderhandlungen Strafantrag zu stellen, Verhandlung vor dem Sondergericht zu beantragen und Ordnungsstrafen zu verhängen, wird den Preisüberwachungsstellen übertragen.

(2) In der Ordnungsstrafverfügung ist festzusetzen, daß der Betroffene die durch das Verfahren verursachten baren Auslagen zu erstatten hat.

(3) Gegen die von den Preisüberwachungsstellen verhängten Ordnungsstrafen steht dem Betroffenen innerhalb einer Ausschlußfrist von einer Woche in Preußen, Bayern, Sachsen und Hamburg das Recht der Beschwerde, in den übrigen Ländern und in Berlin der Einspruch zu. Über die Beschwerde entscheiden in Preußen die Oberpräsidenten, in Bayern, Sach-

sen und Hamburg die Oberste Landesbehörde. Über den Einspruch entscheidet der Leiter der Obersten Landesbehörde, der Reichskommissar für das Saarland, der Polizeipräsident von Berlin und der Regierungspräsident in Sigmaringen persönlich oder durch seinen ständigen Vertreter.

(4) Die Beschwerde und der Einspruch haben keine aufschiebende Wirkung.....

Ziffer 4:

Die Preisüberwachungsstellen können die ihnen nach Ziffer 3 zugewiesenen Befugnisse auf die nachgeordneten unteren Verwaltungsbehörden — in Preußen Landräte, Oberbürgermeister, Polizeipräsidenten, staatliche Polizeiverwalter, in den außerpreußischen Ländern die entsprechenden Behörden — übertragen. Dies gilt jedoch nicht für das Recht, Ordnungsstrafen über 500 RM. zu verhängen und Verhandlung vor dem Sondergericht zu beantragen..... Soweit hiernach eine Übertragung erfolgt ist, entscheidet über die Beschwerde gegen Ordnungsstrafen die Preisüberwachungsstelle.

IV. Untervermietung.

(9) 1. Die Erhebung eines Zuschlages für die Gestattung der Untervermietung[1] ist nur zulässig, wenn er am 30. November 1936 vereinbart war[2]. In allen anderen Fällen bedarf es einer Ausnahmegenehmigung. Diese kann, wenn es zur Vermeidung einer zu starken Belastung der Preisbildungsbehörden erforderlich ist und insbesondere, wenn an der Förderung der Untervermietung ein öffentliches Interesse besteht, innerhalb eines genau zu bestimmenden Rahmens auch allgemein[3] erteilt werden.

1. Die Vorschriften der Ziffer 9—12 gelten auch für Räume, die dem Reichsmietengesetz unterliegen; die Zulassung des Zuschlags kann zu einer Überschreitung der ges. M. führen, vgl. Erlaß des RfP. vom 6. April 1938, MittBl. 1938, I Nr. 6 S. 6 und 3 zu Ziff. 25. Die Zulassung der Vereinbarung des Zuschlags — anders bei gesetzlicher Ermächtigung, s. 2 zu Ziff. 10 — bewirkt aber die Umwandlung der ges. M. in Vertragsmiete, 5 zu § 1 RMG.; 1 zu § 2 PreußAusfVO. RMG.

2. Der Zuschlag kann in diesem Falle ohne Genehmigung der Preisbehörde weiterhin erhoben werden.

3. Die allgemeine Zulassung der Erhebung eines Zuschlages könnte unter dem Gesichtspunkt gerechtfertigt werden, daß dem Vermieter an dem Gewinn, den der Untervermieter über die Entschädigung für Benutzung von Einrichtungsgegenständen und Bedienung hinaus erzielt, ein gewisser Anteil zuzubilligen ist, Lampe, DWohnW. 1938, 6.

(10) 2. Wenn einem Mieter die Erlaubnis zur Untervermietung[1] am 30. November 1936 erteilt war, darf sie gegen seinen Willen auch dann nicht widerrufen werden, wenn sie unter dem Vorbehalt des Widerrufs erteilt worden war. Eine Verweigerung[2] der Erlaubnis zur Untervermietung ist unzulässig, wenn die Untervermietung am Stichtag anderen Mietern des Hauses unter sonst gleichen Verhältnissen gestattet war.

1. Die Erlaubnis des Vermieters ist nach § 549 BGB. grundsätzlich zur Untervermietung erforderlich; sie ist unwiderruflich, Staudinger-Kiefersauer, 14 zu § 549. Vorbehalt des Widerrufs ist möglich; die Ausübung des Widerrufsrechts einer am Stichtag erteilten Erlaubnis ist aber an die Zustimmung der Preisbehörde gebunden. Dies gilt auch dann, wenn der Vermieter auf den bisher geforderten Zuschlag für Untervermietung gleichzeitig mit dem Widerruf verzichtet.

Dem Mieter soll der in der Erlaubniserteilung liegende wirtschaftliche Wert erhalten bleiben.

Bei bloß tatsächlicher Untervermietung am Stichtag steht die Duldung der dem Vermieter bekannten Tatsache der Untervermietung der Erlaubniserteilung gleich.

2. Die Verweigerung der Erlaubnis steht grundsätzlich im freien Ermessen des Vermieters; § 549 Abs. 1 Satz 2 BGB. gibt dem Mieter ein außerordentliches Kündigungsrecht, wenn die Erlaubnis ohne wichtigen Grund verweigert wird, vgl. Staudinger-Kiefersauer 21, 22 zu § 549. Im Interesse der gleichmäßigen Behandlung der Mieter eines Hauses verbietet Satz 2 dem Vermieter die Verweigerung der Erlaubnis, wenn er sie am Stichtag anderen Mietern des Hauses erteilt hatte. Voraussetzung ist aber, daß die Verhältnisse des Mieters die gleichen sind; der Vermieter kann also z. B. bei Überbelegung der Räume, bei günstigerer wirtschaftlicher Lage des Antragstellers usw. die Erlaubnis verweigern, vgl. auch Ziff. 11. Die Preisbehörde entscheidet im Streitfall; sie kann nach Ziff. 12 die Abänderung vertraglicher Vereinbarungen genehmigen oder selbst anordnen, vgl. Lampe DWohnW. 1938, 6.

Die Preisbehörde kann insbesondere den Mieter — ohne Rücksicht auf den Mietvertrag — zur Untervermietung ermächtigen und damit — ähnlich wie das MEA. nach dem bis 1. April 1932 in Geltung befindlichen § 29 MSchG., vgl. Staudinger-Kiefersauer 16 zu § 549 — die Erlaubnis an Stelle des Vermieters erteilen. Diese Möglichkeit besteht aber nur dann, wenn die Untervermietung im Hause wenigstens in einem Fall am Stichtag gestattet war oder wenn im Zusammenhalt mit dem vereinbarten Mietzins das Verbot der Untervermietung eine unbillige wirtschaftliche Belastung des Mieters darstellen würde — Ziff. 39 —; ohne diese Voraussetzung kann die Preisbehörde in die durch § 549 BGB. oder Vertrag geschaffene Rechtslage nicht eingreifen, vgl. Römer JW. 1937, 3073; weitergehend anscheinend Lampe D. WohnW. 1938, 6.

Wegen der Möglichkeit, die Untervermietung im öffentlichen Interesse weitergehend, als nach dem Vertrag zulässig ist, zu fördern, vgl. Staudinger-Kiefersauer 2 zu § 549. In Gemeinden, in denen ein Bedürfnis hierfür anzuerkennen oder in denen die Erhebung eines Zuschlags für Untervermietung schon bisher ortsüblich war, kann eine allgemeine Anordnung nach Ziff. 9 Satz 3 zweckmäßig sein. Landesrechtlich zulässige Erhöhung der ges. M. im Falle der Untervermietung, z. B. § 6 Oldenburgische AusfVO. RMG., bleibt unberührt; eine Genehmigung der Preisbehörde ist nicht erforderlich.

(11) Unberührt bleibt die Befugnis des Vermieters, einer Untervermietung zu widersprechen[1], wenn gegen einen Untervermieter im Einzelfall ein wichtiger Grund vorliegt.

1. Vgl. § 7 Abs. 4 DEMV.; Staudinger-Kiefersauer, Vorbem. 250 zu § 535.

(12) Die Preisbildungsbehörde kann Abweichungen zulassen (vgl. Ziffern 39 und 62)[1].

1. Untermietverhältnisse unterliegen in vollem Umfang dem Verbot der Mietzinserhöhung, § 1 PStopV.; Erhöhungen über den Stichtagpreis hinaus bedürfen der Genehmigung, § 3 PStopV. Dies gilt auch bei erstmaliger Untervermietung, vgl. Ziff. 7. Die Herabsetzung volkswirtschaftlich nicht gerechtfertigter Mietzinse ist auch hier auf Grund des § 2 PBG. möglich, vgl. 1 zu Ziff. 1 und Vorbem. zu Ziff. 25.

V. Unzulässige Kündigungen.

(13) 1. Kündigungen von Mietverträgen sind nach der Preisstopverordnung nicht nur dann verboten, wenn sie unmittelbar eine Mietzinserhöhung ermöglichen[1] sollen, sondern auch dann, wenn sich der Vermieter in anderer Weise[2] durch die Neuvermietung wirtschaftliche Vorteile verschaffen will. Unter dieser Voraussetzung verstoßen insbesondere Kündigungen, die dem Vermieter die Möglichkeit geben sollen, eine Wohnung zu geschäftlichen Zwecken zu vermieten oder zu teilen, gegen die Preisstopverordnung.

1. Die Kündigung des Vermieters zum Zwecke der Mietzinssteigerung ist, soweit sie gegen § 1 PStopV. verstößt, gemäß § 134 BGB. rechtsunwirksam, vgl. KG. JW. 1937, 1545; Staudinger-Kiefersauer 28, 28a zu § 564. Für Räume außerhalb des Reichsmietengesetzes konnte jedoch der Vermieter während der Zeit vom 1. Dezember 1936 bis 15. Oktober 1937 kündigen, wenn der Mieter eine nach Abschnitt III Abs. 2 Buchst. b zulässige Erhöhung des Mietzinses nicht zahlen wollte, vgl. 6 zur Ersten AusfVO. RMG.

Unwirksam ist auch eine Kündigung, die gegen die von der zuständigen Stelle gemäß Ziff. 20 angeordneten Kündigungsbeschränkungen verstößt, 4 zu Ziff. 21/22. Die Kündigung ist erlaubt und damit rechtswirksam, wenn die angestrebte Mietzinserhöhung — unten 2 — genehmigt ist, vgl. Ziff. 17. Eine vor der Erteilung der Genehmigung ausgesprochene Kündigung ist nichtig; sie wird auch nicht gültig, wenn später die Mietzinserhöhung etwa genehmigt werden würde, was grundsätzlich nicht geschehen soll, vgl. Ziff. 58.

Im Geltungsbereich des Mieterschutzgesetzes ist die einseitige Kündigung des Vermieters grundsätzlich ausgeschlossen, vgl. Staudinger-Kiefersauer 32 zu § 564. Ausnahmegenehmigungen für Kündigungen sind hier grundsätzlich nicht möglich, Ziff. 18.

2. Mietzinserhöhung im Sinne der PStopV. ist jede mittelbare und unmittelbare Erhöhung der Gegenleistung des Mieters, Ziff. 1. Dementsprechend ist auch bei der Beurteilung der Kündigung zum Zwecke der Mietzinssteigerung jeder wirtschaftliche Vorteil zu berücksichtigen, den der Vermieter aus der Auflösung des Mietverhältnisses sich verschafft, gleichviel, ob das Mietverhältnis mit dem bisherigen Mieter fortgesetzt oder mit einem neuen Mieter eingegangen wird. Daß die wirtschaftlichen Vorteile nur durch Neuvermietung ermöglicht werden, ist nicht Voraussetzung: auch die Eigenbenutzung von Wohnräumen zu geschäftlichen Zwecken des Vermieters zählt hierher.

In der Grunds. Entsch. vom 1. August 1938, Anhang Nr. 9 (V a), erklärt der RfP., daß der Tatbestand der

Ziff. 13 „grundsätzlich bei jeder Kündigung als gegeben anzusehen ist, zu der der Mieter durch sein eigenes Verhalten keinen Anlaß gegeben hat". Diese Auslegung der Ziff. 13 bedeutet mehr als die Aufstellung einer bloßen Vermutung (GrundE. 1938, 648); sie will vielmehr jeden Mieter gegen eine nicht zumutbare Belastung mit Umzugskosten schützen. Das die Kündigung rechtfertigende Verhalten des Mieters beschränkt sich nicht etwa auf die Fälle der §§ 2, 3 MSchG.; es kann vielmehr jede (schuldhafte oder nicht schuldhafte) Verletzung der Pflichten aus dem Vertrag oder gegen die Hausgemeinschaft (2 zu Ziff. 15) in Frage kommen, vgl. GrundE. 1938, 942. Jüdischen Mietern gegenüber kommt es auf ein besonderes Verhalten nicht an. Deshalb bedarf die Kündigung eines mieterschutzfreien Mietverhältnisses Juden gegenüber nicht der Genehmigung der Preisbehörde; Mietzinssteigerungen sind aber auch hier ohne Genehmigung unzulässig und verboten.

(14) Unzulässig[1] ist es ferner, einem Mieter deshalb zu kündigen, weil er einer vom Vermieter auf Grund des § 3 der Preisstopverordnung beantragten Mietzinserhöhung in berechtigter Wahrung seiner Interessen widersprochen oder gegen andere Forderungen des Vermieters auf Grund der Preisstopverordnung Einwendungen erhoben hat. Dasselbe würde gelten, wenn etwa Kündigungen deshalb ausgesprochen werden sollten, weil ein Mieter auf Grund dieses Erlasses zulässigerweise einen Antrag auf Mietzinsherabsetzung stellt.

1. Unzulässig ist die Kündigung des Vermieters in allen Fällen, in denen der Mieter von den ihm im Rahmen der Preisüberwachung zustehenden Rechten Gebrauch macht; es soll ihm bei Ausübung dieser Rechte kein Nachteil erwachsen, vgl. § 19 RMG. Das Druckmittel der Kündigung ist insbes unwirksam, wenn der Mieter auf Grund des RE. eine Mietzinsherabsetzung anstrebt oder sich zulässigerweise gegen eine Mietzinserhöhung wehrt.

Die Ausübung des Kündigungsrechts ist in diesen Fällen Rechtsmißbrauch, auch wenn ein Verstoß gegen die PStopV. oder die VO. vom 8. Januar 1935 (RGBl. I S. 10) nicht vorliegt, vgl. KG. DWohnA. 1937, 227. Die Preisüberwachungsstelle oder — auf Grund des § 2 PVG. — auch die Preisbehörde kann den Vermieter zum förmlichen Widerruf der Kündigung anhalten, vgl. 4 zu Ziff. 21/22.

(15) 2. Macht ein Mieter geltend, daß eine Kündigung gegen die Preisstopverordnung verstoße, kann der Vermieter von der Preisüberwachungsstelle ersucht werden, die Gründe, die ihn zur Kündigung veranlaßt haben, anzugeben und erforderlichenfalls glaubhaft zu machen[1]. Die Prüfung durch die Preisüberwachungsstelle darf aber nicht dazu führen, daß berechtigte Kündigungen verhindert oder erschwert werden und etwa Mieter[2] geschützt werden, die ihre Verpflichtungen aus dem Mietvertrag, insbesondere hinsichtlich der ordnungsmäßigen Mietzinszahlung, verletzt haben oder die sich Belästigungen des Vermieters oder der Mitmieter haben zuschulden kommen lassen.

1. Die Angabe des Kündigungsgrundes kann — abweichend vom geltenden Recht, vgl Staudinger-Kiefersauer, 1 zu § 564 — im Rahmen des Verfahrens vor der Preisbehörde verlangt und durch Ordnungsstrafen gemäß § 5 Abs 3 PStopV, § 4 Abs. 2 PVG. oder nach der VO. vom 8. Juli 1935 (RGBl. I S. 10) erzwungen werden. Die Auskunftspflicht des Vermieters gegenüber der Preisbehörde gründet sich auch auf die VO. vom 13. Juli 1923 (RGBl. I S. 723) und Ziff. 8 des Organisationserlasses vom 12. Dez. 1936. Die Glaubhaftmachung der Gründe kann gefordert werden; hierzu kann sich der Vermieter aller Beweismittel, auch der Versicherung an Eides Statt, bedienen. § 294 ZPO. Eine Verhinderung oder unbillige Erschwerung berechtigter Kündigung des Vermieters ist zu vermeiden.

Als Kündigungsbeschränkung im Sinne der Ziff. 21 kann die Begründung der Kündigung zur Voraussetzung ihrer Rechtswirksamkeit gemacht werden, 4 zu Ziff. 21/22.

2. Der RE. darf nicht dazu mißbraucht werden, daß böswillige Mieter geschützt werden. Die Idee der Hausgemeinschaft der Mieter und des Vermieters — dazu Kiefersauer DWohnA. 1937, 252 — fordert nicht nur die Pflege der persönlichen Beziehungen unter den Gliedern der Gemeinschaft, nicht nur Sorgfalt in der Raumnutzung, sondern sie begründet darüber hinaus die Verantwortung des Mieters für die Pflege und Erhaltung des Hauses, das ihm neben dem Vermieter als bedeutsamer Gemeinschaftswert des Volkes anvertraut ist. Pünktliche Mietzinszahlung ist deshalb nicht nur Vertragspflicht, sondern Gemeinschaftspflicht. Wenn der Mieter durch die Preisgesetzgebung vor unangemessenen Mietpreisen geschützt wird, so muß von ihm genaueste Pflichterfüllung gegenüber dem Vermieter verlangt werden, vgl. hierher 2 zu Ziff. 13.

(16) Bei Räumen, die den Bestimmungen des Mieterschutzgesetzes unterliegen [1], ist von einer Prüfung der Kündigungsgründe durch die Preisüberwachungsstelle grundsätzlich abzusehen, da [2] die Vorschriften dieses Gesetzes Kündigungen zum Zwecke einer Umgehung der Preisstopverordnung ausschließen.

1. Wegen des Geltungsbereichs des Mieterschutzgesetzes vgl. Staudinger-Kiefersauer, Vorbem. 42 ff. zu § 535. Durch die Erste AusfVO. zur Verordnung über Kündigungsschutz für Miet- und Pachträume vom 4. Dez. 1937 (RGBl. I S. 1325) hat das Mieterschutzgesetz eine nicht unerhebliche Ausdehnung erfahren. Die Aufhebungstatbestände sind für alle mieterschutzpflichtigen Räume durch die Einführung der Mietaufhebung wegen Ablehnung einer genehmigten Mieterhöhung (§ 4) erweitert worden, vgl. Ziff. 18, 63. Da diese Ausdehnung des Mieterschutzes auch Räume er-

faßt, die dem RMG. unterliegen, die also schon vor dem 1. Dez. 1937 mieterschutzpflichtig waren, besteht die Möglichkeit, durch Anrufung der Preisbehörde Mietzinserhöhungen durchzusetzen, ohne daß die im RMG. vorgesehenen Verfahrenswege, z. B. Feststellung der FM., Zusatzmiete eingeschlagen werden müssen, vgl. 4 zu § 1; 5 zu § 2; 1 zu § 19 RMG.; 1 zu Ziff. 18; 3 zu Ziff. 61; 1 zu Ziff. 62.

Wegen der Einschränkung des Mieterschutzes durch die Zweite AusfVO. vom 31. August 1938 (RGBl. I S. 1070) vgl. Kiefersauer, Mieterschutzrecht, 6. Aufl.

2. An die Stelle des Kündigungsrechts des Vermieters tritt die Mietaufhebungsklage, die nur bei Vorliegen eines der in §§ 2—4 a MSchG. und § 4 der Ersten AusfVO. zur Kündigungsverordnung vom 4. Dez. 1937 — oben 1 — aufgezählten Tatbestandsmerkmale zulässig ist; das Kündigungsverfahren der §§ 1 ff. MSchG. ist ein formelles Verfahren, dessen materielle Voraussetzung das Vorhandensein bestimmter Kündigungsgründe bildet, vgl. Staudinger-Kiefersauer, Bd. II 2. Teil S. 460, 462 ff, 883. Dieses Kündigungsverfahren ist der Einflußnahme der Preisbehörde entzogen; vgl. DWohnW. 1938, 598.

(17) 3. Wenn eine Preisbildungsbehörde auf Grund des § 3 der Preisstopverordnung eine Mietzinserhöhung genehmigt hat, so schließt diese Genehmigung[1], soweit nicht ausdrücklich etwas anderes bestimmt wird, auch das Recht ein, dem bisherigen Mieter zu kündigen, falls er sich weigert, die genehmigte Mietzinserhöhung anzuerkennen. Auch wenn über eine vom Vermieter beabsichtigte Mietzinserhöhung noch nicht entschieden ist, kann bei Vorliegen besonderer Gründe trotzdem die Kündigung[2] genehmigt werden, wenn eine derartige Maßnahme aus volkswirtschaftlichen Gründen oder zur Vermeidung besonderer Härten für den Vermieter erforderlich erscheint. In erster Linie wer-

den hier die Fälle in Frage kommen, in denen eine Wohnung geteilt oder zu geschäftlichen Zwecken vermietet werden soll. An die Genehmigung kann in solchen Fällen die Bedingung[3] geknüpft werden, daß der Vermieter dem bisherigen Mieter eine angemessene Umzugskostenentschädigung zahlt, deren Höhe von der Preisbildungsbehörde unter entsprechender Anwendung des § 4 Abs. 3 MSchG. festzusetzen ist.

1. Durch die Genehmigung der Mietzinserhöhung nach § 3 PStopV. wird festgestellt, daß die Preiserhöhung nicht gegen § 1 PStopV. verstößt; da diese Entscheidung die Rechte und Pflichten der Vertragsteile nicht berührt (Ziff. 72), wird der Vermieter, wenn ihm nicht eine besondere Vertragsklausel die Forderung des erhöhten Mietzinses gestattet, die Beendigung des Mietverhältnisses herbeiführen, falls der Mieter die Zahlung des erhöhten Mietzinses verweigert. Außerhalb des MSchG. steht dem Vermieter die **Kündigung** zum Zwecke der Mietzinssteigerung zu, die zulässig ist, weil sie infolge der Genehmigung der Preisbehörde gegen die PStopV. nicht verstößt, 1 zu Ziff. 13. Im Geltungsbereich des Mieterschutzgesetzes tritt die **Aufhebungsklage** an die Stelle der Kündigung, vgl. 1 zu Ziff. 16.

2. Die **Genehmigung der Kündigung** ist eine vorläufige Maßnahme, die unabhängig von der Entscheidung über die Mietzinserhöhung getroffen werden kann. Voraussetzung ist, daß die Kündigung durch Maßnahmen gerechtfertigt ist, die entweder volkswirtschaftlich begründet sind, z. B. Vermehrung des Wohnraums durch Teilung von Großwohnungen, oder zur Vermeidung besonderer Härten für den Vermieter erforderlich sind, z. B. Erweiterung der Betriebs- und Geschäftsräume.

Die Genehmigung stellt die Rechtswirksamkeit der Kündigung fest, auch wenn eine Mieterhöhung im Sinne der Ziffer 13 vorliegt. Sie soll nur aus besonderen Gründen erteilt werden, z. B. wenn infolge Ablaufs einer Kündigungsfrist der Vermieter unverhältnismäßig lange Zeit an die gegenwärtige Rechtslage gebunden ist; dies gilt insbesondere für das vorzeitige Kündigungsrecht, z. B. § 569 BGB., §§ 19, 26 MSchG., § 19 KO., § 57a ZVG. Die Erlaubnis zur Kündigung wird ferner nur dann zu erteilen sein, wenn der Vermieter sich zur Fortsetzung des Mietverhältnisses mit dem Mieter zu dem von der Preisbehörde genehmigten Mietzins verpflichtet, es sei denn, daß eine andere Verwendung der Räume in Frage kommt.

Die Genehmigung der Kündigung und damit die Auferlegung von Bedingungen kommt nur in Frage, wenn eine gegen die PStopV. verstoßende und deshalb an sich unzulässige Kündigung vorliegt, Ziff. 13, 14. In allen anderen Fällen sind Kündigungsbeschränkungen der Preisbehörden nicht möglich.

3. Die Preisbehörde kann aus Billigkeitsgründen, insbes. nach den Vermögens- und Einkommensverhältnissen, den Vermieter verpflichten, dem Mieter die für den Umzug innerhalb des Gemeindebezirks — in besonderen Fällen auch innerhalb benachbarter Gemeinden — erforderlichen Kosten ganz oder teilweise zu ersetzen, § 4 Abs. 3 MSchG. Über den Begriff der erforderlichen Umzugskosten vgl. Staudinger-Kiefersauer, Vorbem. 122 zu § 535. Nach der Grunds.Entsch. vom 1. August 1938, Anhang Nr. 9 (V b), soll die Preisbehörde in der Regel einer Kündigung nur zustimmen, wenn dem Mieter in angemessener Weise die Umzugskosten erstattet werden. Bei Wohnungen wird der Betrag einer Monatsmiete im allgemeinen als ausreichende Entschädigung des Mieters anzusehen sein; bei Geschäftsräumen soll die Entscheidung von Fall zu Fall nach Anhörung der Industrie- und Handelskammer oder der Handwerkskammer erfolgen.

Die Auferlegung der Ersatzpflicht kann durch eine Bedingung der Genehmigung der Kündigung erfolgen; bis zur Erfüllung der Bedingung ist die Genehmigung und damit die Kündigung nicht wirksam. Die Preisbehörde kann aber auch den Vermieter zur Hinterlegung des Betrages, dessen Höhe sie festsetzt, anhalten und nach Hinterlegung oder Bezahlung die Genehmigung der Kündigung bedingungslos erteilen.

(18) Für Räume, die den Vorschriften des Mieterschutzgesetzes unterliegen[1], gilt ausschließlich § 4 der Ersten Verordnung zur Ausführung der Verordnung über Kündigungsschutz für Miet- und Pachträume vom 4. Dezember 1937 (RGBl. I S. 1325). Ausnahmegenehmigungen für Kündigungen[2] sind hier nicht zulässig.

1. Vgl. 1 zu Ziff. 16. Mietzinserhöhung im Sinne des § 4 a. a. O. ist jede Mehrbelastung des Mieters, vgl. 3 zu Ziff. 1. Die Anerkennung der Mietzinserhöhung mit der Folge der Verpflichtung zur Zahlung des erhöhten Mietzinses muß der freien Entschließung des Mieters überlassen sein; soweit daher die Verpflichtung zur höheren Leistung auch gegen den Willen des Mieters herbeigeführt wird, z. B. durch Entscheidung des MEA. gemäß § 15 RMG., durch Erklärung der gef. M. gemäß § 1 RMG. kommt der Mietaufhebungsgrund des § 4 nicht in Frage. Die bloße Möglichkeit diese Verpflichtung herbeizuführen, schließt aber die Anwendung des § 4 nicht aus, a. M. anscheinend Nerroth, Mietrecht der Gegenwart S. 32. Der Vermieter ist daher nicht gehindert, die Mietzinserhöhung unmittelbar bei der Preisbehörde auch für Räume zu beantragen, die den Vorschriften des RMG. unterliegen.

Stimmt der Mieter der Erhöhung der gef. M. außerhalb des Verfahrens des RMG. zu, so verwandelt sich die gef. M. in eine Vertragsmiete, vgl. 5 zu § 1 RMG.

2. Kündigung des Vermieters ist grundsätzlich ausgeschlossen, 2 zu Ziff. 16. Eine Genehmigung der Kündigung — 2 zu Ziff. 17 — kommt daher nicht in Frage, vgl. auch 2 zu Ziff. 58.

VI. Bestrafung von Zuwiderhandlungen

(19) 1. Soweit vorsätzliche Verstöße gegen die Preisstopverordnung festgestellt werden, ist mit empfindlichen Strafen vorzugehen. Die Bestrafungen werden im allgemeinen der Öffentlichkeit

zur Warnung bekanntzugeben sein. Eine namentliche Nennung des Schuldigen soll nur in besonderen Fällen stattfinden. Bei fahrlässigen Verstößen leichterer Art kann von einer Bestrafung abgesehen werden, wenn der Vermieter den gesetzmäßigen Zustand alsbald wieder herstellt und dem Mieter etwa zuviel gezahlte Beträge erstattet. Ebenso soll bei Mietern, die lediglich aus einer Zwangslage heraus unzulässige Mietzinsforderunrungen bewilligt haben, von einer Bestrafung abgesehen werden.

(20) Um eine schnelle Bestrafung aller Zuwiderhandlungen gegen die Preisstopverordnung zu ermöglichen und eine enge Verbindung zwischen Preisüberwachung und Preisbildung zu schaffen, ersuche ich die Preisüberwachungsstellen, von der durch Ziffer 4 des Organisationserlasses vom 12. Dezember 1936 (RAZ. Nr. 291)[1] gegebenen Delegationsbefugnis[2] bei Mieten und Pachten für Wohnungen und Geschäftsräume im vollen Umfang Gebrauch zu machen.

1. Abgedruckt 1 zu Ziff. 8.

2. Die weitere Übertragung beschränkt sich auf das Recht Ordnungsstrafen bis zu 500 RM zu verhängen, sowie Strafantrag bei Zuwiderhandlungen zu stellen; die Delegation gilt nicht für das Recht höhere Ordnungsstrafen zu verhängen und Verhandlung vor dem Sondergericht zu beantragen. Die Schließung von Geschäften und Betrieben ist nach § 5 des Organisationserlasses von den Preisüberwachungsstellen zu verfügen, soweit nicht, wie bei Erzeugerbetrieben, der RfP. selbst sich diese Befugnis vorbehalten hat. Auflagen an Einzelpersonen — nicht nur solche kommen in Frage, da das Vermieten weder ein Geschäft noch einen Betrieb darstellt —

hat sich der RfP. nach Ziff. 7 des OrgErl. grundsätzlich selbst vorbehalten; es ist aber anzunehmen, daß der RfP. hinsichtlich der Mieten (Pachten Ziff. 64) diese Befugnisse durch die Regelung in Ziff. 21, 22 den Preisüberwachungsstellen übertragen hat.

(21) 2. Neben[1] oder in besonderen Fällen auch an Stelle der Bestrafung können bei Verletzung der Preisstopverordnung den Vermietern besondere Auflagen gemacht werden (§ 5 der VO.)[2]. Insbesondere können solche Auflagen bei Nichterfüllung der Verpflichtung zur ordnungsmäßigen Instandhaltung einer Wohnung[3] oder bei Vornahme unzulässiger Kündigungen[4] geboten sein. Im ersten Falle werden ähnliche Anordnungen in Betracht kommen, wie sie § 6 RMG. vorsieht. Im letzteren können dem Vermieter besondere Kündigungsbeschränkungen auferlegt werden. Diese können in der Auflage bestehen, zu jeder[5] beabsichtigten Kündigung die Genehmigung der Preisüberwachungsstelle oder der von ihr bestimmten Stelle einzuholen oder Kündigungen nur[6] aus den im Mieterschutzgesetz genannten Gründen auszusprechen.

(22) Bei schwereren Verstößen sind auch weitergehende Beschränkungen[7] bis zur Übertragung der Hausverwaltung an einen besonderen von der Preisüberwachungsstelle zu bestimmenden Verwalter[8] zulässig. Eine solche Beschränkung, die nur mit meiner vorherigen Zustimmung zulässig ist, kommt aber nur bei sehr schweren Verstößen, die in besonderem Maße von unsozialer Gesinnung zeugen, in Betracht, z. B. bei wiederholter grober Verletzung der Preisstopverordnung gegenüber unbemittelten oder kinderreichen Mietern.

1. Grundsätzlich soll Bestrafung erfolgen und neben der Bestrafung sollen die in Ziff. 20, 21 bezeichneten Sicherungsmaßnahmen getroffen werden. Nur in besonderen Fällen können die Sicherungsmaßnahmen als selbständige Anordnungen getroffen werden.

2. § 5 PStopV. gestattet die weitere Tätigkeit des Vermieters von der Erfüllung von Auflagen abhängig zu machen. Die Auflage ist hier eine Anordnung, die die Rechte des Vermieters unmittelbar beschränkt; hinsichtlich ihres Ausmaßes ist der zuständigen Stelle nach § 5 PStopV. keine Grenze gezogen. Ziff. 21, 22 bezeichnen als Beispiele: Durchführung notwendiger Instandsetzungsmaßnahmen, Kündigungsbeschränkungen, Bestellung eines Hausverwalters. Die Anordnung ist zulässig, gleichgültig, ob die Räume den Vorschriften des RMG. unterliegen oder nicht.

Zuständig zum Erlaß dieser Anordnungen ist grundsätzlich die Preisüberwachungsstelle, 2 zu Ziff. 20. Neben dieser können aber auch — ohne Rücksicht darauf, ob ein Verstoß gegen die PStopV. vorliegt — die Preisbildungsbehörden auf Grund des § 2 PBG. die in Ziff. 21, 22 bezeichneten Anordnungen erlassen; diese Rechtsgrundlage ist zweckmäßigerweise als solche zu bezeichnen. Die Ordnungsstrafbefugnis der Preisbildungsbehörde bei Nichterfüllung der Auflagen gründet sich auf § 4 Abs. 2 PBG. sowie auf die VO. vom 8. Jan. 1935 (RGBl. I S. 10), 2 zu § 4 PBG.

3. Nichterfüllung der Verpflichtung des Vermieters zur Durchführung notwendiger Instandsetzungsmaßnahmen ist Verstoß gegen die PStopV., 3 zu Ziff. 1. Wegen der Art der zu treffenden Maßnahmen vgl. 4, 6 zu § 6 RMG.

4. Unzulässig sind Kündigungen zum Zwecke der Mietzinssteigerung, 1 zu Ziff. 13. Durch die Auferlegung der in Satz 5 bezeichneten Kündigungsbeschränkungen wird die Rechtswirksamkeit der Kündigung eingeschränkt: ein Verstoß gegen die Auflage ist als Verstoß gegen die Anordnung der zuständigen Preisstelle gemäß § 134 BGB. rechtsunwirksam; denn die Anordnung ist einem gesetzlichen Verbot gleichzuachten.

Zur Klarstellung der Rechtslage kann aber auch der Vermieter unter Androhung von Ordnungsstrafen — oben 2 – angehalten werden, die Kündigung zu widerrufen.

Es kann auch die Kündigung für unzulässig erklärt und dem Vermieter jede Handlung untersagt werden, die den Mieter zur Räumung veranlassen soll. Eine Räumungsklage, die auf Grund einer für unzulässig erklärten Kündigung erhoben wird, muß vom Gericht ohne sachliche Prüfung — § 6 PVG. – abgelehnt werden, vgl. Grundſ. Entſch. vom 1. August 1938, Anhang Nr. 9 (V a); 2 zu Ziff. 24.

5. Alſo nicht nur zur Kündigung zum Zwecke der Mietzinssteigerung, die ohnehin der Genehmigung nach § 3 PStopV. bedarf. Zur Schaffung klarer Rechtsverhältnisse empfiehlt es ſich, die Kündigungsbeſchränkung zeitlich zu begrenzen.

6. Vgl. die §§ 2—4 a MSchG., Staudinger-Kiefersauer, Vorbem. 106 ff. zu § 535.

7. Z. B. die Verpflichtung des Vermieters zur Einholung der Genehmigung für jede Vermietung im Hauſe, der Zwang zum Abſchluß des Mietvertrages mit einem beſtimmten Mieter, der Zwang zur Belaſſung der Hausmeiſterdienſte bei dem Mieter, der ſie bisher gegen freie Wohnung verſehen hat.

8. Äußerſte Maßnahme iſt die Übertragung der Hausverwaltung an einen beſtellten Verwalter. Dieſe Maßnahme entſpricht der Anordnung der treuhänderiſchen Verwaltung eines landwirtſchaftl. Betriebs oder Grundſtücks nach Maßgabe der §§ 12—21 der DV. zur VO. zur Sicherung der Landbewirtſchaftung vom 22. April 1937 (RGBl. I S. 535); vgl. auch §§ 77—84 EHVfO. Mit der Übertragung der Verwaltung verliert der Vermieter die Befugnis das Mietgrundſtück zu verwalten und über dasſelbe zu verfügen; Mietzinseingänge ſtehen nur mehr dem Verwalter zu, an den allein der Mietzins vom Mieter zu entrichten iſt. Die Übertragung der Verwaltung verpflichtet auch die zuſtändige Stelle zu dauernder Überwachung des beſtellten Verwalters.

Die Preisüberwachungsstelle bedarf zu dieser Maßnahme der vorherigen Zustimmung des RfP.

(23) 3. Auf der anderen Seite müssen die Preisüberwachungsstellen darauf achten[1], daß die strengen Strafen, mit denen jeder Verstoß gegen die Preisstopverordnung bedroht ist, nicht dazu mißbraucht werden, um einen Vermieter wider besseres Wissen einer solchen Zuwiderhandlung zu beschuldigen. Werden derartige Fälle festgestellt, ist gegebenenfalls Strafanzeige wegen Vergehens gegen § 164 StGB. zu erstatten.

1. Die Preisüberwachungsstelle und wohl auch die Preisbehörde ist hiernach verpflichtet, den Vermieter gegen falsche Anschuldigungen in Schutz zu nehmen.

(24) 4. Weiter haben die Preisüberwachungsstellen zu beachten[1], daß die Entscheidung zivilrechtlicher[2] Fragen, die sich aus der Anwendung der Preisstopverordnung ergeben[3], nicht ihre Sache ist, sondern ausschließlich den ordentlichen Gerichten zusteht. Ich ersuche aber, über auftauchende Rechtsfragen von grundsätzlicher Bedeutung alsbald mir zu berichten.

1. Aufgabe der Preisüberwachungsstelle und der Preisbehörde ist die Überwachung und Lenkung der Preisbildung. Ihre Tätigkeit steht nicht im Interesse einer Partei, sondern „dient dem Volksganzen, der Aufrechterhaltung und Festigung der Volksgemeinschaft", vgl. Kiefersauer, DWohnA. 1938, 1. Deshalb hat auch das Verfahren vor diesen Behörden nicht den Charakter eines Rechtsstreites, in dem die Streitsteile mehr oder weniger erfolgreich ihre Rechtsauffassungen zur Geltung bringen können. Die Verfahrensgrundsätze, die sonst einen Rechtsstreit z. B. vor dem ordentlichen Gericht beherrschen, gelten hier nicht; auch die für das Verfahren vor dem MEA. geltenden Grundsätze — vgl. 1 zu § 1 RMG. —

sind nicht anwendbar. Nur dem Antragsgegner ist nach Ziff. 69 Gelegenheit zur Stellung zu geben; damit ist dem Grundsatz des rechtlichen Gehörs Genüge getan.

2. Rechtsfragen haben die Preisbehörde und Preisüberwachungsstelle nicht zu entscheiden. Das ist die Aufgabe der ordentlichen Gerichte. Dieser Rechtsauffassung steht aber nicht entgegen, daß die Preisbehörde ihrer Entscheidung einen bestimmten Rechtstatbestand zugrunde legt, z. B. ein Mietverhältnis annimmt, obgleich der Antragsgegner ein Pachtverhältnis für gegeben erachtet. Diese Annahme hat für das ordentliche Gericht keine maßgebende Bedeutung; die Beteiligten sind nicht gehindert, die Entscheidung des Gerichts über die Rechtsfrage herbeizuführen. Erforderlichenfalls kann die Preisbehörde neuerdings mit der Sache befaßt werden; vgl. 4 zu Ziff. 69.

Die Entscheidung der Preisbehörde ist der Rechtskraft nicht fähig; es besteht kein formelles Beschwerderecht und die Wiederholung des Antrags ist möglich.

Obgleich die Preisbehörde zur Entscheidung von Rechtsfragen nicht zuständig ist, können die Vertragsteile in gegenseitigem Einverständnis durch Anrufung der Preisbehörde die Entscheidung über preisrechtliche Fragen herbeiführen und dadurch unter Umständen langdauernden Prozessen vorgreifen, vgl. Ziff. 63.

Die Entscheidung, die die Preisbehörde innerhalb ihres Aufgabenkreises trifft, unterliegt nicht der Nachprüfung der Gerichte, sie ist für diese bindend, auch wenn es sich lediglich um eine sog. Unbedenklichkeitserklärung handelt, Kiefersauer, DWohnA. 1938, 188. Die Zuständigkeit der Gerichte hat durch diese Regelung eine nicht unerhebliche Einschränkung erfahren, vgl. § 6 PBG.; 4 zu Ziffer 21/22.

3. Die Feststellung, welche zivilrechtlichen Rechtsfolgen ein Verstoß gegen die Vorschriften der PStopV. hat, ist grundsätzlich Sache der ordentlichen Gerichte. Nach § 134 BGB. hat der Verstoß die Nichtigkeit des Miet-(Pacht-)vertrages zur Folge; die Nichtigkeitsfolge beschränkt sich aber auf den Mietpreis, soweit er die Stichtagmiete unzulässig überschreitet, vgl. 5 zur Ersten Ausf.-

VO. Da die Preisüberwachung bei Mieten so eingehend geregelt ist, daß die völlige Verhinderung unerwünschter Mietverträge auch im Interesse der Volksgemeinschaft nicht notwendig erscheint, braucht eine völlige Nichtigkeit wie bei Grundstücksgeschäften — Kiefersauer, D. WohnA. 1938, 189 — nicht angenommen zu werden. Wie hier Bekm. RfP. MittBl. 1937 Nr. 8; Lampe S. 43; Staudinger-Kiefersauer, Vorbem. 82, 167 zu § 535.

B. Preisbildung.

Aufgabe der Preisbildung ist die Ermittlung und Festsetzung des volkswirtschaftlich gerechtfertigten Mietzinses. Der Mietzins soll einerseits die Kosten der Bewirtschaftung des Hauses decken, andererseits dem Mieter die Gewißheit geben, daß er nicht mehr als das dem Nutzungswert entsprechende Entgelt für die Raumbenutzung zu zahlen braucht, Kiefersauer, DWohnA. 1938, 55. Die Preisbildung gilt für Hauptmietverhältnisse ebenso wie für Untermieterverhältnisse, vgl. 1 zu Ziff. 12.

Mietsenkungen (Ziff. 25—39) und Mieterhöhungen (Ziff. 40—66) ergeben sich als Folgen der Ermittlung des angemessenen Mietzinses. Für die Senkung des Mietzinses bildet § 2 Abs. 1 PBG. die Rechtsgrundlage; für die Erhöhung des Mietzinses ist die Ausnahmebewilligung des § 3 PStopV. erforderlich. Nach beiden Richtungen gibt der RE. 184/37 bestimmte Weisungen. Diese gehen für Mietverhältnisse, die dem Reichsmietengesetz unterliegen, grundsätzlich auf die gesetzliche Miete zurück, vgl. hierzu 2 zu § 3 RMG. Für andere Mietverhältnisse, insbesondere aber für Neubauten, werden zur Ermittlung des volkswirtschaftlich gerechtfertigten Mietzinses Einzelanweisungen gegeben, die vielfach nicht ganz einfache Ertragsberechnungen für das einzelne Haus erfordern.

Die Anweisungen für die Mietzinssenkung unterscheiden grundsätzlich zwischen Altwohnungen und Neubauwohnungen, während die Vorschriften für die Erhöhung des Mietzinses grundsätzlich für Altbauten die gleichen sind, wie für Neubauten und lediglich hinsichtlich der Ertragsberechnung einen Unterschied machen, Kiefersauer, D. WohnA. 1938, 56 und 2 zu Ziff. 49.

Hinsichtlich der Geschäftsräume gelten grundsätzlich die Vorschriften für Wohnräume; Ziff. 64—66 enthalten besondere Anweisungen.

Die Ermittlung und Festsetzung des volkswirtschaftlich gerechtfertigten Mietzinses erfolgt im einzelnen Fall, bei Mietzinssenkung in der Regel auf Antrag des Mieters, bei Mietzinserhöhung nur auf Antrag des Vermieters, soweit nicht eine allgemeine Anordnung in Frage kommt, vgl. die VO. über die Durchführung notwendiger Mietzinsänderungen anläßlich der Einführung des Grundsteuergesetzes vom 1. April 1938 (RGBl. I S. 370), unten S. 209. Eine allgemeine Erhöhung der unter der ges. M. liegenden Mietzinse auf die ges. M. kommt nicht in Frage, eine allgemeine Herabsetzung der Mietzinse auf die ges. M. ist nach Ziff. 28 möglich, vgl. die Berliner Mietsenkungsverordnung, Anhang Nr. 4.

I. Durchführung volkswirtschaftlich notwendiger Mietzinssenkungen (§ 2 Abs. 1 des Gesetzes vom 29. Oktober 1936).

1. Altwohnungen.

(25) Bei Altwohnungen[1], die den Vorschriften des Reichsmietengesetzes unterliegen[2], ist grundsätzlich jeder Mietzins, der die gesetzliche Miete übersteigt, als volkswirtschaftlich nicht gerechtfertigt anzusehen. Die meisten der unter dieses Gesetz fallenden Wohnungen sind zur gesetzlichen Miete vermietet. Ich kann es deshalb unter den gegenwärtigen Verhältnissen nicht mehr als berechtigt anerkennen, daß ein über der gesetzlichen Miete liegender Mietzins gezahlt wird. Anträgen von Mietern auf Herabsetzung[3] eines solchen Mietzinses bis zur gesetzlichen Miete ist deshalb grundsätzlich stattzugeben.

1. Die Vorschriften über Mietzinssenkung unterscheiden zwischen Altbauten und Neubauten. Die Ausdrucksweise knüpft an den Sprachgebrauch des Reichsmietengesetzes an. Nach § 16 Nr. 1 RMG. sind Neubauten solche Bauten, die nach dem 1. Juli 1918 bezugsfertig geworden sind oder künftig bezugsfertig werden; zu den Neubauten zählen auch die durch Teilung oder Umbau und die durch Ausbau oder Einbau neu gewonnenen Räume (§ 16 Nr. 2 RMG.). Wegen der Begriffe Umbau, Einbau, Bezugsfertigkeit usw. vgl. 2ff. zu § 16 RMG.

Die Ziffern 25 bis 29 befassen sich zunächst nur mit Wohnungen in Altbauten (Altwohnungen). Mischräume im Sinne des § 16 Nr. 5 RMG. — vgl. 8, 9 zu § 16 RMG. — sind grundsätzlich den Wohnräumen gleichgestellt, Ziff. 30. Für reine Geschäftsräume gilt die Sonderregelung in Ziff. 64—66.

2. Für Altwohnungen, die den Vorschriften des RMG. unterliegen — vgl. Staudinger-Kiefersauer, Vorbem. 152ff. zu § 535 — gilt grundsätzlich die gesetzliche Miete als angemessene Miete. Nach Ziffer 29 gilt dieser Grundsatz entsprechend auch für alle sonstigen Mietverhältnisse über Altwohnungen.

Die Ermittlung der ges. M. hat nach § 2 RMG. von der FM. auszugehen, deren Feststellung oder Festsetzung dem MEA. obliegt, vgl. 5, 6 zu § 2 RMG. Die Vertragsteile sind aber nicht gehindert unmittelbar die Preisbehörde um Entscheidung darüber zu ersuchen, welcher Betrag in Zukunft als FM. gelten und der Berechnung der ges. Miete zugrunde gelegt werden soll; die hiernach vereinbarte Miete ist Vertragsmiete — vgl. 5 zu § 1 RMG. —, nicht ges. M. Auf dieser Grundlage kann die Preisbehörde von sich aus die Höhe der FM. ermitteln. Die Feststellung oder Festsetzung der FM. durch das MEA. ist nicht ausgeschlossen. Soweit dadurch die für den Einzelfall von der Preisbehörde ziffernmäßig berechnete Miete erhöht wird, bedarf das MEA. der Genehmigung der Preisbehörde. Da eine solche ziffernmäßige Herabsetzung des Mietzinses bei allgemeiner Senkung des Mietzinses auf die ges. M. (Ziffer 28) nicht vorliegt, hat das MA. die Genehmigung der Preisbehörde nicht einzuholen, sosern durch die Festsetzung der FM. die Stichtagmiete (S. 126) nicht überschritten wird, anders KG. 17 Y 1/38 JW. 1938, 2404; vgl. auch Béranger GrundE. 1938, 968. Die Festsetzung einer der FM. entsprechenden Berechnungsgrundlage durch die Preisbehörde macht das langwierige und kostspieligere Festsetzungsverfahren durch das MEA. entbehrlich, vgl. RE. 154/38 (Anhang Nr. 8).

3. Die Mietsenkung erfolgt grundsätzlich nur auf Antrag des Mieters; wegen der Auskunftpflicht des Vermieters vgl. 4 zu § 2 RMG. Untere Grenze ist die ges. M., in Ausnahmefällen kann auch unter die ges. M. herabgegangen werden, Ziff. 31. Zur ges. M. zählen auch die Zuschläge gemäß §§ 10, 13a RMG.; diese durch bauliche Veränderungen und gewerbliche Raumnutzung bedingte Erhöhung der Miete ist auch dann zu berücksichtigen, wenn sie durch Vereinbarung der Parteien festgelegt ist und nach Ziff. 41, 42 eine Überschreitung der ges. M. sachlich gerechtfertigt ist. Hinsichtlich des Zuschlags für Gestattung der Untervermietung gilt das gleiche, vgl. 1 zu Ziff. 9.

Die Herabsetzung der vereinbarten Miete auf die ges. M. ändert nichts an dem Charakter der Miete als Vertragsmiete — vgl. 5 zu § 1 RMG. —; die sonst mit der Einführung der ges. M. gemäß § 1 RMG. eintretenden Rechtsfolgen — gesetzliche Verpflichtung des Vermieters zur Instandhaltung der Mieträume (20 RMG.) und die Änderung der Vertragsdauer auf Verlangen des Erklärungsgegners (§ 1 Abs. 1 Satz 3 RMG.) — treten nicht ein, vgl. 1 zu § 20 RMG.; a. M. hinsichtlich des § 20 RMG. Lampe S. 50. Die Preisbehörde ist aber zur Änderung der Vertragsbedingungen befugt, Ziff. 39. Wegen der unmittelbaren Wirkung der Entscheidung, vgl. 1 zu Ziff. 70.

(26) Macht der Vermieter glaubhaft, daß er auf Grund baulicher Änderungen oder aus anderen Gründen berechtigt sei, nach dem Reichsmietengesetz eine Erhöhung der Friedensmiete [1] zu verlangen, ist [2] ihm die Möglichkeit zu geben, binnen angemes-

sener Frist eine Entscheidung des Mieteinigungsamts herbeizuführen. In klarliegenden Fällen kann die Preisbildungsbehörde von der Herabsetzung auch ohne eine solche Entscheidung absehen.

1. Der Vermieter kann dem Antrag auf Mietsenkung oder der gesetzlichen Mietsenkung, z. B. durch die Berliner Mietsenkungsverordnung dadurch begegnen, daß er gemäß § 2 Abs. 4 RMG. Festsetzung der FM. mit dem Ziele der Erhöhung der FM. beantragt, vgl. 6 Nr. 3, 4 zu § 2 RMG. Hierzu ist ihm unter Fristsetzung Gelegenheit zu geben. Auch wenn mit der angestrebten Erhöhung der FM. keine Erhöhung des geltenden Mietzinses, sondern nur die Abwehr der Mietsenkung beabsichtigt ist, gelten die Bestimmungen des § 2 Abs. 4 RMG. und hinsichtlich der Voraussetzungen für die Genehmigung durch die Preisbehörde die Anweisungen der Ziff. 59, vgl. 6 zu § 2 RMG.; a. M. Würzburg GrundE. 1938, 480. Vgl. aber 1 zu Ziff. 48 und 59.

2. Wegen der veränderten Bedeutung dieser Vorschrift vgl. Ziff. 1 RE. 154/38, Anhang Nr. 8.

(27) Bestehen Zweifel über die Höhe der Friedensmiete, so ist sie bei der zuständigen Behörde (Katasteramt) [1] zu erfragen. Die Möglichkeit der Feststellung oder Festsetzung der Friedensmiete durch das Mieteinigungsamt wird dadurch nicht ausgeschlossen [2].

1. In Preußen führen die Katasterämter Nachweisungen über den Nutzertrag der Anwesen. In Bayern führen die Finanzämter aus Anlaß der Veranlagung zur früheren bayerischen Haussteuer Listen über die steuerbare Friedensmiete, deren Ermittlung in der Regel auf das Schätzungsverfahren des Jahres 1912 zurückgeht.

Diese Katastereintragungen sind nicht in allen Fällen als zuverlässige Grundlagen für die Ermittlung der Höhe der FM. anzusehen, für die die Grundsätze des § 2 RMG. maßgebend sind. Die Katasterämter übernehmen keine

Gewähr für die Richtigkeit der FM., vgl. Erl. RFM. vom 26. Jan. 1938, MittBl. 1938, I Nr. 5 S. 3.

2. Soweit die Preisbehörde nicht selbst diese Ermittlungen anstellen will oder kann, wird sie die Beteiligten an das MEA. verweisen. Im Streitfall — 2 zu Ziff. 25; 5 zu § 2 RMG. — soll dies geschehen. Daß die Parteien die Feststellung oder Festsetzung der Miete beim MEA. unmittelbar beantragen können, ist selbstverständlich, wird aber in Satz 2 zur Vermeidung von Zweifeln noch besonders festgestellt.

(28) Soweit ein Bedürfnis vorliegt, können die Preisbildungsbehörden auf Grund des § 2 des Ges. vom 29. Oktober 1936 die Forderung[1] oder die Neuvereinbarung[2] eines über der gesetzlichen Miete liegenden Mietzinses auch allgemein verbieten. Zu derartigen Anordnungen[3] ist außer der Genehmigung der Preisbildungsstelle bis auf weiteres auch meine Zustimmung einzuholen.

1. Das Verbot des Forderns einer höheren als der ges. M. trifft alle bestehenden Mietverhältnisse, die dem RMG. unterliegen; vgl. die Berliner Mietsenkungsverordnung, Anhang Nr. 4.

2. Das Verbot trifft nur Neuvereinbarungen, vgl. § 22 RMG., Staudinger-Kiefersauer, Vorbem. 166 zu § 535.

3. Als Maßnahme allgemeiner Art bedarf eine Anordnung der Preisbehörde nach Satz 1 der Genehmigung der Preisbildungsstelle (Ziff. 3 der Vierten Anordnung vom 27. Sept. 1937) und der Zustimmung des RfP. selbst (Satz 2). Die niedrigere Miete tritt an die Stelle der Stichtagmiete; vgl. 1 zu Ziff. 2 und 2 zu Ziff. 25. Im übrigen bleibt der RE. 184/37 in Wirksamkeit.

(29) Auch bei Altwohnungen, die nicht[1] dem Reichsmietengesetz unterliegen, halte ich die Erhebung eines über der nach den Vorschriften des Reichsmietengesetzes berechneten gesetzlichen Miete[2] liegenden Mietzinses nicht für gerechtfertigt. Hier ist deshalb entsprechend zu verfahren.

1. Vgl. die Erl. zu § 16 RMG., insbes. hinsichtlich der landesrechtlichen Ausdehnung der Befreiungsvorschriften 15 zu § 16 RMG.

2. Die hiernach berechnete Miete ist Vertragsmiete, vgl. 5 zu § 1 RMG.

(30) Gemischte Räume[1] im Sinne des § 16 Ziff. 5 RMG. sind wie Wohnungen zu behandeln. Ausnahmen[2] können zugelassen werden, wenn der Wert der zu Geschäftszwecken verwendeten Räume den der Wohnräume wesentlich übersteigt.

1. Wegen des Begriffs vgl. 8, 9 zu § 16 RMG.

2. Die Preisbehörde kann in diesem Falle ausnahmsweise die für die Geschäftsräume in Ziff. 64—66 gegebenen besonderen Anweisungen zur Anwendung bringen; notwendig ist hier die Aufteilung der Gesamtmiete auf die Wohnräume und Geschäftsräume.

(31) Eine Ermäßigung des Mietzinses unter den Satz der gesetzlichen Miete[1] wird nur ausnahmsweise in Betracht kommen, z. B.[2] wenn mit Rücksicht auf den baulichen Zustand des Hauses oder aus anderen Gründen die gesetzliche Miete für eine Wohnung offensichtlich nicht mehr angemessen ist[3]. Vor einer Mietzinsherabsetzung wegen baulicher Mängel ist nach Möglichkeit dem Vermieter Gelegenheit zu geben, die betreffende Wohnung wieder so herzurichten, daß ihr Wert in einem angemessenen Verhältnis zu dem geforderten Mietzins steht[4].

1. Da die ges. M. an die weitzurückliegende Zeit einer überlebten Wirtschaftsauffassung — vgl. 2 zu § 3 RMG. — anknüpft, hat sie an Gegenwartsgeltung weit mehr verloren als nach der geltenden Rechtslage anerkannt wird. Dies gilt nicht nur für die Ermäßigung unter die ges. M. (Ziff. 31), sondern auch für die Erhöhung über die ges. M.

2. Die Gründe dafür, daß die ges. M. im Einzelfall nicht mehr angemessen ist, können in erster Linie in der Veränderung der für die Raumnutzung maßgebenden tatsächlichen Verhältnisse liegen, z. B. in der Änderung des baulichen Zustandes der Mieträume, in zweiter Linie aber auch in der Änderung der für die Bildung des Mietzinses im Jahre 1914 maßgebenden wirtschaftlichen Bedingungen und ihrer Bewertung in der Gegenwart, z. B. starke Nachfrage, geringes Angebot, Zwangslage des Mieters oder des Vermieters, spekulative Maßnahmen.

3. Die Veränderung der Gegend rechtfertigt den Antrag auf Mietsenkung ebensowenig wie den Mieterhöhungsantrag, vgl. Ziff. 59.

4. Die Vernachlässigung der Instandsetzungspflicht des Vermieters ist Verstoß gegen die PStopV., vgl. 1 zu Ziff. 1. Wird durch die Wiederherstellung der Räume der Grund für die Annahme eines unangemessenen Mietzinses beseitigt, so entfällt die Herabsetzung der ges. M.

2. Neubauwohnungen.

(32) a) Bei Neubauwohnungen[1] sollen nach Möglichkeit Mietzinssteigerungen, die schon vor Inkrafttreten der Preisstopverordnung eingetreten waren, insoweit wieder rückgängig gemacht werden, als sie eine volkswirtschaftlich nicht gerechtfertigte Ausnutzung der auf dem Wohnungsmarkt bestehenden Schwierigkeiten darstellen. Auf Antrag eines Mieters sind deshalb die seit dem 1. Januar 1935 vorgenommenen Mietzinserhöhungen[2] auf ihre Berechtigung zu prüfen. In Gemeinden, in denen schon vor diesem Zeitpunkt ungerechtfertigte Mietzinssteigerungen stattgefunden haben, können die Preisbildungsbehörden auch weiter zurückliegende Mietzinserhöhungen einbeziehen.

(33) Bei der Prüfung ist von dem Mietzins auszugehen, der nach dem 1. April 1924 bei der erst-

maligen Vermietung vereinbart worden ist. Dieser Mietzins ist um den Betrag zu ermäßigen, den der Vermieter durch die seit der erstmaligen Vermietung eingetretenen Zinssenkungen erspart hat. Eine darüber hinausgehende Senkung ist nur zulässig, wenn feststeht, daß sie ohne Gefährdung der Wirtschaftlichkeit des Hauses möglich ist, etwa weil der jetzige Vermieter das Haus zu einem wesentlich unter den Gestehungskosten liegenden Preis erworben hat.

(34) b) Die Prüfung eines bei der erstmaligen Vermietung vereinbarten Mietzinses[3] kann in den Fällen erforderlich werden, in denen der Verdacht besteht, daß unter Ausnutzung der bestehenden Wohnungsschwierigkeiten von Anfang an ein überhöhter Mietzins gefordert worden ist. Dabei darf aber die Wirtschaftlichkeit des Hausbesitzes nicht gefährdet werden. Deshalb ist bei allen neu errichteten Häusern eine Herabsetzung des Mietzinses nur zulässig, wenn eingehend geprüft worden ist, ob er für den Vermieter tragbar ist.

(35) Für die danach[4] aufzustellenden Ertragsberechnungen ist der Erlaß des Reichsarbeitsministers vom 15. Juni 1937 (RArbBl. I S. 162) entsprechend anzuwenden mit der Maßgabe, daß bei frei finanzierten[5] Neubauten dem Eigentümer für das zum Bau erforderliche Eigenkapital, soweit es innerhalb einer Grenze von 50% des Bau- und Bodenwertes liegt, eine Verzinsung von 5% und darüber hinaus eine solche von 6% zuzubilligen ist.

1. Wegen des Begriffs der Neubauwohnungen vgl. 1 zu Ziff. 25. Die Grundsätze der Ziff. 34—38 gelten

auch für die Ermittlung der angemessenen Miete erstmalig vermieteter Wohnungen, Ziff. 7.

2. Grundsätzlich beschränkt sich die Tätigkeit der Preisbehörde auf die Nachprüfung von Mietzinserhöhungen; Stichtag ist grundsätzlich der 1. Januar 1935. Ausgangsmietpreis ist nach Ziff. 33 der nach dem 1. April 1924 erstmals vereinbarte Mietzins. Antrag des Mieters ist erforderlich.

3. Die Miete, die nach dem 1. April 1924 erstmals vereinbart worden ist, tritt in der Regel an die Stelle der ges. M., oben 2. Normale Wohnungsmarktlage ist hier vorausgesetzt; wo diese fehlte und deshalb ein durch die Erfordernisse der Hausbewirtschaftung nicht bedingter Mietzins vereinbart worden ist, kann eine Nachprüfung und gegebenenfalls eine Herabsetzung des Ausgangsmietpreises in Frage kommen, z. B. bei übermäßigen Tilgungsbeträgen, bei unangemessener Verzinsung des Eigenkapitals (s. aber 4) usw.

Unter dem gleichen Gesichtspunkt kann aber auch eine Erhöhung der Ausgangsmiete gerechtfertigt sein, z. B. Änderung der Benutzungsart, bauliche Verbesserungen, Krisenmiete, Verwandtenmiete usw.

4. Bei der Ermittlung des volkswirtschaftlich gerechtfertigten Mietzinses ist eine Ertragsberechnung aufzustellen; die Verzinsung des Eigenkapitals ist mit 5 bzw. 6 v. H. in Ansatz zu bringen. Im übrigen gelten die Grundsätze des RE. vom 15. Juni 1937, 1 zu Ziff. 55.

Die Ertragsberechnung entfällt, wenn bei Neubauten, die während der Inflationszeit vermietet worden sind, brauchbare Unterlagen für die Umrechnung der Mieten in Goldmark nicht vorhanden sind; in diesem Falle ist vom Nutzungswert – Ziff. 38 – auszugehen, vgl. Lampe, DWohnW. 1937, 764.

5. Inanspruchnahme der Reichsbürgschaft steht der Annahme „frei finanziert" nicht entgegen, Grunds.Entsch. v. 6. 12. 1938, Anhang Nr. 9 (VII).

(36) Bei Wohnungen[1], deren Bau durch Staatshilfe gefördert und deren Mietzins bei dieser Gelegenheit auf seine Angemessenheit geprüft worden

ist, haben die Preisbildungs- und Preisüberwachungsbehörden grundsätzlich von weiteren Nachprüfungen Abstand zu nehmen, solange nicht der Vermieter eigenmächtige Mietzinssteigerungen vornimmt. Entsprechendes gilt bei Wohnungen, die von gemeinnützigen Wohnungsunternehmen errichtet worden sind; sollten sich bei derartigen Wohnungen Anstände ergeben, haben sich die Preisüberwachungsstellen mit der Aufsichtsbehörde in Verbindung zu setzen. Erforderlichenfalls ist mir zu berichten.

1. Bei Wohnungen gemeinnütziger Wohnungsunternehmen — vgl. 6 zu § 16 RMG. sowie bei den durch Staatshilfe geförderten Neubauten — anders Ziff. 35 — dürfte eine Nachprüfung der Mieten in der Regel entbehrlich sein, weil hier ein weitgehender Einfluß der Aufsichtsbehörde gesichert ist.

(37) Besondere Mißstände haben sich, vor allem in Großstädten, bei den durch Teilung oder Umbau[1] gewonnenen Wohnungen herausgebildet, für die häufig ein Mietzins verlangt wird, der in keiner Weise zu rechtfertigen ist. Diesen Wohnungen ist deshalb besondere Aufmerksamkeit zu schenken. Bei Wohnungen, die durch Teilung einer größeren Altwohnung entstanden sind, wird im allgemeinen ein der Höhe der gesetzlichen Miete der ungeteilten Wohnung[2] entsprechender Mietzins auch für die Teilwohnungen zusammen ausreichend sein. Keinesfalls soll der Mietzins für geteilte Wohnungen höher sein als für Neubauwohnungen gleicher Größe, Ausstattung und Lage.

1. Wegen der Teilung von Wohnungen und des Umbaues vgl. 4 zu § 16 RMG.

2. Die Ermittlung des volkswirtschaftlich gerechtfertigten Mietzinses greift hier auf die für die ungeteilte Wohnung geltende gesetzliche Miete zurück. Es soll die ges. M. für diese Wohnung ermittelt werden. Zuschläge für die Verzinsung und Tilgung des für die Teilung (Umbau) aufgewendeten Kapitals, für die Erhöhung der Betriebs- und Instandhaltungskosten sind gerechtfertigt. Obere Grenze ist der angemessene Mietzins für eine entsprechende Neubauwohnung.

(38) Die zulässige Miete von durch Ausbau oder Einbau[1] gewonnenen Wohnungen bemißt sich nach dem Nutzungswert[2].

1. Vgl. 2 zu § 16 RMG.
2. Der objektive Nutzungswert ist der allgemein gültige Maßstab für die angemessene und darum volkswirtschaftlich gerechtfertigte Miete, vgl. Kiefersauer DWohnA. 1938, 5.

3. Änderung sonstiger Vertragsbedingungen.

(39) Schließlich weise ich noch darauf hin, daß auf Grund des § 2 Abs. 1 des Ges. vom 29. Oktober 1936 ausnahmsweise auch Bestimmungen des Mietvertrages, die nicht unmittelbar den Mietzins betreffen, aufgehoben oder geändert[1] werden können, wenn sie für den Mieter unter Berücksichtigung aller Verhältnisse eine unbillige wirtschaftliche Belastung bedeuten. Bei Vorliegen dieser Voraussetzung kann z. B. der Mietvertrag dahin geändert oder ergänzt werden, daß dem Mieter die Untervermietung[2], gegebenenfalls gegen Zahlung eines von der Preisbildungsbehörde festzusetzenden Zuschlages zum Mietzins, erlaubt ist.

1. Die Änderung (Aufhebung) von Vertragsbestimmungen muß der Wiederherstellung des volkswirtschaftlich

gerechtfertigten Mietzinses dienen, § 2 PBG. Die Abänderung kann sowohl zugunsten des Vermieters wie des Mieters erfolgen. Vertragliche Bestimmungen über Instandsetzung und Instandhaltung der Mieträume, über Vertragsstrafen, über Mietsicherheiten usw. können eine mittelbare Mietzinserhöhung darstellen, Ziff. 1. Soweit solche Abreden im Zusammenhalt mit dem vereinbarten oder festgesetzten Mietzins eine unbillige wirtschaftliche Belastung eines Vertragsteiles zur Folge haben, können sie von der Preisbehörde beseitigt werden. Ohne solche Änderung der Vertragsbestimmungen tritt insbes. die Instandsetzungspflicht des Vermieters bei Herabsetzung des Mietzinses auf die ges. M. nicht ein; § 20 RMG. gilt nicht ohne weiteres, vgl. 3 zu Ziff. 25. Wegen der unmittelbaren Wirkung der Entscheidung vgl. 1 zu Ziff. 70.

2. Vgl. hierher 2 zu Ziff. 10.

II. Durchführung volkswirtschaftlich notwendiger Mietzinserhöhungen (§ 3 der Preisstopverordnung).

(40) Auf Grund des § 3 der Preisstopverordnung können Mietzinserhöhungen insoweit zugelassen werden, als es aus volkswirtschaftlichen Gründen oder zur Vermeidung besonderer Härten dringend erforderlich erscheint. Wie ich schon in meinem Runderlaß vom 26. Dezember 1936 (Nr. 15/36) betont habe, darf diese Bestimmung nicht zu einer Durchlöcherung des im Gesamtinteresse erforderlichen Preiserhöhungsverbotes führen. Es dürfen deshalb auf Grund des § 3 Mietzinssteigerungen nur zugelassen werden, wenn die Beibehaltung des bisherigen Mietzinses dem Vermieter auch während der Dauer des Vierjahresplanes billigerweise nicht zugemutet werden kann [1, 2].

1. Vgl. 2 zu § 3 PStopV.

2. Die Vorschriften der Ziff. 40—63 über Mietzinserhöhung entsprechen im großen und ganzen — vgl. aber 1 zu Ziff. 43 — der Regelung in Abschnitt III der Ersten AusfVO., sowie den Voraussetzungen, unter denen das RMG. eine Erhöhung der ges. M. nach seinen Vorschriften zuläßt. Die Ziffern 40—63 gelten grundsätzlich für alle Mietverhältnisse, gleichviel, ob sie dem Reichsmietengesetz unterliegen oder nicht; für Altbauten und Neubauten — vgl. aber Ziff. 55 —, für Wohnungen und Geschäftsräume (Ziff. 64—66). Wird die für das Mietverhältnis etwa bestehende ges. M. mit Zustimmung des Mieters (Ziff. 72) erhöht, so verwandelt sich diese in eine Vertragsmiete, sofern die Erhöhung nicht nach den Vorschriften und im Verfahren nach dem RMG. erfolgt, vgl. 5 zu § 1 RMG.

1. Änderung der Benutzungsart.

(41) Diese Voraussetzung[1] wird anzuerkennen sein, wenn sich die Benutzungsart der Räume erheblich geändert hat und dadurch dem Vermieter Mehraufwendungen entstehen. Dieser Fall ist insbesondere gegeben, wenn Räume, die bisher als Wohnung benutzt worden sind, zulässigerweise als Geschäftsräume vermietet werden. Die Mietzinserhöhung wird in einem Ausmaß zuzulassen sein, das der Mehrbelastung des Vermieters entspricht. Die Genehmigung gilt nur für die Zeit, für die die Benutzungsart, die der Entscheidung zugrunde liegt, dauert[2]. Das ist in der Entscheidung zum Ausdruck zu bringen.

1. Erforderlich ist eine erhebliche Änderung, ferner als Folge der Änderung ein Mehraufwand des Vermieters für Betriebs- oder Instandsetzungskosten, vgl. oben S. 121 Buchst. a und RE. 153/38, Anhang Nr. 7.

2. Die Beschränkung der Dauer der Mietzinserhöhung auf die Dauer der maßgebenden Benutzung ist verbindlich vorgeschrieben.

2. Durchführung baulicher Verbesserungen.

(42) Eine Mietzinserhöhung ist zuzulassen, wenn der Vermieter Änderungen vorgenommen hat, die den Gebrauchswert der Räume erhöhen[1]. Hier ist die Mietzinssteigerung insoweit zu genehmigen, als sie notwendig ist, um eine angemessene Verzinsung und Abschreibung der erforderlichen Aufwendungen zu ermöglichen[2]. Die Höhe der Abschreibung muß sich nach der voraussichtlichen Lebensdauer der Änderung richten. Bei der Prüfung ist nicht kleinlich zu verfahren, damit den Vermietern der Anreiz, bauliche Verbesserungen in den Wohnungen vorzunehmen, nicht genommen wird. Aufwendungen, die lediglich als Instandhaltung anzusehen sind, berechtigen nicht zu einer Erhöhung des Mietzinses; das gilt auch für große Instandsetzungen[3].

1. Vgl. Abschnitt III Abs. 2 Buchst. b der Ersten Ausf.-VO. PStopV. Die Grundsätze der Ziff. 42 und die Richtlinien in Anm. 2 gelten auch für die Genehmigung der Zusatzmiete, Ziff. 61, vgl. auch 3 zu § 13a MSchG. Arbeiten, die nach dem 15. Oktober 1937 vorgenommen sind, zählen grundsätzlich nicht hieher, es sei denn, daß der Vermieter zweifelsfrei nachweist, daß er aus besonderen Gründen von der Möglichkeit der Mieterhöhung vor dem 15. Oktober 1937 keinen Gebrauch machen konnte, RE. IV 258 MittBl. 1938 I Nr. 34 S. 3.

2. Zur Vereinfachung der Durchführung dieser Vorschrift empfiehlt der RfP. die Festsetzung bestimmter Sätze für die am häufigsten vorkommenden Verbesserungen nach folgenden Richtlinien (Erlaß vom 20. 10. 1938 MittBl. I Nr. 34 S. 3; dazu Bormann DWohnW. 1938, 629):

1. *Neuanlage einer elektrischen Lichtleitung.* Angemessen ist eine Mieterhöhung von jährlich 10% der Anlagekosten. Der Betrag ist nach dem Maßstab der angelegten Brennstellen auf die einzelnen Mieter zu verteilen.

2. *Neueinrichtung einer elektrischen Treppenhausbeleuchtung.* Angemessen ist eine Mieterhöhung von 12.— RM. jährlich je Brennstelle. Der Betrag verteilt sich in jedem Stockwerk zu gleichen Teilen auf die vorhandenen Wohnungen. Wenn elektrische Treppenhausbeleuchtung an Stelle von Gasbeleuchtung eingerichtet wird, ist eine Mieterhöhung nicht berechtigt.

3. *Neueinrichtung einer Waschküche.* Die Berechnung muß getrennt für die allgemeinen Baukosten (Wände, Türen, Fenster) und die Einrichtungskosten (Waschofen und Kessel) vorgenommen werden. Angemessen ist eine Erhöhung der Jahresmiete in Höhe von 8% der aufgewendeten Baukosten und in Höhe von 15% der übrigen Einrichtungskosten. Der Betrag ist zu gleichen Teilen auf die im Hause vorhandenen Wohnungen zu verteilen.

4. *Neueinrichtung von Badezimmern und Wasserspülklosetts.* Auch hier ist die Berechnung für die Baukosten (Wände, Leitungen, Fliesen) und die Einrichtungskosten (Wanne, Ofen, Waschbecken, Klosettbecken) getrennt durchzuführen. Von den Baukosten sind 8%, von den übrigen Einrichtungskosten 12% Erhöhung der Jahresmiete zuzubilligen.

5. *Anlage einer Zentralheizung und Warmwasserversorgungseinrichtung* sowie *Neuaufstellung von Öfen und Herden in Zimmern, die früher nicht heizbar waren.* Angemessen ist eine Erhöhung der Jahresmiete in Höhe von 10% der aufgewendeten Kosten.

6. *Anlage einer Fahrstuhleinrichtung.* Angemessen ist eine Erhöhung der Jahresmiete in Höhe von 15% der Anlagekosten. Der Betrag ist auf die im Hause vorhandenen Wohnungen zu gleichen

Teilen zu verteilen, sofern nicht aus besonderen Gründen eine andere Art der Verteilung geboten ist.

Die Mieterhöhungen sind ohne zeitliche Beschränkung zuzulassen. Gleichzeitig ist aber der Vermieter zu verpflichten, bei Unbrauchbarwerden der hergestellten Einrichtung diese gleichwertig zu erneuern. Eine Verletzung dieser Pflicht stellt einen Verstoß gegen die PStopV. dar.

Die angegebenen Beträge umfassen die Verzinsung und Tilgung des aufgewendeten Kapitals und enthalten auch die Abgeltung für die mit der Neuanlage verbundenen Betriebs- und Instandhaltungskosten. Nur in den Fällen der Nr. 4 und 5 sind die Betriebskosten noch nicht berücksichtigt. Der Wasserverbrauch bei der Einrichtung eines Badezimmers (Nr. 4) kann bei einer Wohnung, die aus Stube und Küche besteht, mit etwa 4 cbm monatlich, bei zwei Zimmern und Küche mit etwa 6 cbm, bei größeren Wohnungen mit 8 bis 10 cbm angenommen werden.

Diese Sätze gelten außer für die Zustimmung der Preisbehörde zur Erhebung der Zusatzmiete nach § 13a RMG. — oben 1 — auch für die Erhöhung der Friedensmiete durch das MEA.; entsprechend dem Unterschied zwischen FM. und ges. M. sind in diesem Fall die Sätze um 10% zu kürzen. Die Sätze gelten auch für die nach Ziffer 26 etwa gebotene Überschreitung der ges. M. bei Altwohnungen, vgl. 2 zu Ziff. 26 und Anhang Nr. 3 drittletzter Absatz.

3. Vgl. 6 zur Ersten AusfVO. PStopV. Instandsetzungsarbeiten, deren Kosten vom Vermieter zu tragen sind, liegen vor, wenn veraltete oder verbrauchte Einrichtungen durch neue ersetzt werden.

3. Neueinführung oder Erhöhung von Gebühren.

(43) Eine Mietzinserhöhung ist zuzulassen, wenn der Vermieter durch Neueinführung oder Erhöhung von Gebühren[1] eine erhebliche[2] Mehrbelastung erfahren hat. Die Genehmigung wird in

diesem Fall regelmäßig durch allgemeine Anordnung[3] zu erteilen sein. Solche Anordnungen sind Maßnahmen allgemeiner Art im Sinne des Abs. 3 der Vierten Anordnung über die Wahrnehmung der Aufgaben und Befugnisse des Reichskommissars für die Preisbildung vom 27. September 1937 (RAZ. Nr. 238) und bedürfen deshalb der Genehmigung der Preisbildungsstelle. Diese ist gleichzeitig mit der Vorlage der Gebührenordnung zu beantragen.

1. Nur Gebühren kommen in Frage; die Erhöhung oder Neueinführung sonstiger Lasten — vgl. 7 zur Ersten AusfVO. PStopV. —, insbes. von Steuern rechtfertigen nicht die Erhöhung des Mietzinses. Aus besonderen Gründen kann die Mietzinserhöhung auch in diesem Falle mit Zustimmung der Preisbildungsstelle versagt werden, Ziff. 44.

Gebühren sind nicht nur gemeindliche Gebühren, z. B. für Kanalbenützung, Straßenreinigung usw., sondern auch Kaminkehrergebühren usw. Wegen der Ausdehnung auf sonstige Betriebskosten vgl. Ziff. 46.

2. Die Gebührenerhöhung oder -neueinführung muß eine erhebliche Mehrbelastung des Vermieters zur Folge haben. Die Mehrbelastung ist zahlenmäßig zu ermitteln und zu den gesamten Erträgnissen des Hauses in Beziehung zu setzen.

Entlastungen des Vermieters sind — nach Möglichkeit durch ziffernmäßige Erfassung — zu berücksichtigen, Ziff. 45 Satz 1; vgl. hierher Staudinger-Kiefersauer, Vorbem. 197 zu § 535. Bei der ges. M. ist nach § 6 Abs. 1 Satz 2 PreußAusfVO. RMG. der Vermieter zur Anrechnung der ersparten Aufwendungen verpflichtet und zwar auch dann, wenn der Hundertsatz für die Aufwendungen nicht festgesetzt ist, Dahmann S. 23. Die Festsetzung des nicht umlagefähigen Hundertsatzes erfolgt nunmehr durch die Preisbehörde mit Zustimmung der

Preisbildungsstelle. Diese Entscheidung ist gleichzeitig mit der Entscheidung über die Zulassung der Umlegung zu treffen.

3. Eine allgemeine Anordnung ist z. B. die VO. über die Durchführung notwendiger Mietzinsänderungen vom 1. April 1938, unten S. 209, ferner die BayAusfVO. zum RMG. vom 5. April 1938, vgl. 4 zu § 3 BayAusfVO. RMG. Soweit in einzelnen Ländern, z. B. in Sachsen und Württemberg, die Festsetzung des Hundertsatzes für die Erhöhung der ges. M. bei Umlegung vorgeschrieben ist — vgl. aber 1 zu § 3 BayAusfVO. —, tritt an die Stelle der Gemeindebehörde die Preisbehörde, die mit Zustimmung der Preisbildungsstelle den Hundertsatz festsetzt und bekannt gibt.

(44) Will die Preisbildungsbehörde aus besonderen Gründen die Abwälzung der Gebührenerhöhung auf die Mieter nicht zulassen, bedarf sie dazu der Zustimmung der Preisbildungsstelle.

(45) Werden Gebühren eingeführt, weil die Gemeinde Aufgaben übernommen hat, die bisher die Vermieter auf eigene Kosten durchzuführen hatten, ist die Entlastung, die die Vermieter erfahren, bei der Zulassung der Mietzinserhöhung zu berücksichtigen. Bei Wohnungen, für die die gesetzliche Miete gilt, sind bestehende landesrechtliche Vorschriften zu beachten (z. B. § 6 Abs. 1, S. 2 der Preuß. Ausf.-VO. z. RMG.).

(46) Andere Erhöhungen der Betriebskosten[1] (vgl. § 4 RMG.) berechtigen[2] nur dann zu einer Erhöhung des Mietzinses, wenn der Vermieter nachweist, daß sie höher sind als die Entlastung[3], die er in den letzten Jahren durch[4] die Ermäßigung der Hauszinssteuer und der Hypothekenzinsen erfahren hat.

1. Zum Begriff der Betriebskosten vgl. § 4 RMG., § 5 BayAusfVO.

2. Die Preisbehörde kann eine Mietzinserhöhung zulassen; ein Anspruch des Vermieters auf Genehmigung der Erhöhung (Umlegung) besteht nicht.

3. Vgl. 2 zu Ziff. 43.

4. Zur Senkung der Hauszinssteuer vgl. Vorbem. 1 zur Verordnung über Mietbeihilfen vom 30. März 1938, unten S. 200. Zur Hypothekenzinssenkung vgl. Gesetz über Hypothekenzinsen vom 2. Juli 1936 (RGBl. I S. 533; ferner Gesetz über die Durchführung einer Zinsermäßigung bei Kreditanstalten vom 24. Jan. 1935 (RGBl. I S. 45) samt Durchführungsbestimmungen; RE. des Reichswirtschaftsministers vom 2. Nov. 1937, DWohnW. 1937, 674.

(47) Eine Abwälzung von Steuererhöhungen[1] auf die Mieter kommt nicht in Betracht, nachdem entschieden[2] worden ist, daß die Neueinführung der Reichsgrundsteuer am 1. April 1938 zu keiner[3] Veränderung des Mietzinses führen darf.

1. Vgl. 2 zu § 4 RMG.

2. Vgl. RE. 121/37 vom 3. Juli 1937, Anhang Nr. 1; 7 zur Ersten AusfVO. PStopV., 1 zur Dritten AusfVO. PStopV. und Kiefersauer DWohnA. 1938, 414.

3. Ausnahmen s. 3 zu Ziff. 43. Die zur Durchführung der Ziff. 47 erforderliche Änderung der landesrechtlichen Ausführungsverordnungen zum RMG. sind ergangen, vgl. 1 zu § 3 PreußAusfVO. RMG.

4. Ausgleich von Krisenmieten.

(48) a) Außer in den vorstehenden Fällen kann eine Erhöhung des Mietzinses genehmigt werden, wenn es sich um eine sogenannte Krisenmiete handelt. Unter Krisenmiete ist[1] ein Mietzins zu verstehen, der seit dem 1. Januar 1932 über die durch die Notverordnung vom 8. Dezember 1931

(RGBl. I S. 699 ff.) verordnete Senkung[2] hinaus[3] wesentlich ermäßigt worden ist.

1. Als Krisenmiete gilt auch die aus den in Ziffer 50 angeführten besonderen Gründen ermäßigte Miete und zwar ohne Rücksicht auf den Zeitpunkt der Wirksamkeit der Mietzinsermäßigung. Die besonderen Gründe brauchen nicht nur in den Verhältnissen der Vertragsteile liegen, sie können auch in den Mietraum selbst (Trockenmieter) oder in den örtlichen Verhältnissen (Umgebung) ruhen. Im letzteren Fall kann auch die sonst nicht zu berücksichtigende Veränderung der Gegend (Ziff. 59) von der Preisbehörde bei unmittelbarer Antragstellung gewürdigt werden.

2. Die Senkung betrug ab 1. Jan. 1932 bei Mietverhältnissen, die dem RMG. unterlagen sowie bei sonstigen Mietverhältnissen in Altbauten 10 v. H. der Friedensmiete; bei Neubauten mußte die Miete um die Ersparnis der Zinssenkung ermäßigt werden, vgl. Kiefersauer, Grundstücksmiete, 5. Aufl. S. 123.

3. Nur eine über den Rahmen der Mietsenkungsverordnung wesentlich hinausgehende Mietzinsermäßigung kommt in Frage.

(49) Wie weit der Mietzins wieder erhöht[1] werden darf, richtet sich nach dem Nutzungswert der Wohnung und den wirtschaftlichen Verhältnissen des Hauses. Dabei darf bei Altwohnungen[2] nicht etwa die gesetzliche Miete ohne weiteres[3] als Norm für eine Neufestsetzung des Mietzinses genommen werden[4]. Ein großer Teil der seit der Wirtschaftskrise eingetretenen Mietzinssenkungen ist nicht oder doch nur teilweise auf die Krise selbst zurückzuführen, sondern auch eine Folge des Veraltens der Wohnungen oder von Änderungen der Wohngewohnheiten. Dem muß bei der Bemessung des Mietzinses Rechnung getragen werden.

1. Das Ausmaß der Wiedererhöhung des Mietzinses richtet sich — grundsätzlich gleichmäßig für Alt- und Neubauwohnungen — nach dem volkswirtschaftlich gerechtfertigten Mietzins. Dieser wird bestimmt durch den Nutzungswert der Räume. Der Hinweis auf „die wirtschaftlichen Verhältnisse des Hauses" bringt in Erinnerung, daß die angemessene Miete stets die Kosten der ordnungsmäßigen Bewirtschaftung des Hauses decken muß, vgl. Vorbem. zu Ziff. 25. Die Bedeutung des Hausbesitzes als Träger öffentlicher und privater Lasten ist unbestritten; vgl. Münzel, Kiefersauer DWohn.-A. 1937, 244, 256; Frank, Kiefersauer DWohnA. 1938, 409, 414.

Die Ertragsberechnung sowie die Höchstsätze für Verwaltungs- und Instandsetzungskosten (Ziff. 52, 53) sind nur Rechnungsposten einer Wirtschaftlichkeitsberechnung, deren Ergebnisse den Nutzungswert der Räume des Hauses nicht überschreiten dürfen. Soweit dies der Fall ist, müssen diese Rechnungsposten gekürzt werden. Die Rechnung ist für das ganze Haus — einschließlich der vom Vermieter selbst benutzten und der leerstehenden Räume — aufzumachen.

2. Die Regelung der Ziff. 49—55 unterscheidet — von Satz 1 Ziff. 49 abgesehen, 1 zu Ziff. 49 — zwischen Neubauwohnungen und Altwohnungen, vgl. 1 zu Ziff. 25. Die Unterscheidung wirkt sich auf die nach Ziff. 51—54 vorzunehmende Ertragsberechnung aus. Für Neubauwohnungen gelten andere Grundsätze der Ertragsberechnung, Ziff. 55.

3. Die ges. M. gilt erstmals nicht ohne weiteres — vgl. hinsichtlich des Raumwuchers Staudinger-Kiefersauer, Vorbem. 75 zu § 535 — als angemessene Miete. Mit Recht wird hier der Tatsache Rechnung getragen, daß die ges. M. mit dem Nutzungswert nicht notwendigerweise in Einklang zu stehen braucht, vgl. 2 zu § 3 RMG. Die ges. M. kann im Rahmen eines Mieterhöhungsantrages einer Nachprüfung unterzogen werden, vgl. oben 1.

Eine allgemeine Erhöhung der unter der ges. M. liegenden Mietzinse auf die gesetzliche Miete kommt nicht in Frage, Kiefersauer DWohnA. 1938, 56.

4. Da nach dem 15. Oktober 1937 auch die Berufung eines Vertragsteils auf die höhere ges. M. der Zustimmung der Preisbehörde bedarf — vgl. 4 zu § 1 RMG. —, hat die Preisbehörde nach den Richtlinien der Ziff. 48 bis 54, 56—58 über die Zulassung der dadurch beabsichtigten Mietzinserhöhung zu entscheiden. Soweit die Entscheidung die ges. M. im Sinne des RMG. beschränkt, ist die erhöhte Miete Vertragsmiete, vgl. 5 zu § 1 RMG.

Wegen der Möglichkeit, statt der Erklärung nach § 1 RMG. unmittelbar bei der Preisbehörde die Erhöhung der Miete auf die ges. Miete zu beantragen, vgl. 4 zu § 1 RMG.

(50) Dieselben Grundsätze gelten, wenn der Mietzins nachweisbar aus anderen Gründen besonders niedrig festgesetzt worden war, z. B. wegen freundschaftlicher oder verwandtschaftlicher Beziehungen, aus sozialem Entgegenkommen und dergl.

(51) b) Bei Aufstellung von Ertragsberechnungen (Ziffer 49) ist eine Verzinsung des Eigenkapitals[1] bis zur Höhe der Erwerbskosten, höchstens jedoch bis zum Einheitswert mit 5% zu berücksichtigen[2]. Auch eine hypothekarische Belastung[3] darf nur innerhalb des Einheitswertes berücksichtigt werden. Wenn der Einheitswert offenbar erheblich unter dem angemessenen Verkehrswert liegt, kann ein höherer Wert eingesetzt werden.

1. Das Eigenkapital ist bei Altwohnungen — abweichend von Ziff. 35 — nur bis zur Höhe des Einheitswertes zu berücksichtigen und mit höchstens 5 v. H. zu verzinsen. Nur wenn der Verkehrswert erheblich über dem Einheitswert liegt, kann ein höherer Wert in Ansatz gebracht werden; jedoch darf dieser höhere Wert den vom Eigentümer gezahlten Erwerbspreis nicht übersteigen, vgl. Lampe S. 65. Die Feststellung des Einheitswerts der Grundstücke erfolgt durch das Finanzamt;

wegen ihrer Bedeutung für die Preisbildung und Preisüberwachung bei Grundstücken vgl. Kiefersauer, Grundstückverkehrsrecht S. 22, 47 und 93.

Unter den Einheitswert herabzugehen, erscheint nicht zulässig; in Fällen, in denen der Einheitswert offensichtlich höher ist als der Verkehrswert, empfiehlt sich Verhandlung mit dem Finanzamt, vgl. Ziff. II 4 Abs. 3 RE. 155/37.

2. Wegen des Ansatzes von Verwaltungskosten s. Ziff. 52, der Berücksichtigung der Instandsetzungskosten in Hundertsätzen der Friedensmiete s. Ziff. 53. Für die Kapitaltilgung und für Abschreibungen dürfen bei Altwohnungen — im Gegensatz zu den Neubauwohnungen, Ziff. 55 — keine Beträge in Ansatz gebracht werden. Für Mietausfälle dürfen weder bei Alt- noch bei Neubauwohnungen Zuschläge gemacht werden.

3. Sog. Schornsteinhypotheken können nicht berücksichtigt werden.

(52) Verwaltungskosten dürfen bei Altwohnungen je nachdem, ob es sich um größere oder kleinere Wohnungen handelt, mit 3% bis 5% der Friedensmiete zugelassen werden.

(53) Instandsetzungskosten können ohne weitere Nachprüfung bis zu 12%, bzw., wenn der Mieter die Schönheitsreparaturen übernommen hat, 8% der Friedensmiete berücksichtigt werden. Will der Vermieter höhere Beträge einsetzen, muß er die Notwendigkeit nachweisen, wobei darauf zu achten ist, daß die Kosten für größere Instandsetzungsarbeiten erforderlichenfalls auf mehrere Jahre verteilt werden. Über 18% bzw. 14% der Friedensmiete soll grundsätzlich nicht hinausgegangen werden. Die Verwendung der für Instandsetzungen eingesetzten Beträge kann erforderlichenfalls nachgeprüft werden.

(54) Für Abschreibungen oder Tilgung dürfen bei Altwohnungen im Hinblick auf die Vorschrift des § 3 RMG. keine Beträge eingesetzt werden.

(55) Bei Neubauwohnungen hat die Ertragsberechnung nach den Grundsätzen des Erlasses des Reichsarbeitsministers vom 15. Juni 1937 (RArbBl. I S. 162)[1] zu erfolgen.

1. Aus den Bestimmungen dieses Erlasses:

1. Die Betriebskosten sind grundsätzlich — soweit Ziff. 46 und 47 nichts anderes bestimmen — in der tatsächlich nachgewiesenen Höhe zu berücksichtigen. Die Festsetzung von Pauschsätzen für einzelne Gemeinden ist zulässig.
2. Für Instandsetzungskosten werden im allgemeinen 0,40 bis 0,60 v. H. der Herstellungskosten (Gesamtkosten abzüglich der Kosten für Erwerb und Erschließung des Grundstücks) als ausreichend erachtet. Wenn der Vermieter die Schönheitsinstandsetzungen selbst auszuführen hat, kann dieser Satz um 0,25 v. H. der Herstellungskosten erhöht werden.
3. Verwaltungskosten sollen nur in nachgewiesener Höhe bis höchstens 25 RM je Wohnung zugebilligt werden.
4. Für die Verzinsung des Eigenkapitals sind nur höchstens 4 v. H. zugelassen, dafür dürfen aber — abweichend von Ziffer 54 — Abschreibungen grundsätzlich in Höhe von 1 v. H. der Herstellungskosten zugebilligt werden.
5. Mietausfälle dürfen nicht durch Sicherungszuschläge in die Berechnung einbezogen werden.

(56) c) Die persönlichen Verhältnisse des Vermieters und des Mieters[1] sollen bei der Feststellung des volkswirtschaftlich gerechtfertigten Mietzinses grundsätzlich außer Betracht bleiben. Um aber zu vermeiden, daß ein Mieter auf einmal

eine zu starke Mehrbelastung erfährt, kann bestimmt werden, daß Mietzinserhöhungen, die 10% übersteigen, mit Teilbeträgen [2] in Abständen von einem halben Jahr in Kraft treten.

1. Das Entgelt für den Nutzungswert der Mieträume ist nur dann angemessen, wenn es dem objektiven Wert entspricht; auf die persönlichen Verhältnisse der jeweils im Mietverhältnis verbundenen Beteiligten kann keine Rücksicht genommen werden, vgl. Kiefersauer, DWohnA. 1938, 5.

2. Die stufenweise Erhöhung des Mietbetrages, soweit er 10 v. H. der bisherigen Miete übersteigt, ist nur bei besonders ungünstigen Verhältnissen des Mieters am Platze und nur dann, wenn durch die zeitliche Vorenthaltung des angemessenen Mietzinses dem Vermieter die ordnungsgemäße Bewirtschaftung des Hauses nicht unbilligerweise erschwert wird. Ein Anspruch des Mieters auf diese Verteilung des Steigerungsbetrages besteht nicht.

(57) d) Bei Häusern, die der Vermieter noch nicht länger als 3 Jahre in Besitz hat, ist eine Mietzinserhöhung grundsätzlich abzulehnen [1]. Ausnahmen werden im allgemeinen nur zugunsten derjenigen Hypothekengläubiger in Frage kommen, die das Haus zur Rettung ihrer Hypothek erworben haben [2] [3].

1. Die Besitzdauer von drei Jahren ist Voraussetzung für die Erhöhung der Krisenmiete; vgl. hierher § 4a MSchG. Der Erwerber, der trotz des Bestehens der Krisenmiete das Miethaus erworben hat, muß mindestens eine Zeitlang mit den dadurch möglichen Schwierigkeiten der Hausbewirtschaftung selbst fertig zu werden suchen. Nur bei entgeltlichem Erwerb findet Ziff. 57 Anwendung, nicht daher z. B. bei Erwerb durch Schenkung, Vermächtnis, Erbfolge.

2. Der Erwerb beruht in diesem Fall auf nicht ganz freiem Entschluß, so daß ein Festhalten an der gegebenen Hausbewirtschaftung nicht gerechtfertigt wäre.

3. Ziff. 57 findet keine Anwendung, wenn Mietzinserhöhung aus den in Ziff. 41—46, 59—61 dargelegten Gründen beantragt wird oder wenn durch spätere Umbauten, durch Überschreitung des Voranschlags bei Neubauten eine Erhöhung des ursprünglich vereinbarten oder vorgesehenen Mietzinses gerechtfertigt ist.

(58) Ferner sind Mietzinserhöhungen nach meinem Runderlaß vom 23. Juni 1937 (Nr. 116/37) abzulehnen, wenn der Vermieter das Mietverhältnis vorher[1] gekündigt hat. Auf Wohnungen, die den Vorschriften des Mieterschutzgesetzes unterliegen, findet der RE. Nr. 116/37 keine Anwendung[2].

1. Kündigungen ohne vorherige Zustimmung der Preisbehörde zur Kündigung — vgl. 2 zu Ziff. 17 — oder zur Mietzinssteigerung sind rechtsunwirksam, vgl. 1 zu Ziff. 13. Auch durch nachträgliche Genehmigung der Mietzinserhöhung wird die Kündigung nicht wirksam.

2. Eine Kündigung ist hier grundsätzlich nicht möglich, vgl. Staudinger-Kiefersauer, 32 zu § 564; s. auch Ziff. 18.

5. Mietzinserhöhungen bei Wohnungen, die dem Reichsmietengesetz unterliegen.

(59) Mietzinserhöhungen auf Grund[1] des § 2 Abs. 4 bzw. § 10 RMG., die den Preisbildungsbehörden von den Mieteinigungsämtern zur Zustimmung vorgelegt werden, können im allgemeinen[2] ohne weitere Nachprüfung genehmigt werden. Dies gilt nicht[3], wenn eine Erhöhung der Friedensmiete lediglich[3] wegen einer Veränderung der Gegend vorgenommen werden soll; solche Anträge sind abzulehnen[4].

1. Die Festsetzung der FM. gemäß § 2 Abs. 4 RMG. kann, muß aber nicht eine Erhöhung der Grundlage der ges. M. zur Folge haben, vgl. auch 3 zu § 15 RMG. Soweit dies der Fall ist, bedarf die Entscheidung des MEA. der Zustimmung der Preisbehörde. Wegen der sonstigen Entscheidungen des MEA. vgl. 8 zu § 1 RMG. Die Zustimmung ist gebührenfrei, Ziff. 74 Nr. 4.

Im Falle des § 10 RMG. handelt es sich um einen Zuschlag zur ges. Miete, der diese in jedem Fall erhöht.

Wegen der Möglichkeit, Mietzinserhöhungen unmittelbar bei der Preisbehörde zu beantragen, statt die nach dem RMG. vorgeschriebenen Verfahrenswege einzuschlagen, vgl. 1 zu Ziff. 16.

Das Verfahren zwecks Erhöhung der FM. vor dem MEA. kann dadurch vielfach entbehrlich werden, andererseits zu Erfolgen führen, die bei Antragstellung beim MEA. versagt sind, vgl. 1 zu Ziff. 48.

2. Zur Austragung von Meinungsverschiedenheiten zwischen MEA. und Preisbehörde s. Ziff. 60 und 8 zu § 1 RMG.

3. Vgl. 6 Nr. 3 zu § 2 RMG., insbes. aber 1 zu Ziff. 48 und 1 zu Ziff. 26.

4. Zur Rechtslage für die Zeit vom 1. Dez. 1936 bis 15. Okt. 1937 vgl. 1, 3 zur Ersten AusfVO.; 2 Ziff. 5 zur Dritten AusfVO. PStopV.

(60) Entstehen zwischen dem Mieteinigungsamt und der Preisbildungsbehörde grundsätzliche Meinungsverschiedenheiten, die sich durch unmittelbare Fühlungnahme nicht beheben lassen, ist an die Aufsichtsbehörde und nötigenfalls an mich zu berichten.

(61) Anträge eines Vermieters auf Genehmigung[1] einer Zusatzmiete (§ 13a RMG.) sind nach den unter Ziffer 42 gegebenen Anweisungen[2] zu entscheiden[3].

1. Keiner Genehmigung bedarf die Entscheidung des MEA. über die gesetzlichen Voraussetzungen der Zusatzmiete und die Ersetzung der Zustimmung des Mieters gemäß § 13a Abs. 2 RMG., vgl. 5 zu § 13a RMG.

2. Die zum Teil weitergehenden Voraussetzungen des § 13a RMG. sind in Ziff. 42 nicht alle enthalten. Insbes. ist hier eine behördliche Anordnung, eine Zustimmung der Mieter, ein bestimmtes Umlegungsverfahren, eine zeitliche Befristung der Mietzinserhöhung — ausgenommen bei schnellerer Kapitaltilgung — nicht vorgesehen.

3. Über die Möglichkeit, die Mietzinserhöhung auch ohne Anrufung des MEA. — 5 zu § 13a RMG. — unmittelbar bei der Preisbehörde zu beantragen, vgl. 1 zu Ziff. 16. Soweit eine Entscheidung des MEA. nach § 13a RMG. nicht vorliegt, kann der Vermieter nach Genehmigung der Preisbehörde die Mieterhöhung durch Kündigung oder — bei mieterschutzpflichtigen Räumen — durch Mietaufhebungsklage gemäß § 4 der Ersten AusfVO. vom 4. Dez. 1937 durchsetzen.

6. Ausnahmegenehmigung zum Zwecke sonstiger Vertragsänderungen oder zur Beseitigung von Zweifeln.

(62) Ausnahmegenehmigungen auf Grund des § 3 der Preisstopverordnung können nicht nur eine unmittelbare Erhöhung des Mietzinses zum Inhalt haben, sondern auch andere Rechtshandlungen, die nach der Preisstopverordnung unzulässig[1] sind, z. B. die Forderung einer Mietsicherheit, die Übertragung von Schönheitsreparaturen auf den Mieter, die Umlegung des Wassergeldes nach dem tatsächlichen Verbrauch, den Widerruf einer Erlaubnis zur Untervermietung, die Erhebung eines Zuschlages für die Gestattung der Untervermietung[2], Kündigungen[3] und dergl.

1. Vgl. 1 zu Ziff. 1; ferner 3 zu § 4, 2 zu § 7 Preuß. AusfVO. RMG. sowie Erlaß des RfP. vom 1. März 1938, Anhang Nr. 2.

Die Änderungen zugunsten des Vermieters bedeuten eine mittelbare Mietzinserhöhung, die der Vermieter durch Kündigung oder Mietaufhebungsklage durchsetzen kann, vgl. 1 zu Ziff. 16.

2. Vgl. Ziff. 9, 10 und Erl.

3. Vgl. Ziff. 13, 14 mit Erl.

(63) Ausnahmegenehmigungen können ferner zu dem Zweck erteilt werden, um Zweifel[1] darüber zu beseitigen, ob eine Mietzinsvereinbarung oder andere Bestimmungen eines Mietvertrages mit der Preisstopverordnung übereinstimmen oder nicht. Ist in einem solchen Falle die Genehmigung gemäß § 3 a. a. O. erteilt worden, schließt sie spätere Einwände, daß die Preisstopverordnung verletzt sei, aus und schafft damit insoweit eine klare Rechtslage. Ferner gibt die Ausnahmegenehmigung[2] bei Räumen, die dem Mieterschutzgesetz unterliegen, dem Vermieter die Möglichkeit, die Vertragsänderung notwendigenfalls auf Grund des § 4 der Verordnung vom 4. Dezember 1937 (RGBl. I S. 1325) zur Durchführung zu bringen.

1. Bei den einschneidenden Rechtsfolgen, die die Verletzung der PStopV. zivilrechtlich und strafrechtlich — vgl. Ziff. 19 und 3 zu Ziff. 24 — nach sich zieht, ist die vorsorglich beantragte Entscheidung der Preisbehörde von hervorragender Bedeutung; Zweifel können bestehen über die Stichtagmiete, über die Auswirkung beabsichtigter Vertragsänderungen, über die Höhe der Friedensmiete. Unbeschadet der Zuständigkeit der Gerichte (Ziff. 21) und der Mieteinigungsämter (Ziff. 27) kann die Preisbehörde — unter Verzicht auf eingehende Ermittlungen über die formale Rechtslage, Lampe S. 78 — die angemessene Miete oder sonstige Vertragsbedingungen selbst festsetzen oder den Vermieter zu besonderen Vereinbarungen ermächtigen (Ziff. 72).

Soweit ein Verstoß gegen die PStopV. **nicht** vorliegt, bedarf es keiner Ausnahmegenehmigung nach § 3 PStopV.; es liegt vielmehr nur eine **Unbedenklichkeitserklärung** der Preisbehörde vor, ähnlich wie die Feststellung der Genehmigungsbehörde nach § 4 GVB.; vgl. Kiefersauer, Grundstückverkehrsrecht S. 85. Die Feststellung bindet Gerichte und Verwaltungsbehörden; vgl. Kiefersauer, DWohnA. 1938, 188.

Die Befugnis der Preisbehörde, auf Grund des § 2 PBG. unmittelbar verbindliche Entscheidungen zu treffen, bleibt unberührt (Ziff. 70).

2. Hier kommt nur eine wirkliche Ausnahmegenehmigung nach § 3 PStopV. in Frage; vgl. hierher Ziff. 18, ferner 1 zu Ziff. 16. Auch die Ausnahmebewilligung nach § 3 PStopV. schafft nicht unmittelbares Vertragsrecht; s. Ziff. 72 und 5 zu § 1 RMG.

III. Durchführung von Mietzinssenkungen und Mietzinserhöhungen bei Geschäftsräumen.

(64) Für die Ermäßigung und die Erhöhung von Miet- und Pachtzinsen[1] bei **Geschäftsräumen** (mit Ausnahme von gemischten Räumen)[2] können die vorstehenden Anweisungen nicht allein[3] maßgebend[4] sein. Neben ihnen müssen noch andere Gesichtspunkte berücksichtigt werden. Eine **Ermäßigung** des Mietzinses kommt in der Regel nur in Betracht, wenn sich die geschäftlichen Verhältnisse aus Gründen, die nicht in der Person des Geschäftsinhabers liegen, so stark geändert haben, daß der früher vereinbarte Mietzins offenbar unbillig ist.

1. Die Regelung bezieht sich hier auch auf die **Verpachtung**; wegen der Abgrenzung von Miete und Pacht vgl. Staudinger-Kiefersauer 4ff. zu § 581; s. auch 2 zu Ziff. 24.

2. Geschäftsräume sind nur die reinen Geschäftsräume, vgl. 7 zu § 16 RMG. Mischräume werden grundsätzlich — Ausnahme 2 zu Ziff. 30 — wie Wohnräume behandelt.

3. Die für Wohnräume geltenden Grundsätze der Ziff. 25—39 hinsichtlich der Miet- (Pacht-)zinssenkung und der Ziff. 40—63 hinsichtlich der Miet- (Pacht-)zinserhöhung gelten auch für die Geschäftsräume. Aus der Verwendung als Geschäftsräume ergeben sich aber noch weitere Gesichtspunkte, die aus der Geschäftslage (Ziff. 65) und der Geschäftsführung (Satz 3) abgeleitet werden können. Hinsichtlich der Garagemieten vgl. RE. Nr. 175/37 vom 12. Nov. 1937 und den Bescheid des RfP. DWohnW. 1938, 104; s. auch 3 zu Ziff. 1.

4. Wegen der Anhörung der Industrie- und Handelskammer sowie der Handwerkskammer vgl. Ziff. 66. Sie ist vorgeschrieben in allen Fällen, in denen über die Angemessenheit der Miete (Pacht) zwischen den Beteiligten Streit besteht.

5. Die Nachprüfung dürfte insbesondere häufig bei der sog. Umsatzmiete — vgl. 3 zu Ziff. 5 — gerechtfertigt sein, weil ein erhöhter Umsatz nicht notwendig auch eine entsprechende Erhöhung des Gewinnes in sich schließt.

(65) Auch bei Anträgen auf Erhöhung von Miet- oder Pachtzinsen für Geschäftsräume ist neben den unter II angegebenen Gründen die Entwicklung der Geschäftslage zu berücksichtigen.

(66) Bei der Schwierigkeit, für Geschäftsräume volkswirtschaftlich gerechtfertigten Mietzins zu bestimmen, ersuche ich, in allen Fällen vor der Entscheidung die Industrie- und Handelskammer bzw. die Handwerkskammer gutachtlich zu hören, es sei denn, daß Mieter und Vermieter sich über die Neufestsetzung einig sind.

IV. Verfahren bei der Durchführung von Mietzinssenkungen und Mietzinserhöhungen.

(67) Die Prüfung des Mietzinses[1] auf Grund des § 2 Abs. 1 des Gesetzes vom 29. Oktober 1936 soll in der Regel nur auf Antrag des Mieters[2] vorgenommen werden. Die Preisbildungsbehörde ist aber befugt, in besonderen Fällen auch von Amts wegen einzugreifen. Das wird insbesondere dann in Betracht kommen, wenn eine Wohnung zur Vermietung ausgeboten wird und bei dieser Gelegenheit der Behörde zur Kenntnis kommt, daß der geforderte Mietzins offenbar überhöht ist.

1. Die Nachprüfung erfolgt zum Zwecke der Mietzinssenkung. Zuständig ist die Preisbehörde, oben S. 128.

2. Das Eingreifen der Preisbehörde von Amts wegen bildet die Ausnahme. Wegen der Antragstellung vgl. Ziff. 69.

(68) Die Genehmigung einer Mietzinserhöhung gemäß § 3 der Preisstopverordnung setzt einen Antrag[1] des Vermieters[2] voraus.

1. Antrag des Vermieters ist in jedem Fall notwendig. Eingreifen von Amts wegen ist ausgeschlossen.

2. Soweit die Entscheidung der Preisbehörde zur Beseitigung von Zweifeln erfolgt — Ziff. 63 —, kann auch der Mieter den Antrag stellen.

(69) Die Anträge[1] sind unter Beifügung einer Abschrift bei der zuständigen Gemeindebehörde einzureichen. Sie müssen mit einer Begründung versehen sein. Fehlt diese, sind sie zurückzugeben[2]. Die Gemeindebehörde hat dem anderen Vertragsteil Gelegenheit zur Stellungnahme[3] zu geben, die Anträge zu prüfen und sie, soweit sie nicht selbst zur

Entscheidung berufen ist, an die zuständige Preisbildungsbehörde weiter zu geben. Die Entscheidung der Preisbildungsbehörde[4] ist mit einer Begründung zu versehen und beiden Vertragsparteien zuzustellen.

1. Anträge der Beteiligten, d. h. des Mieters oder Vermieters (Ziff. 67, 68) sind bei der Gemeindebehörde einzureichen. Dies schließt nicht aus, daß die im Rahmen des RMG. möglichen Anträge, z. B. auf Feststellung oder Festsetzung der FM. (Ziff. 26, 27; 5 zu § 2 RMG.) unmittelbar beim MEA. gestellt werden; wegen der Zusammenarbeit zwischen der Preisbehörde und MEA. s. Anhang Nr. 3.

2. Anträge ohne Begründung sind von der Gemeindebehörde zurückzugeben. Mangelhaft begründete Anträge müssen ergänzt werden. Die Prüfung der Anträge ist Pflicht der Gemeindebehörde. Die Mitwirkung der Mieter- und Vermieterorganisationen — vgl. 2 zu § 11 RMG. — bei der Antragstellung ist erwünscht. Der Antragsteller kann sich der Hilfe von Rechtsanwälten und zugelassenen Rechtsberatern bedienen.

3. Gelegenheit zur Stellungnahme ist dem Antragsgegner zu geben. Dessen Stellungnahme braucht aber dem Antragsteller nicht bekanntgegeben zu werden. Das Verfahren beruht nicht auf dem Parteibetrieb, daher keine Anwendung prozessualer Grundsätze, vgl. 1 zu Ziff. 24.

4. Die Entscheidung gemäß § 3 PStopV. — vgl. Ziff. 17, 21, 22, 62, 63 — sowie die Entscheidung auf Grund des § 2 Abs. 1 PBG. — Ziff. 39 — ist eingehend zu begründen. Es müssen die Tatsachen, auf denen die Entscheidung beruht, im einzelnen angegeben werden; die bloße Bezugnahme auf Gutachten usw. genügt nicht, GrundE. 1938, 852. Gegen die Entscheidung steht den Beteiligten die an keine Frist gebundene Dienstaufsichtsbeschwerde offen, vgl. Ziff. 2 OrgErl., oben S. 142.

Für die Zustellung der Entscheidung bestehen keine Formvorschriften; möglich ist auch mündliche Eröffnung, einfache Zusendung eines Bescheidabdruckes.

Da die Entscheidung keine Rechtskraft besitzt, kann sie von der Preisbehörde aufgehoben oder abgeändert werden, sei es auf neuen Antrag, sei es von Amtswegen, z. B. wenn die Behörde von falschen Voraussetzungen ausgegangen ist. Die Dienstaufsichtsbehörde kann auf Beschwerde auch zuungunsten des Antragstellers entscheiden; die Abänderung wird regelmäßig vom Zeitpunkt der Wirksamkeit der ersten Entscheidung in Kraft zu setzen sein.

(70) Entscheidungen, durch die ein Mietzins auf Grund des § 2 Abs. 1 des Gesetzes vom 29. Oktober 1936 herabgesetzt wird, sind für die Parteien unmittelbar verbindlich[1]. Als Zeitpunkt des Inkrafttretens[2] ist im allgemeinen der nächste Mietzahlungstermin zu bezeichnen. Wenn es mit Rücksicht auf die soziale Lage des Mieters oder aus anderen Gründen der Billigkeit entspricht, kann ein früherer Zeitpunkt gewählt werden, der jedoch nicht vor dem ersten auf die Antragstellung folgenden Mietzahlungstermin liegen soll. Die Bestimmung eines späteren Zeitpunktes, insbesondere des nächsten auf die Antragstellung oder die Entscheidung folgenden Kündigungstermins, ist zulässig, wenn es nach Lage der Dinge geboten ist.

1. Die Rechtswirkung der Entscheidung auf Grund des § 2 PBG. ist eine unmittelbare; sie setzt den Mietzins mit unmittelbarer Verpflichtung für die Vertragsteile herab. Die Entscheidung gilt also wie im Falle des § 15 RMG. als eine vereinbarte Bestimmung des Mietvertrags. Dies gilt nicht nur für Mietzinsherabsetzungen, sondern für alle Änderungen des Mietvertrags, die nach Ziff. 39 zulässig sind. Während bei Grundstücken die Preisbehörde nur in besonderen Ausnahmefällen in die Vertragsbeziehungen der Parteien unmittelbar eingreifen soll, Kiefersauer, DWohnA. 1938, 190, ist sie bei der Mietpreisbildung grundsätzlich zur unmittelbaren Gestaltung der Rechtsbeziehungen ermächtigt.

2. Da die Entscheidung der Rechtskraft nicht fähig ist — vgl. 4 zu Ziff. 69 —, muß der Zeitpunkt ihrer Wirksamkeit, insbes. hinsichtlich des Inkrafttretens der Mietzinsherabsetzung, bestimmt werden, vgl. aber 1 zu Ziff. 72. Grundsätzlich soll die Inkraftsetzung auf den auf die Entscheidung — nach Gesetz (§ 5 RMG.) oder Vertrag — folgenden Zahlungstermin erfolgen; unerheblich ist, ob die Zahlung des Mietzinses im voraus oder nachträglich erfolgt. Ein späterer Zeitpunkt soll nur in besonderen Fällen festgesetzt werden, Satz 4. Ein früherer Zeitpunkt kann aus Billigkeitsgründen bestimmt werden; frühester Zeitpunkt ist in jedem Fall der erste auf die Stellung des Antrags folgende Zahlungstermin.

(71) Jede eigenmächtige[1] Wiedererhöhung eines durch eine Preisbildungsbehörde herabgesetzten Mietzinses ist nach der Verordnung vom 8. Januar 1935 (RGBl. I S. 10) in der Fassung des Abs. II der Überleitungsverordnung vom 26. November 1936 (RGBl. I S. 955) verboten[2].

1. Ohne Zustimmung der Preisbehörde ist der Vermieter nicht berechtigt, den herabgesetzten Mietzins einseitig zu erhöhen. Auch durch Vereinbarung der Vertragsteile kann die Herabsetzung des Mietzinses nicht wieder rückgängig gemacht werden, gleichviel ob ein Verstoß gegen § 1 PStopV. vorliegt oder nicht; vgl. 5 zu § 1a RMG. Die Festsetzung der Preisbehörde auf Grund des § 2 PBG. verpflichtet beide Vertragsteile.

2. Rechtsunwirksamkeit ist die zivilrechtliche Folge der verbotenen Wiedererhöhung. Die Beteiligten sind nicht nach der PStopV. strafbar, da diese nur die Stichtagmiete sichert, vgl. 1 zu Ziff. 2.

(72) Entscheidungen, durch die eine Erhöhung des Mietzinses zugelassen[1] wird, ändern an dem Vertragsverhältnis der Parteien nichts; sie bedeuten nur eine Aufhebung des sich aus der Preisstopverordnung ergebenden Preiserhöhungsverbots.

Der Vermieter muß also [2], wenn der Mieter nicht freiwillig der Erhöhung zustimmt, den Mietvertrag kündigen. Bei Wohnungen, die zur gesetzlichen Miete vermietet sind, bleiben die Vorschriften des Reichsmietengesetzes maßgebend [3].

1. Die Ausnahmebewilligung nach § 3 PStopV. stellt fest, daß ein Verstoß gegen § 1 PStopV nicht vorliegt. Diese Entscheidung läßt die Rechtsbeziehungen der Vertragsteile im übrigen unberührt; eine rechtsverbindliche Heraufsetzung des Mietzinses findet nicht statt, es sei denn, daß es sich um die Zustimmung zur Erklärung eines Vertragsteils nach § 1 RMG. oder zu Entscheidungen der MEA. (Ziff. 59, 61) handelt. Die Festsetzung eines Zeitpunktes für die Wirksamkeit der Entscheidung — 2 zu Ziff. 70 — kommt hier nicht in Frage.

2. Die Geltendmachung der genehmigten Mietzinserhöhung richtet sich nach Vertrag und Gesetz. Stimmt der Vermieter zu, so verwandelt sich die etwa geltende ges. M. in eine Vertragsmiete, 5 zu § 1 RMG.

Ist der Vermieter auf Grund besonderer Vertragsabrede zur einseitigen Mietzinserhöhung berechtigt, so kann er nach erfolgter Genehmigung sein Recht klageweise vor dem ordentlichen Gericht geltend machen. Ohne solche Vertragsklausel steht dem Vermieter nur die Kündigung des Mietverhältnisses bzw. im Geltungsbereich des Mieterschutzgesetzes die Mietaufhebungsklage zu, vgl. 2 zu Ziff. 63. Vor Erteilung, d. h. Zustellung der Genehmigung darf nicht gekündigt werden, vgl. Ziff. 58. Über mögliche Genehmigung der Kündigung s. 2 zu Ziff. 17.

3. Soweit das Reichsmietengesetz im Rahmen der ges. M. Mietzinserhöhungen durch Umlegung von Teilen der ges. M., durch Erhöhung der FM., durch Zuschläge zuläßt, gelten für die Durchführung der Mietzinserhöhung die Vorschriften dieses Gesetzes, vgl. §§ 2, 10, 13a, 15 RMG.; §§ 3—6, 11 PreußAusfVO. RMG.; § 3 BayAusf.-VO. RMG. Nicht nur Wohnungen, auch die sog. Mischräume — vgl. 8, 9 zu § 16 RMG. — kommen hier in Betracht.

V. Gebühren.[1,2,3]

(73) Für die Entscheidungen der Preisbildungsbehörden werden Verwaltungsgebühren nach Maßgabe der landesrechtlichen Bestimmungen (z. B. in Preußen nach der Verwaltungsgebührenordnung vom 19. Mai 1934 — GS. S. 261 —) erhoben.

(74) Ich ersuche, die Gebühren, soweit es danach zulässig, einheitlich nach folgenden Sätzen zu erheben:

1. *Mietzinserhöhungsanträge: 10% der beantragten Erhöhung (Jahresbetrag), mindestens jedoch RM 5.—.*
2. *Mietzinserhöhungsanträge wegen baulicher Veränderungen* oder wegen Neueinführung oder Erhöhung *von Gebühren: die halbe Gebühr.*
3. *Genehmigung einer Mietzinsherabsetzung bei Wohnungen: RM 2.—.*
4. *Zustimmung zu Entscheidungen des Mieteinigungsamtes: Gebührenfrei.*
5. *Ermäßigung von Miet- oder Pachtzinsen bei Geschäftsräumen: 10% der beantragten Ermäßigung (Jahresbetrag), mindestens jedoch RM 5.—.*
6. *Sonstige Entscheidungen: RM 2.—.*

(75) Soweit zulässig, soll die Zahlung der Gebühr vor Einreichung des Antrages gefordert und bei der Antragstellung der Nachweis darüber verlangt werden. Eine Ermäßigung der Gebühr bei Ablehnung eines Antrages soll nach Möglichkeit nicht eintreten.

1. Die Ziffern 73—75 gelten für die Gebührenbewertung bis 31. Dez. 1938.

2. Mit Wirkung vom 1. Januar 1939 an ist das Gebührenrecht reichsrechtlich durch die Verordnung vom 29. Dezember 1938 — Anhang Nr. 10 — geregelt. Landesrechtliche Gebührenvorschriften (für Bayern vgl. MBek. v. 23. Dez. 1937, RegAnz. Nr. 363) sind außer Kraft getreten, MBek. v. 16. Jan. 1939, RegAnz. Nr. 18.

3. Zur Erläuterung der VO. vom 29. Dez. 1938 über die Kostenpflicht und Kostenerhebung in Miet- und Pachtpreissachen hat der RfP. den RE. 155/38 vom 29. Dez.

1938 (MittBl. I 1939 S. 22) erlassen. Die Erläuterungen zu den einzelnen Vorschriften sind im Wortlaut im Anhang Nr. 10 abgedruckt; die allgemeine Einleitung des RE. 155/38 lautet:

In Ziffer 73—75 meines Runderlasses Nr. 184/37 habe ich angeordnet, daß in Miet- und Pachtpreisangelegenheiten Verwaltungsgebühren nach Maßgabe der dort getroffenen Bestimmungen erhoben werden. Die in diesen Ziffern enthaltene Bezugnahme auf die landesrechtlichen Verwaltungsgebührenordnungen hat verschiedentlich zu rechtlichen Unklarheiten geführt und die von mir erstrebte Einheitlichkeit bei der Erhebung der Gebühren gefährdet. An Stelle der vorerwähnten Bestimmungen habe ich deshalb unter dem heutigen Tage die oben bezeichnete Verordnung erlassen. Landesrechtliche Gebührenvorschriften finden also in Zukunft keine Anwendung mehr.

III. Mietbeihilfen.

1. Verordnung über Mietbeihilfen.

Vom 30. März und 31. Dez. 1938 (RGBl. I S. 342, 2017.)

Auf Grund des § 5 des Gesetzes zur Änderung der Vorschriften über die Gebäudeentschuldungsteuer vom 1. Dezember 1936 (Reichsgesetzbl. I S. 992)[1 2] in Verbindung mit Artikel 5 des Gesetzes über den Neuaufbau des Reichs vom 30. Januar 1934 (Reichsgesetzbl. I S. 75) wird folgendes verordnet:

1. Die Vorschriften über den Geldentwertungsausgleich bei bebauten Grundstücken wurden durch dieses Gesetz wie folgt geändert:

a) Die Gebäudeentschuldungsteuer wird in allen Steuerstufen vom 1. April 1935 ab um 25 vom Hundert gesenkt; die weitere Senkung um 25 v. H. ab 1. April 1937 entfällt und der Wegfall der Steuer ab 1. April 1940 kommt nicht mehr in Frage.

b) Grundstücke, für die die Gebäudeentschuldungsteuer nach der Verordnung vom 6. Febr. 1932 (RGBl. I S. 60) ganz oder teilweise abgelöst worden ist, werden vom 1. April 1940 an wieder in vollem Umfang zur Steuer herangezogen.

c) Vom 1. April 1938 an wird die Gebäudeentschuldungsteuer in der höchsten Steuerstufe um ein Sechstel gesenkt; die übrigen Steuerstufen dürfen den gesenkten Betrag der höchsten Steuerstufe nicht überschreiten.

d) Die landesrechtlichen Vorschriften über die Stundung und Niederschlagung der Steuer zugunsten hilfsbedürftiger Mieter treten am 1. April 1938 außer Kraft; die Auswirkungen dieser Maßnahme auf die hilfsbedürftigen Mieter sind, soweit erforderlich, durch Fürsorgemaßnahmen auszugleichen.

2. Der Grundbesitz der NSDAP. — die Gliederungen der Partei sind rechtlich nur unselbständige Teile der Partei — und die in § 4 Ziff. 2 GStG. genannten Verbände (Zweckverband Reichsparteitag, Reichsverband für Deutsche Jugendherbergen, Deutsches Rotes Kreuz u. a. m.) sind von der Gebäudeentschuldungsteuer in gleichem Umfang wie von der Grundsteuer befreit (Zweites Gesetz zur Änderung der Vorschriften über die Gebäudeentschuldungsteuer vom 28. März 1938 (RGBl. I S. 337).

§ 1

(1) Die Stadt- und Landkreise sind bis zum 31. März 1940 verpflichtet[1], zum Ausgleich der Auswirkungen des Außerkrafttretens der Landesbestimmungen über die Stundung und Niederschlagung der Gebäudeentschuldungsteuer[2] für die betroffenen Mieter nach Maßgabe dieser Verordnung eine Beihilfe zu gewähren (§ 2 Abs. 3 des Gesetzes vom 1. Dezember 1936). Dies gilt nicht für Juden[3] (§ 5 der Ersten Verordnung zum Reichs-

bürgergesetz vom 14. Nov. 1935, Reichsgesetzbl. I S. 1333).

(2) Die Beihilfe ist keine Leistung der öffentlichen Fürsorge[4]. Sie ist von dem Mieter nicht zurückzuerstatten. Sie unterliegt nicht der Pfändung.

(3) Ein Stadt- oder Landkreis, der auf Grund dieser Verordnung eine Beihilfe gewährt, kann einen Dritten, gegen den der Mieter für die Zeit der Gewährung der Beihilfe einen Rechtsanspruch auf Leistungen zur Deckung des Lebensbedarfs hat, unter entsprechender Anwendung der §§ 21 a, 22 und 23 der Fürsorgepflichtverordnung zum Ersatz der Kosten der Mietbeihilfe heranziehen[5]. Die schriftliche Anzeige an den Dritten (§ 21 a Abs. 1 Satz 1 der Fürsorgepflichtverordnung) bewirkt den Übergang des Rechtsanspruchs für die Zeit bis zum Fortfall der Beihilfe.

1. Die Verpflichtung der Fürsorgeverbände (§ 4) zum Ausgleich war zunächst auf ein Jahr, d. h. bis 31. März 1939, begrenzt; sie ist durch die Zweite VO. über Mietbeihilfen vom 31 .Dez. 1938 auf ein weiteres Jahr ausgedehnt worden. Die Zweite VO., die am 1. Jan. 1939 in Kraft getreten ist, hat darüber hinaus den Juden den Anspruch auf Mietbeihilfe entzogen — Abs. 1 Satz 2 — und die Erstattungspflicht Dritter neu geregelt — Abs. 2 Satz 2, Abs. 3.

Die VO. gilt nicht für das Land Österreich und die sudetendeutschen Gebiete.

2. Für Preußen galt bis 1. April 1938 § 9 Abs. 1 der Hauszinssteuerverordnung vom 2. Juli 1926 (GS. S. 213), vom 9. März 1932 (GS. S. 114) und vom 29. August 1932 (GS. S. 281); vgl. dazu Scholz, DWohnA. 1938, 98. In Bayern war die Stundung und Niederschlagung der Mietzinssteuer durch die (nicht veröffentlichten) Entschließungen des Staatsministeriums der Finanzen vom 22. Sept. und 28. Okt. 1924 geregelt, die im Vollzug der Verordnung über die Entrichtung einer Abgabe zum Ausgleich der Geldentwertung bei bebauten Grundstücken vom 31. März 1924 (GVBl. S. 133) ergangen waren, vgl. Kiefersauer, Grundstücksmiete, 2. Aufl. II, 140. Ergänzt wurden diese beiden Entschl. durch Erlasse des Staatsministeriums für Soziale Fürsorge und des Innern vom 1. Oktober und 5. Nov. 1924, vgl. Rambeck, Landgemeinde 1938, 146.

3. Jude im Sinne der VO. ist, wer von mindestens drei der Rasse nach volljüdischen Großeltern abstammt (Volljude, Dreivierteljude); als volljüdisch gilt ein Großelternteil ohne weiteres, wenn er der jüdischen Religionsgemeinschaft angehört. Halbjuden deutscher Staatsangehörigkeit gelten darüber hinaus als Volljuden, wenn die besonderen Bekenntnisvoraussetzungen des § 5 Abs. 2 Erste AusfV. vorliegen.

4. Die Leistung der Fürsorgeverbände ist keine Fürsorgeleistung. Der Mieter hat einen Rechtsanspruch auf die in den §§ 2, 3 näher umgrenzte Beihilfe; eine Rückerstattungspflicht ist für den Mieter und — vorbehaltlich der Regelung in Abs. 3 — auch für seine unterhaltspflichtigen Angehörigen nicht gegeben. Dies schließt einen Rückersatzanspruch des Fürsorgeverbandes bei Täuschung, unerlaubter Handlung, ungerechtfertigter Bereicherung nach den Grundsätzen des BGB. nicht aus. Der Anspruch unterliegt nicht der Pfändung (Satz 3); auch die Abtretung ist nach § 400 BGB. ausgeschlossen. Die Beihilfe wird ohne Antrag gewährt (§ 4 Abs. 2).

Es handelt sich um Leistungen besonderer Art, die nicht dem Anspruchsberechtigten unmittelbar zustehen, sondern dem Steuerschuldner, d. h. dem Vermieter in Form einer Steuervergünstigung zugutekommen. Leistungsempfänger und Anspruchsberechtigter sind verschiedene Personen.

Diese Regelung schließt nicht aus, daß — über den Rahmen dieser Verordnung hinaus — dem Mieter im Falle der Hilfsbedürftigkeit echte Fürsorgemaßnahmen zuteil werden. Die Fürsorgetätigkeit tritt bei Hilfsbedürftigkeit des Mieters neben oder an Stelle — vgl. 2 zu § 2 — der Mietbeihilfe nach dieser Verordnung.

5. Die Möglichkeit der Heranziehung von unterhaltspflichtigen Angehörigen des Mieters zur Deckung der Kosten der Fürsorgeverbände ist seit 1. Jan. 1939 möglich, oben 1. Die Inanspruchnahme richtet sich nach den Grundsätzen des Fürsorgerechts.

§ 2

Die Beihilfe kann nur für einen Mieter[1] gewährt werden, zu dessen Gunsten[2] die Gebäudeentschuldungsteuer bis zum 31. März 1938 gemäß den Landesbestimmungen (§ 1 Abs. 1) gestundet oder niedergeschlagen worden ist. Sie ist für ihn alsdann insoweit zu gewähren, als die Gebäudeentschuldungsteuer[3] bei Weitergeltung der Landesbestimmungen über den 31. März 1938 hinaus zu seinen Gunsten gestundet oder niedergeschlagen worden wäre[4]; hierbei sind die bis zum 31. März 1938 geltenden Steuersätze der Gebäudeentschuldungsteuer zugrunde zu legen.

1. Nur der Mieter ist Empfänger der Beihilfe, nicht auch der Hauseigentümer, Scholz, DWohnA. 1938, 200; Rambeck, Landgemeinde 1938, 147. Grundsätzlich wird nur der Mieter einer Wohnung (vgl. § 3 Abs. 2) als Beihilfeempfänger in Frage kommen; doch ist auch der Mieter gewerblicher Räume nicht ausgeschlossen.

2. Nur solche Mieter kommen in Betracht, zu deren Gunsten bis zum 31. März 1938 Stundung oder Niederschlagung der Hauszinssteuer tatsächlich erfolgt war; war zu diesem Zeitpunkt eine Stundung oder Niederschlagung z. B. wegen Besserung der wirtschaftlichen Verhältnisse nicht mehr gewährt worden, so findet die Verordnung auch dann keine Anwendung, wenn eine spätere Verschlechterung der Lage des Mieters eine Stundung oder Niederschlagung rechtfertigen würde. Die Mietbeihilfe entfällt auch überall da, wo die Gebäudeentschuldungsteuer am 31. März 1938 völlig abgelöst war, Vorbem. 1. Hilfsbedürftigkeit des Mieters ist nicht Voraussetzung für die Ge-

währung der Mietbeihilfe. Nur die Tatsache der Stundung oder Niederschlagung der Gebäudeentschuldungsteuer am 31. März 1938 entscheidet, gleichviel ob Hilfsbedürftigkeit vorlag oder nach diesem Zeitpunkt vorliegt oder nicht.

3. Nur die Steuersätze der Gebäudeentschuldungsteuer am 31. März 1938 sind für die Höhe der Mietbeihilfe maßgebend. Während in Preußen die Hauszinssteuer der Gebäudeentschuldungsteuer entspricht, besteht in Bayern neben der eigentlichen Mietzinssteuer die Wohnungsbauabgabe (Buchstabe D der VO. vom 31. März 1924, GVBl. S. 133; VO. vom 4. April 1927, GVBl. S. 116), die bis zum 31. März 1938 erhoben worden ist; diese Wohnungsbauabgabe ist von der Senkung der Gebäudeentschuldungsteuer ab 1. Januar 1932 nicht berührt worden (VO. vom 17. Dez. 1931, GVBl. S. 387). Obgleich also die Senkung der Gebäudeentschuldungsteuer von diesem Zeitpunkte an auf die Mietzinssteuer (Geldentwertungsabgabe) beschränkt blieb — sie wurde von 33 v. H. auf 26,4 v. H. der steuerbaren Friedensmiete gesenkt —, wurde die Stundung und Niederschlagung der Gebäudeentschuldungsteuer auch nach dem 1. Januar 1932 für Mietzinssteuer (Geldentwertungsabgabe) und Wohnungsbauabgabe gewährt. Dabei blieb es auch, als die Wohnungsbauabgabe durch § 8 Abs. 2 des Haussteuergesetzes vom 8. April 1935 (GVBl. S. 277) ab 1. April 1935 in einen Zuschlag zur Haussteuer umgewandelt worden war. Am 31. März 1938 berechnet sich der Mietzinssteuernachlaß nach der Geldentwertungsabgabe in Höhe von 19,8 v. H. und der früheren Wohnungsbauabgabe in Höhe von 17 v. H.; im Höchstfall betrug daher der Nachlaß 36,8 v. H. der steuerbaren Friedensmiete (gegen 28,8 v. H. in Preußen). In Bayern werden ab 1. April 1938 $^9/_{17}$ der früheren Wohnungsbauabgabe als Landessteuer aufrechterhalten und der Geldentwertungsabgabe zugeschlagen — vgl. Bekm. vom 18. Nov. 1937, RegAnz. Nr. 324 — so daß diese nach Senkung des Gesamtbetrages (19,8% + 9% = 28,8%) um ein Sechstel — Vorbem. 1 Buchst. d — im Höchstsatz 24% der steuerbaren Friedensmiete beträgt, vgl. § 16 Abs. 1 GAbgG. vom 2. Mai 1938 (GVBl. S. 163). Nach dem Wortlaut des § 2 darf

die Beihilfe in Bayern nach dem Stand vom 31. März 1938 den Satz von 19,8 v. H. nicht übersteigen; die Regelung nach dem 31. März 1938 kann hier keine Berücksichtigung finden. Dementsprechend wird in Bayern neben der Mietbeihilfe im Sinne dieser VO. eine fürsorgerechtliche Mietbeihilfe gewährt, auf die allerdings die Grundsätze dieser VO. weitgehend Anwendung finden, vgl. Anhang Nr. 5 sowie Höllfritsch, Landgemeinde 1938, 243.

4. Die Grundsätze für die Stundung und Niederschlagung der Steuer reichen also über den 31. März 1938 hinaus und bestimmen Umfang und Voraussetzung der Beihilfe, vgl. § 3 Abs. 1 Satz 3.

§ 3

(1) Die monatliche Beihilfe für den Mieter darf nicht höher[1] sein als der Betrag der Gebäudeentschuldungsteuer, der gemäß den Landesbestimmungen (§ 1 Abs. 1) auf der Grundlage der bis zum 31. März 1938 geltenden Steuersätze zu seinen Gunsten für März 1938 gestundet oder niedergeschlagen worden ist. Hat sich die Beihilfe ermäßigt, so kann künftig auf Grund dieser Verordnung eine höhere Beihilfe nicht wieder gewährt werden. Ist vom 1. April 1938 ab keine Beihilfe gewährt worden oder ist eine vom 1. April 1938 ab gewährte Beihilfe fortgefallen, so kann künftig auf Grund dieser Verordnung eine Beihilfe nicht oder nicht wieder gewährt werden[2].

(2) Unterläßt es der Mieter, zum 1. April 1938 oder später eine ihm nachgewiesene Wohnung zu beziehen, für die keine Beihilfe oder eine Beihilfe zu gewähren wäre, die geringer ist als der im Abs. 1 Satz 1 genannte Betrag oder die bisher gewährte Beihilfe, so kann für ihn auf Grund dieser

Verordnung eine Beihilfe nicht oder nicht mehr gewährt werden, sofern ihm der Wohnungswechsel zuzumuten ist[3].

1. Die Höhe der Gebäudeentschuldungsteuer, die am 31. März 1938 gestundet oder niedergeschlagen worden ist, bestimmt die Höhe der Beihilfe. Maßgebend für die monatliche Beihilfe ist die Regelung für den Monat März 1938; frühere höhere oder niedrigere Mietzinssteuernachlässe kommen nicht in Betracht. Satz 2 zieht hieraus die Folgerung: eine Erhöhung auf den früheren Satz ist ausgeschlossen; dies gilt auch für Ermäßigungen nach dem 31. März 1938.

Die Senkung der Gebäudeentschuldungsteuer ab 1. April 1938 — Vorbem. 1 c — bleibt bei der Bemessung der Beihilfe außer Betracht.

Die Beihilfe richtet sich ein für allemal nach dem Märzbetrag der Räume. Wechsel der Räume nach dem 31. März 1938 kann zu einer Ermäßigung der Beihilfe führen, wenn der Betrag der Gebäudeentschuldungsteuer geringer ist; eine Erhöhung der Beihilfe wegen eines erhöhten Steuerbetrages ist ausgeschlossen.

2. Die Fortgeltung der Grundsätze für Stundung und Niederschlagung der Steuer — 4 zu § 2 — hat zur Folge, daß der Wegfall der Beihilfe ab 1. April 1938 bei Änderung der Verhältnisse möglich ist. Satz 3 legt für diesen Fall fest, daß in solchen Fällen eine Wiedergewährung der Beihilfe nicht zulässig ist.

3. Wenn dem Mieter einer Wohnung nach den gegebenen Verhältnissen der *Wohnungswechsel* zugemutet werden kann, so kann er vom Fürsorgeverband aufgefordert werden, eine *bestimmte*, vom Fürsorgeverband *nachgewiesene* billigere Wohnung zu beziehen, für die keine Beihilfe oder eine geringere Beihilfe zu gewähren ist. Neubauwohnungen dürften in der Regel ausscheiden, weil hier regelmäßig eine höhere Miete in Frage kommt, die dem Mieter nicht zugemietet werden kann. Lehnt der Beihilfeempfänger ohne berechtigten Grund den Wohnungswechsel ab, so kann die Beihilfe versagt oder eingestellt werden.

§ 4

(1) Stadt- und Landkreise im Sinne dieser Verordnung sind die für die Aufgaben des § 1 Abs. 1 unter a bis c der Fürsorgepflichtverordnung zuständigen Bezirksfürsorgeverbände[1]. Zuständig für die Gewährung der Beihilfe ist der Stadt- oder Landkreis, in dessen Gebiet die Wohnung liegt, für die eine Beihilfe zu gewähren ist.

(2) Die Beihilfe ist ohne Antrag zu gewähren[2]. Die Stelle[3], welche die Gebäudeentschuldungsteuer zugunsten eines Mieters für die Zeit bis zum 31. März 1938 gestundet oder niedergeschlagen hat, hat dies unverzüglich dem nach Abs. 1 Satz 2 zuständigen Stadt- oder Landkreis mitzuteilen.

(3) Die Stadt- und Landkreise haben die Beihilfen unmittelbar an die für die Erhebung der Gebäudeentschuldungsteuer zuständigen Steuerbehörden zu zahlen[4]. Die Steuerbehörde hat dem Steuerschuldner den vollen Betrag der Beihilfe auf die von ihm insgesamt geschuldete Gebäudeentschuldungsteuer anzurechnen. Der Vermieter ist verpflichtet, dem Mieter den vollen[5] Betrag der Beihilfe auf die Miete anzurechnen.

1. Wegen der möglichen Übertragung der Durchführung der Aufgaben auf kreisangehörige Gemeinden vgl. § 5; die Fürsorgeverbände sind aber auch in diesem Fall Träger der Kosten der neuen Maßnahme, wenn sie auch in Landkreisen die kreisangehörigen Gemeinden zu den Kosten heranziehen können, § 6.

2. Die Beihilfe ist von Amts wegen zu gewähren. Der Anspruch des Mieters ist öffentlich-rechtlicher Natur. Bei Nichtgewährung steht dem Mieter lediglich die Dienstaufsichtsbeschwerde gegen den Fürsorgeverband zu. Eine Ver-

folgung des Anspruchs durch Klage vor den ordentlichen Gerichten ist ausgeschlossen.

3. Das Finanzamt hat die zum 31. März 1938 gestundeten oder niedergeschlagenen Steuerbeträge und den Namen des Mieters, zu dessen Gunsten die Stundung oder Niederschlagung erfolgt ist, dem zuständigen Fürsorgeverband mitzuteilen. Der Fürsorgeverband prüft, ob die Voraussetzungen für die Gewährung der Mietbeihilfe erfüllt sind, d. h. ob der Mieter bei Weitergeltung der Bestimmungen über Stundung und Niederschlagung nach dem 31. März 1938 einen Anspruch auf die Fortgewährung der Steuervergünstigung gehabt hätte. Veränderungen der Verhältnisse können nur zuungunsten des Mieters berücksichtigt werden, vgl. 1, 2 zu § 3.

4. Eine Zahlung der Beihilfe an den Mieter oder an den Vermieter findet nicht statt. Wegen des Verfahrens vgl. Anhang Nr. 5 b.

5. Die Mietbeihilfe darf also nicht etwa nur in Höhe des auf die Wohnung entfallenden Steueranteils dem Mieter angerechnet werden.

§ 5

Soweit die landesrechtlichen Ausführungsbestimmungen zur Fürsorgepflichtverordnung auf dem Gebiete der Fürsorge für Kriegsbeschädigte und Kriegshinterbliebene, Kleinrentner einschließlich der Empfänger von Kleinrentnerhilfe sowie Sozialrentner und diesen Gleichgestellte die Übertragung der Durchführung von Fürsorgeaufgaben auf kreisangehörige Gemeinden und Gemeindeverbände zulassen, gelten diese Bestimmungen entsprechend[1].

1. Für Bayern ohne Bedeutung, Rambeck, Landgemeinde 1938, 147.

§ 6

Die Kosten der Beihilfen fallen den Stadt- und Landkreisen zur Last. Die landesrechtlichen Ausführungsbestimmungen zur Fürsorgepflichtverordnung über den Lastenausgleich zwischen dem Landkreis und den kreisangehörigen Gemeinden gelten entsprechend[1].

1. Für Bayern vgl. Art. 20 Bay. Gemeindeabgabengesetz vom 20. Juli 1938 (GVBl. S. 225).

§ 7

Diese Verordnung tritt am 1. April 1938 in Kraft.

2. Verordnung über die Durchführung notwendiger Mietzinsänderungen anläßlich der Einführung des Grundsteuergesetzes.

Vom 1. April 1938 (RGBl. I S. 370).

Auf Grund des § 2 des Gesetzes zur Durchführung des Vierjahresplans — Bestellung eines Reichskommissars für die Preisbildung — vom 29. Oktober 1936 (Reichsgesetzbl. I S. 927)[1] und des § 25 des Einführungsgesetzes zu den Realsteuergesetzen vom 1. Dezember 1936 (Reichsgesetzbl. I S. 961)[2] in Verbindung mit Artikel 5 des Gesetzes über den Neuaufbau des Reichs vom 30. Januar 1934 (Reichsgesetzbl. I S. 75) wird mit Zustimmung des Beauftragten für den Vierjahresplan folgendes verordnet:

1. Vgl. die Erl. zu § 2 PBG., oben S. 103. Die Verordnung ist gemeinschaftlich vom RfP. und vom Reichsinnenminister erlassen.

2. Das Einführungsgesetz ermächtigt in § 25 zur Anpassung des Landesrechts und zur Überleitung der Gesetzgebung.

§ 1

(1) In denjenigen Ländern[1], in denen von Mietern[2] Steuern auf Wohnungen (Wohnraum) oder

Mieten erhoben worden sind, die auf Grund der Bestimmung des § 27 Ziffer 3 des Einführungsgesetzes zu den Realsteuergesetzen vom 1. Dezember 1936 (Reichsgesetzbl. I S. 961)[3] in Fortfall kommen, können die Landesregierungen (Preisbildungsstellen) bestimmen, daß die Mieten in einer Gemeinde insgesamt um einen Betrag[4] erhöht werden, der dem bisherigen Aufkommen dieser Steuern in der Gemeinde entspricht. Falls solche Steuern nur in einzelnen Gemeinden eines Landes erhoben worden sind, kann die Bestimmung von den in der Vierten Anordnung über die Wahrnehmung der Aufgaben und Befugnisse des Reichskommissars für die Preisbildung vom 27. September 1937 (Deutscher RAnz. u. Preuß. StAnz. Nr. 238) bezeichneten Behörden[5] getroffen werden.

(2) Mietern[2], die bisher von der Zahlung der im Abs. 1 bezeichneten Steuern befreit[6] waren, ist bis zum 31. März 1939[7] zum Ausgleich der Mehrbelastung, soweit erforderlich, eine Mietbeihilfe zu gewähren. Das Nähere bestimmen die Landesregierungen[8].

1. Satz 1 gilt nur in Ländern, in denen für das ganze Land Sondersteuern auf Wohnraum erhoben wurden, wie z. B. in Oldenburg, Mecklenburg. In Ländern, in denen, wie z. B. in Bayern, nur einzelne Gemeinden solche Sondersteuern erhoben haben, gilt Satz 2.

2. Für die Anwendung der VO. ist es unerheblich, ob es sich um Mieträume handelt, die dem Reichsmietengesetz unterliegen oder nicht, vgl. § 16 RMG. Wegen der Ausdehnung auf andere Rechtsformen der Raumüberlassung gegen Entgelt vgl. § 2.

3. Durch den hiernach neugeschaffenen § 17 b des Finanzausgleichsgesetzes ist die Erhebung von „Sonder-

steuern auf Wohnungen (Wohnraum) und Mieten" mit Wirkung vom 1. April 1938 an verboten. Als solche Sondersteuern kommen in Betracht: Wohnungsnutzungssteuer (Oldenburg), Raumsteuer (Mecklenburg), Wohnungsluxussteuer, Feuerschutzabgabe (Bayern).

Soweit diese Steuern den Eigentümer (Vermieter) als solchen treffen, erstarrt grundsätzlich die Gesamtmiete in der bisherigen Höhe, soweit diese Steuern in die Grundsteuer übergegangen sind und in dieser vom 1. April 1938 an wirksam geworden sind, vgl. 2 zu § 4 RMG. Die mietrechtlichen Auswirkungen dieses Grundsatzes sind verschieden je nach dem landesrechtlichen Aufbau der gesetzlichen Mietzinsbildung, vgl. einerseits § 3 Abs. 1 PreußAusfVO. anderseits § 3 Abs. 2 BayAusfVO. und Erl.

Soweit diese Steuern nicht vom Vermieter (Eigentümer), sondern vom Rauminhaber geschuldet und von diesem unmittelbar an den Steuerberechtigten entrichtet worden sind, wird durch die Neuregelung ab 1. April 1938 der Rauminhaber von der Steuerzahlung befreit, zugleich aber der Vermieter (Eigentümer) als der zur Zahlung der Grundsteuer Verpflichtete neu belastet. Zum Ausgleich dieser Lastenverschiebung läßt § 1 zugunsten des Vermieters eine Mieterhöhung zu.

4. Die Mieterhöhung — oben 3 — beschränkt sich bei der Gesamtregelung — gleichviel, ob für das ganze Land (Satz 1) oder für die einzelne Gemeinde (Satz 2) — auf den Gesamtbetrag des von den Rauminhabern der Gemeinde bisher für diese Sondersteuer aufgebrauchten Steuersolls. Es wird also nicht für das einzelne Haus oder das einzelne Mietverhältnis der tatsächlich bisher vom Rauminhaber entrichtete Betrag ermittelt, sondern — vorbehaltlich der landesrechtlichen Regelung, unten 8 — der Gesamtbetrag innerhalb der Gemeinde ermittelt und auf die Gesamtentgelte der Mieten und anderen Überlassungsentgelte (§ 2) ausgeschlagen.

Der Erhöhungsbetrag dürfte wohl in einem Hundertsatz des Entgeltes festzusetzen sein. Die Berechnung, die nur eine ganz rohe sein kann, wird ganz ebenso wie die Neuregelung der Grundsteuer überhaupt, die Mieter und sonstigen Rauminhaber ganz verschieden belasten.

5. Zuständig sind die Behörden der Land- und Stadtkreise, vgl. oben S. 128.

6. Da die Mieterhöhung eine allgemeine ist, trifft sie alle Mieter und sonstigen Rauminhaber, also auch solche, die nach der örtlichen Satzung von der Sondersteuer befreit waren. Hier soll durch die Mietbeihilfe nach Abs. 2 ein Ausgleich geschaffen werden.

7. Die Zahlung der Mietbeihilfe ist — wie in der VO. vom 30. März 1938, oben S. 199 — auf ein Jahr befristet.

8. In Bayern hat das Staatsministerium für Wirtschaft, Abt. für Arbeit und Fürsorge (Preisbildungsstelle) mit dem Staatsministerium des Innern durch Verordnung vom 9. Juni 1938 (GVBl. S. 203) für das Gebiet von Bayern r. d. Rh. mit Wirkung vom 1. April 1938 bestimmt:

§ 1.

(1) Wenn in Gemeinden von Mietern Steuern auf Wohnungen (Wohnräume) oder Mieten (Feuerschutzabgabe und ähnliche Abgaben) erhoben worden sind, die auf Grund der Bestimmung des § 27 Ziff. 3 des Einführungsgesetzes zu den Realsteuergesetzen vom 1. Dezember 1936 (RGBl. I S. 961) am 1. April 1938 fortgefallen sind, so erhöht sich der vom Mieter zu zahlende Mietzins um den Betrag, den er bisher als Steuer zu zahlen hatte. Für Wohnungen, deren Mieter bisher aus persönlichen Gründen von der Zahlung der Steuer befreit waren, erhöht sich der Mietzins gleichfalls, und zwar um den Betrag, den der Mieter ohne die Steuerbefreiung zu zahlen gehabt hätte.

(2) Die nach § 1 Abs. 2 der Verordnung vom 1. April 1938 (RGBl. I S. 370) auf Antrag solchen Mietern, die zur Tragung der Mehrbelastung nicht im Stande sind, zu gewährenden Mietbeihilfen sind von den Gemeinden zu tragen. Die Mietbeihilfe wird gewährt, solange das am 31. März 1938 bestehende Mietverhältnis dauert, längstens bis zum 31. März 1939.

§ 2.

Entstehen Streitigkeiten darüber, welche Beträge nach § 1 Abs. 1 von den Mietern und sonstigen Benutzungsberechtigten zu zahlen sind, so entscheidet auf Antrag eines Beteiligten die zuständige Preisbehörde.

In der Vollzugsbekanntmachung vom gleichen Tage heißt es:

1. Die Mietbeihilfe ist keine Leistung der öffentlichen Fürsorge. Sie ist nicht zurückzuerstatten. Sie unterliegt nicht der Pfändung.

2. Die Mietbeihilfe kann nur einem Mieter gewährt werden, der bis zum 31. 3. 1938 von der auf Wohnräume oder Mieten erhobenen Steuer (z. B. Feuerschutzabgabe) aus persönlichen Gründen befreit war. Die Mietbeihilfe ist dem Mieter alsdann insoweit zu gewähren, als er bei Forterhebung der genannten Steuer von dieser auch über den 31. 3. 1938 hinaus befreit worden wäre. Die Mietbeihilfe darf den Betrag nicht überschreiten, um den der Mietzins nach Maßgabe des § 1 Abs. 1 der genannten Verordnung vom 9. Juni 1938 erhöht worden ist.

3. Zur Gewährung der Mietbeihilfe ist diejenige Gemeinde verpflichtet, in der das Grundstück, für das Miete anfällt, liegt.

In Bayern ist hiernach die Gewährung der Mietbeihilfe der Gemeinde, die die Sondersteuer erhoben hat, übertragen. Wegen des Verfahrens vgl. MBek. vom 20. Juli 1938 (Anhang Nr. 5 Buchst. b) und Höllfritsch, Landgemeinde 1938, 245.

§ 2

Die vorstehenden Bestimmungen finden entsprechende Anwendung, wenn Räume auf Grund eines anderen[1] Rechtsverhältnisses benutzt werden.

1. Andere entgeltliche — nur solche kommen in Frage — Rechtsverhältnisse sind: Pachtverhältnisse (wegen der Abgrenzung gegenüber Mietverhältnissen vgl. Staudinger-Kiefersauer, 4 ff. zu § 581), dingliche Wohnungs-

rechte (§ 1093 BGB.), Nießbrauch (§ 1030 ff. BGB.); auch die Überlassung von Räumen auf Grund Dienstvertrages (Dienstwohnungen, Werkwohnungen, vgl. Staudinger-Kiefersauer, Vorbem. 66, 67 zu § 535) kommt in Betracht.

§ 3

Diese Verordnung tritt mit Wirkung vom 1. April 1938 in Kraft.

Anhang (Texte).

1. Runderlaß Nr. 121/37 vom 3. Juli 1937.

Betrifft: **Steuerliche Mehrbelastungen des Neuhausbesitzes.**

Auf die sich aus dem Gesetz zur Änderung der Vorschriften über die Steuerbefreiung des Neuhausbesitzes vom 2. April 1936 (RGBl. I S. 344) für den Hausbesitz ergebenden steuerlichen Mehrbelastungen finden die Bestimmungen des Abschnitts III Abs. 2 Ziffer c der Ersten Ausführungsverordnung zur Preisstopverordnung vom 26. November 1936 (RGBl. I S. 955) keine Anwendung, da die Mehrbelastung an Grundsteuer bereits vor dem 18. Oktober 1936 eingetreten ist. Hierauf ist in dem Runderlaß des Herrn Reichsministers der Finanzen vom 11. Januar 1937 (RStBl. S. 62) ausdrücklich hingewiesen worden. Eine Umlage der Mehrbelastung auf die Mieter oder eine Erhöhung der Miete aus diesem Anlaß ist also nicht zulässig. Wie ich zur Behebung von Zweifeln bemerke, gilt dies auch für diejenigen Fälle, in denen die Mietverträge eine Vorschrift enthalten, daß alle nach Vertragsabschluß erfolgenden Erhöhungen oder Neueinführungen von Gebühren, Steuern, Hypothekenzinsen und dergleichen auf die Mieter abgewälzt werden können oder den Vermieter zu einer entsprechenden Erhöhung des Mietzinses berechtigen. Die Geltendmachung derartiger Vertragsbestimmungen würde im Widerspruch zu dem Sinn und Zweck der Preisstopverordnung stehen und dazu führen, daß wirtschaftlich gleichgelagerte Fälle ungleich behandelt werden. Auch sollte das Gesetz vom 2. April

1936, wie ebenfalls verschiedentlich betont worden ist, auf keinen Fall zu Mietsteigerungen Anlaß geben. Soweit daraus unbillige Härten für die Grundstückseigentümer entstehen könnten, können sie die in den Runderlassen des Reichsministers der Finanzen vom 2. April 1936 (RSt.Bl. S. 291) und 11. Januar 1937 (RStBl. S. 62) vorgesehenen Steuererleichterungen in Anspruch nehmen. Eine Erteilung von Ausnahmebewilligungen für Mieterhöhungen gemäß § 3 der Stopverordnung ist daher ebenfalls nicht notwendig. Ich ersuche ergebenst, die Haus- und Grundbesitzervereine Ihres Bezirks auf diese Rechtslage hinzuweisen und gegen Verstöße vorzugehen.

2. Erlaß vom 1. März 1938.

Betrifft: **Umlegung des Wassergeldes und Übertragung der Schönheitsreparaturen auf die Mieter.**

Nach § 4 der Preußischen AusführungsVO. zum RMG. ist der Vermieter berechtigt, das Wassergeld auf die Mieter umzulegen. In diesem Fall vermindert sich die gesetzliche Miete um 3 v. H. der Friedensmiete. Wo eine solche Umlegung bereits vor dem 15. Oktober 1937 stattfand, darf sie beibehalten werden (vgl. Runderlaß Nr. 153/37 Abschn. 1 Abs. 3). Seit dem 15. Oktober 1937 ist aber die Umlegung nur mit Zustimmung der Preisbildungsbehörde zulässig.

Bei der Entscheidung ist von folgenden Gesichtspunkten auszugehen:

Die Tatsache allein, daß das Wassergeld einen höheren Betrag erfordert als 3 v. H. der Friedensmiete, kann den Übergang zum Umlegungsverfahren nicht rechtfertigen, da das dem Grundgedanken der Preisstopverordnung widersprechen würde. Hingegen wird der Umlegung zuzustimmen sein, wenn sie erforderlich ist, um einer unwirtschaftlichen Wasserverschwendung entgegenzutreten. Ob und inwieweit der Mietzins zum Ausgleich über 3 v. H. der Friedensmiete hinaus zu kürzen ist, hängt von den örtlichen Verhältnissen und insbesondere vom Wasserpreis ab. Der Berechnung ist ein durchschnittlicher Wasserverbrauch zugrunde zu legen. Ferner wird darauf zu achten sein, daß der Wasserverbrauch gewerblicher Betriebe durch einen eigenen Wassermesser festgestellt und von der Umlage auf die Wohnungsmieter ausgenommen wird.

Auch die Übertragung der Schönheitsreparaturen auf die Mieter gemäß § 7 der Preußischen AusführungsVO. ist nach dem 15. Oktober 1937 nur noch mit Zustimmung der Preisbildungsbehörde zulässig. Entsprechenden Anträgen ist nur bei Vorliegen besonderer Gründe stattzugeben. Das gleiche gilt für die Wiederübernahme der Schönheitsreparaturen durch den Vermieter gegen Erhöhung der Miete um 4 v. H. der Friedensmiete. Die Geltendmachung der Rechte aus § 7 Abs. 2 a. a. O. ist hingegen an keine Genehmigung der Preisbildungsbehörde gebunden.

Für die außerpreußischen Länder, die den preußischen entsprechende Bestimmungen haben, gelten die vorstehenden Ausführungen sinngemäß.

3. Allgemeine Verfügung des Reichsministers der Justiz vom 5. April 1938 nebst Begleiterlaß des Reichskommissars für die Preisbildung vom 6. April 1938.

(Mitteilungsblatt des RfPr. I Nr. 6 S. 5; abgedruckt DJ. 1938, 536 u. JW. 1938, 1086.)

Betrifft: **Zusammenarbeit der Miet- und Pachteinigungsämter mit den Preisbildungsbehörden.**

Der Herr Reichsminister der Justiz hat im Einvernehmen mit mir am 5. April 1938 (3430 IV b² 685) folgende Allgemeine Verfügung erlassen:

Im Hinblick auf die allgemein bestehende Genehmigungspflicht für Miet- und Pachtzinserhöhungen jeder Art ist eine enge Zusammenarbeit der Miet- und Pachteinigungsämter mit den Preisbildungsbehörden erforderlich. Zur Klarstellung von Zweifeln weise ich im Einvernehmen mit dem Herrn Reichs- und Preußischen Arbeitsminister und dem Herrn Reichskommissar für die Preisbildung auf folgendes hin:

I. Genehmigungspflichtige Entscheidungen des Mieteinigungsamts.

Durch die Dritte Ausführungsverordnung zur Verordnung über das Verbot von Preiserhöhungen vom 27. September 1937 (RGBl. I S. 1127) sind die Vorschriften des Abschnitts III der Ersten Ausführungsverordnung zur Verordnung über das Verbot von Preiserhöhungen vom 30. November 1936 (RGBl. I S. 956) aufgehoben worden. Ohne Rücksicht darauf, ob ein Raum dem Reichsmietengesetz unterliegt oder nicht, bedarf nunmehr jede Mieterhöhung der Zustimmung der Preisbildungsbehörde.

Die Vorschriften des Reichsmietengesetzes und die Zuständigkeit der Mieteinigungsämter werden durch die PreisStopVO. grundsätzlich nicht berührt. Deshalb steht den Mieteinigungsämtern nach wie vor die Feststellung oder Festsetzung der gesetzlichen Miete (§ 1 Abs. 2 RMG.) oder der Friedensmiete (§ 2 Abs. 3—5 RMG.) und die Festsetzung eines Zuschlags zur gesetzlichen Miete (§ 10 RMG.) zu. Auch die Zuständigkeit der Mieteinigungsämter in Thüringen nach § 11 Abs. 3 der Thür. AusführungsVO. zum RMG. vom 28. April 1936 (Änderung der Friedensmiete) ist unberührt geblieben.

Würde die Entscheidung des Mieteinigungsamts infolge der Vorschrift in § 15 RMG. dazu führen, daß der Vermieter ohne besondere Vereinbarung künftig einen höheren als den bisher gezahlten Mietzins verlangen kann, so darf sie erst ergehen, nachdem die zuständige Preisbildungsbehörde die Mieterhöhung genehmigt hat, die aus der in Aussicht genommenen Entscheidung sich ergibt. Hiernach ist die Genehmigung in den Fällen der Festsetzung eines Zuschlags zur gesetzlichen Miete immer, im übrigen nur dann erforderlich, wenn bei einem laufenden Mietverhältnis über Räume, die dem Reichsmietengesetz unterliegen, die gesetzliche Miete gilt oder wenn bei anderen Räumen die Friedensmiete als Berechnungsgrundlage für die Höhe der Miete vereinbart ist. Dagegen ist in den Fällen, in denen die Entscheidung des Mieteinigungsamts keine unmittelbar vertragsändernde Wirkung haben kann, wie z. B. im Falle des § 2 Abs. 5 RMG. die Genehmigung der Preisbildungsbehörde auch dann nicht einzuholen, wenn die Feststellung oder Festsetzung einer Friedensmiete oder einer gesetzlichen Miete in Frage kommt, die höher als bisher angenommen ist. Kommt bei einer Streitigkeit über die Höhe der Friedensmiete oder der gesetzlichen Miete ein Vergleich zustande und ergibt sich daraus eine Mieterhöhung, oder wird sonst in einem Vergleich eine Mieterhöhung vereinbart, so ist die Genehmigung der Preisbildungsbehörde vorzubehalten; es ist Sache des Vermieters, die Genehmigung herbeizuführen.

In den Fällen des § 13a Abs. 2 RMG. ist die Zuständigkeit des Mieteinigungsamts insoweit nicht beeinträchtigt, als es sich um die Ersetzung der Zustimmung des Mieters zu baulichen Veränderungen handelt. Will der Vermieter eine Zusatzmiete erheben, so bedarf er der Zustimmung der Preisbildungsbehörde, die den umlagefähigen Gesamtbetrag und den bei einer Mehrheit von Mietern auf den einzelnen Mieter entfallenden Teilbetrag festsetzt. Es bleibt jedoch die Möglichkeit offen, gegenüber einer solchen Entscheidung der Preisbildungsbehörde geltend zu machen, daß die Voraussetzungen des § 13a RMG. hinsichtlich der Zulässigkeit und des Maßstabes der Umlegung nicht erfüllt seien; insoweit bleibt die Zuständigkeit des Mieteinigungsamts unberührt. Hält das Mieteinigungsamt eine Zusatzmiete für berechtigt, die den von der Preisbildungsbehörde genehmigten Betrag übersteigt, so darf der Mehrbetrag erst zugesprochen werden, nachdem die Preisbildungsbehörde hierzu ihre Zustimmung erteilt hat.

Eine Beteiligung der Preisbildungsbehörde ist nicht erforderlich, wenn das Mieteinigungsamt darüber zu entscheiden hat, ob der Vermieter die vom Mieter übernommenen Schönheitsinstandsetzungen selbst ausführen und die Zahlung der gesetzlichen Miete verlangen darf (AusführungsVO.en z. RMG.: Preußen § 7; Oldenburg § 7; Braunschweig § 6; Anhalt § 6; Bremen § 5; Lippe § 5; Schaumburg-Lippe § 6). Das gleiche gilt für die Entscheidungen des Mieteinigungsamts gemäß § 4 Abs. 2 Satz 3, § 21 Satz 2 des Mieterschutzgesetzes.

II. Genehmigungspflichtige Entscheidungen des Pachteinigungsamts.

Nach § 3 Abs. 5 RPSchO. gilt der Inhalt eines vor dem Pachteinigungsamt geschlossenen Vergleichs und jede rechtskräftige Entscheidung des Pachteinigungsamts über den Pachtstreit unter den Beteiligten als Vertragsinhalt. Deshalb ist in den Verfahren vor den Pachteinigungsämtern die Zustimmung der Preisbildungsbehörde erforderlich, wenn einem Antrag auf Pachtpreiserhöhung (§ 1 Abs. 2 RPSchO.) ganz oder teilweise stattgegeben werden soll, wenn bei einer Neufestsetzung des Pachtzinses (§ 1 Abs. 3 Satz 4 RPSchO.) der bisherige Pachtzins überschritten werden soll, oder wenn Bestimmungen in Pachtverträgen gemäß § 2 Abs. 1 Buchst. b des Gesetzes über die Weitergeltung und Ergänzung des Pachtnotrechts vom 30. September 1937 (RGBl. I S. 1051) geändert werden sollen und diese Änderung eine tatsächliche Erhöhung des Pachtpreises zur Folge hat. Führt ein Vergleich zu einer Pachtpreiserhöhung, so ist die Genehmigung der Preisbildungsbehörde vorzubehalten; es ist Sache des Verpächters, die Genehmigung einzuholen. Kommt ein Vergleich nicht zustande, so hat künftig das Pachteinigungsamt vor einer Entscheidung über eine Pachtpreiserhöhung selbst die Genehmigung der Preisbildungsbehörde herbeizuführen. Mein Hinweis auf die hiervon abweichende Regelung in Abschnitt B Nr. 2 Abs. VI des Runderl. des Reichskommissars für Preisbildung Nr. 95/37 vom 22. Mai 1937 (AV. betr. Preise für landwirtschaftliche Pachten und Fischereien im Verhältnis zur VO. über das Verbot von Preiserhöhungen vom 25. Mai 1937 — Dt. Just. S. 800 —) ist damit hinfällig.

III. Herbeiführung der Genehmigung der Preisbildungsbehörde.

Hat das Miet- oder Pachteinigungsamt vor seiner Entscheidung die Entschließung der Preisbildungsbehörde einzuholen, so wird die Angelegenheit zweckmäßig bis zur Entscheidungsreife vorbereitet. In schwierigeren Fällen empfiehlt es sich, bei Übersendung der Akten auf die wesentlichen Gesichtspunkte hinzuweisen, die nach Auffassung des Einigungsamts die Erhöhung der Miete oder der Pacht rechtfertigen. Für Mietzinserhöhungen auf Grund des § 2 Abs. 4 RMG. und des § 10 RMG. hat der Herr Reichskommissar für die Preisbildung die ihm unterstellten Behörden in Nr. 59 des RdErl. Nr. 184/37 vom 12. Dezember 1937 angewiesen, Entscheidungen der Mieteinigungsämter grundsätzlich ohne weitere Nachprüfung zu genehmigen.

Erhebt die Preisbildungsbehörde gegen die in Aussicht genommene Entscheidung Bedenken, so werden notwendigenfalls die beteiligten Behörden unmittelbar miteinander Fühlung zu nehmen haben. Die zur weiteren Aufklärung des Sachverhalts etwa noch erforderlichen Ermittlungen sind, soweit dies nach den maßgebenden Verfahrensvorschriften zulässig ist, durch das Einigungsamt vorzunehmen; die Vorgänge sind danach erneut der Preisbildungsbehörde zur Entschließung zuzuleiten.

Beantragt ein Vermieter die Erhöhung der Friedensmiete mit der Begründung, daß sich der Nutzungswert der Räume infolge einer vorteilhaften Veränderung der Gegend erhöht habe, und würde eine dem Antrag ganz oder teilweise stattgebende Entscheidung nur mit Zustimmung der Preisbildungsbehörde ergehen können, so ist der Antragsteller vor weiterer Prüfung des Antrags auf Nr. 59 des RdErl. Nr. 184/37 vom 12. Dezember 1937 hinzuweisen. Hiernach sind die Preisbildungsbehörden angewiesen, die Zustimmung in allen Fällen zu versagen, in denen ein Mieteinigungsamt die Friedensmiete lediglich wegen Veränderung der Gegend erhöhen will.

Bei Entscheidungen zugunsten des Vermieters, bei denen es nach Auffassung des Mieteinigungsamts keiner Genehmigung der Preisbildungsbehörde bedarf, ist in den Gründen darauf hinzuweisen, daß eine Mieterhöhung, die aus der Entscheidung hergeleitet werden soll, nur mit Genehmigung der zuständigen Preisbildungsbehörde zulässig ist.

Hierzu bemerke ich folgendes:

Soweit in meinen Runderlassen Nr. 95/37 und 153/37 Ausführungen enthalten sind, die von dem in der vorstehenden Ausführungsverordnung vertretenen Standpunkt abweichen, sind sie überholt. Insbesondere gilt das von den Vorschriften aus Abschnitt B Nr. 2 Absatz VI des Runderlasses Nr. 95/37.

Die in der Ausführungsverordnung getroffene Regelung bedeutet[1]) nicht, daß die Vermieter von Wohnungen, die dem Reichsmietengesetz unterliegen, gezwungen werden sollen, bei Durchführung baulicher Verbesserungen beim Mieteinigungsamt einen Antrag auf Erhöhung der Friedensmiete zu stellen oder das im Reichsmietengesetz für die Erhebung von Zusatzmieten vorgesehene Umlageverfahren (§ 13a RMG.) einzuhalten. Es bleibt dem Vermieter vielmehr unbenommen, statt dessen unmittelbar bei der Preisbildungsbehörde auf Grund der Ziffer 42 des Runderlasses 184/37 eine angemessene Mieterhöhung zu beantragen. Die Entscheidung der Preisbildungsbehörde schafft in diesem Fall allerdings kein unmittelbares Recht gegenüber dem Mieter; der Vermieter kann aber das Mietverhältnis nach § 4 der Kündigungsschutz-Verordnung vom 4. Dezember 1937 (RGBl. I S. 1325) kündigen, wenn der Mieter sich weigern sollte, die genehmigte Mieterhöhung anzuerkennen.

Auch wenn Unklarheit über die Höhe der Friedensmiete besteht, kann, falls die Parteien einverstanden sind, an Stelle des Mieteinigungsamtes die Preisbildungsbehörde entscheiden, welcher Betrag in Zukunft als Friedensmiete[2]) gelten soll und der Berechnung der gesetzlichen Miete zugrunde zu legen ist. Die Entscheidung ist in einem möglichst einfachen Verfahren unter Berücksichtigung aller Umstände zu treffen, die auf die voraussichtliche Höhe der Friedensmiete einen Rückschluß zulassen.

---

[1]) Wegen weiterer Auslegung vgl. Ziffer 1 RE. 154/38, Anhang Nr. 8.

[2]) In Ziffer 2 RE. 154/38 (Anhang Nr. 8) ist die Festsetzung einer Festmiete empfohlen.

Ebenso kann, wenn ein Mieter einen Antrag auf Herabsetzung des bisherigen Mietzinses auf die gesetzliche Miete stellt, und der Mieter glaubt, wegen vorgenommener baulicher Verbesserungen nach Ziffer 26 des Runderlasses 184/37 einen Anspruch auf Überschreitung der bisherigen gesetzlichen Miete zu haben, die Preisbildungsbehörde selbst entscheiden, wie weit sie diesen Anspruch für berechtigt hält. Durch die Bestimmung der Ziffer 26 Satz 2 sollte diese Entscheidungsbefugnis nicht eingeschränkt werden. Für die Entscheidung der Preisbildungsbehörden sind auch in diesem Falle ausschließlich die in Ziffer 42 gegebenen Richtlinien maßgebend. Soweit danach eine Überschreitung der gesetzlichen Miete als berechtigt anzusehen ist, können darauf diejenigen Beträge in Anrechnung gebracht werden, die der Vermieter bereits in der Vergangenheit über die von der Preisbildungsbehörde als angemessen angesehenen Beträge hinaus vereinbart hatte.

Zur Beseitigung von Zweifeln weise ich darauf hin, daß Ziffern 42 und 46 der Berücksichtigung erhöhter Instandhaltungs- und Betriebskosten, die eine bauliche Verbesserung mit sich bringt (z. B. beim Einbau einer Nachtbeleuchtung), nicht entgegenstehen.

Schließlich bemerke ich noch, daß die Vorschriften über die Erhebung von Zuschlägen für die Gestattung der Untervermietung (Ziff. 9—12) selbstverständlich auch für diejenigen Wohnungen gelten, die dem Reichsmietengesetz unterliegen. Soweit also derartige Zuschläge zugelassen sind oder in Zukunft zugelassen werden, können sie auch dann erhoben werden, wenn dadurch die gesetzliche Miete überschritten wird.

4. Verordnung des Oberbürgermeisters der Reichshauptstadt Berlin über die Senkung von Wohnungsmieten, die dem Reichsmietengesetz unterliegen.

Vom 22. Dezember 1937.

§ 1. Für Wohnungen, die den Vorschriften des Reichsmietengesetzes unterliegen, darf vom 1. Januar 1938 ab höchstens die gesetzliche Miete als Mietzins gefordert und gezahlt werden. Die Vorschrift des Absatzes 1 findet auch auf Geschäftsräume Anwendung, die Teile einer Wohnung bilden oder wegen ihres wirtschaftlichen Zusammenhanges mit Wohnräumen zugleich mit solchen vermietet sind, soweit sie dem Reichsmietengesetz unterliegen.

§ 2. § 1 gilt auch für Räume, bei denen auf Grund der Bestimmungen des § 2 des Gesetzes zur Änderung des Reichsmietengesetzes und Mieterschutzgesetzes vom 18. April 1936 (RGBl. I S. 371) die Vorschriften des Reichsmietengesetzes erst bei der nächsten Neuvermietung wieder in Kraft treten.

§ 3. Wenn sich auf Grund des § 1 der Mietzins vom 1. Januar 1938 ab ändert, so hat der Vermieter dem Mieter bis zum 30. Dezember 1937[1]) die künftig zu zahlende Miete schriftlich mitzuteilen.

§ 4. Soweit aus volkswirtschaftlichen Gründen oder zur Vermeidung besonderer Härten eine Ausnahme dringend erforderlich erscheint, können die Bezirksbürgermeister eine solche Ausnahme im Einzelfalle zulassen[2]).

§ 5. Es ist verboten, Handlungen vorzunehmen, durch die mittelbar oder unmittelbar die Vorschriften dieser Verordnung umgangen werden oder umgangen werden sollen.

§ 6. Wer den Bestimmungen dieser Verordnung vorsätzlich oder fahrlässig zuwiderhandelt, wird mit Gefängnis und Geldstrafe, letztere in unbegrenzter Höhe oder mit einer dieser Strafen bestraft. Dabei kann die Einziehung des erzielten Entgelts sowie die öffentliche Bekanntmachung des Urteils verfügt werden. Die Strafverfolgung tritt nur auf Antrag ein. Der Antrag kann zurückgenom-

---

[1]) Durch spätere Anordnung ist die Mitteilungsfrist bis zum 20. Februar 1938 erstreckt worden.

[2]) Durch Anordnung vom 14. Januar 1938 ist § 4 dahin ergänzt, daß der Oberbürgermeister für den Bereich der Reichshauptstadt Berlin allgemein Ausnahmen zu den Vorschriften der VO. zulassen kann. Auf dieser Ermächtigung beruht die Anordnung über die Bemessung der neben der gesetzlichen Miete zugelassenen **Untermietzuschläge** vom 14. Januar 1938 (GrundE. 1938, 61), die ab 1. August 1938 durch die VO. vom 4. Juli 1938 neu geregelt worden ist, von Hoffer, GrundE. 1938, 566.

men werden. Wird ein Strafantrag nicht gestellt oder wird er zurückgenommen, so kann die Preisüberwachungsstelle gegen den Vermieter und gegen die anderen Beteiligten Ordnungsstrafen in unbegrenzter Höhe festsetzen.

Zu dieser VO. hat der Oberbürgermeister der Reichshauptstadt als Preisstelle für Mieten am 11. Januar 1938 (GrundE. 1938, 42) folgende Erläuterungen veröffentlicht:

Das Ziel der Verordnung ist nur eine Senkung von Mieten. In den Fällen, in denen bisher eine geringere als die gesetzliche Miete erhoben wurde, darf daher der Vermieter auch weiterhin nur die bisher gezahlte Miete fordern. Jede eigenmächtige Erhöhung bis zur gesetzlichen Miete stellt einen Verstoß gegen die Preisstopverordnung und ist strafbar.

Die gesetzliche Miete ist nach der am 1. Juli 1914 vereinbarten oder seit dem 1. Juli 1922 vom Mieteinigungsamt festgestellten oder festgesetzten Friedensmiete zu berechnen. Die Ermittlung der Friedensmiete ist Sache des Vermieters. Dieser kann sich die Unterlagen, wenn er sie nicht selbst hat, bei den zuständigen Behörden beschaffen, und zwar in den Verwaltungsbezirken Mitte, Tiergarten, Wedding, Prenzlauer Berg, Horst Wessel, Kreuzberg, Charlottenburg, Steglitz (für den alten Ortsteil), Treptow (für Oberschöneweide, Niederschöneweide und Johannisthal), Weißensee, Pankow (nur für Niederschönhausen) und Reinickendorf (nur für Ortsteil Tegel) bei den Bezirkssteuerämtern, sonst bei den Katasterämtern.

Der Vermieter hat dem Mieter nach § 2 Abs. 2 des Reichsmietengesetzes auf Verlangen über die Friedensmiete Auskunft zu geben. Die Mieter müssen sich daher bei Zweifel über die Höhe der Friedensmiete an die Vermieter wenden.

Die gesetzliche Miete besteht aus: einem festen Hundertsatz, der zur Zeit in Berlin 111 v. H. der Friedensmiete beträgt. Hat der Mieter die Schönheitsinstandsetzungen übernommen, so ist die gesetzliche Miete um 4 v. H. (also auf 107 v. H.) der Friedensmiete zu kürzen; der Grundvermögenssteuerumlage (312,5 v. H. des Steuergrundbetrages; statt dessen können aber nur, wenn das bisher geschehen ist, auch weiter 12,5 v. H. der Friedensmiete erhoben werden); der Wassergeldumlage, wenn die gesetzliche Miete um 3 v. H. der Friedensmiete gekürzt ist; der Umlage der Heizstoffkosten für Sammelheizung und Warmwasserversorgung; einer etwa vom Mieteinigungsamt festgesetzten oder zwischen dem Vermieter und Mieter vereinbarten echten Zusatzmiete gemäß § 13a des Reichsmietengesetzes. Eine vereinbarte Zusatzmiete im Sinne des § 13a des Reichsmietengesetzes liegt nur vor, wenn der Vermieter die Beträge, die zu einer angemessenen Verzinsung und Tilgung des für die Verbesserung aufgewendeten Kapitals notwendig sind, anteilig nach der Friedensmiete auf die beteiligten Mieter umgelegt hat. Alle nicht nach diesem Umlageverfahren vereinbarten Zusatzmieten fallen damit fort.

Sind im Hause oder in der Wohnung nach dem 1. Juli 1914 Verbesserungen geringfügiger Art durchgeführt worden (z. B. Neuanlage von Steige- oder Lichtleitungen, Nachtbeleuchtung, einer Waschküche usw.), so kann der Vermieter bis zum 20. Januar 1938 bei der zuständigen Preisstelle (Bezirkswohnungsamt) eine Ausnahmebewilligung nach § 4 der Mietsenkungsverordnung beantragen. Mit einem Erfolg dieses Antrages ist jedoch nur zu rechnen, wenn die für die angemessene Verzinsung und Tilgung der tatsächlich aufgewendeten Kosten notwendigen Beträge nicht ohne Beeinträchtigung der ordnungsmäßigen Bewirtschaftung aus der gesetzlichen Miete gezahlt werden konnten und wenn das aufgewendete Kapital durch die bisher entrichteten Beträge noch nicht getilgt ist.

Will der Vermieter eine höhere als die gesetzliche Miete fordern, weil sich die Benutzungsart der Mieträume seit dem 1. Juli 1914 wesentlich geändert hat, oder weil die Räume seit dem 1. Juli 1914 in erheblicher Weise baulich verändert worden sind (z. B. durch Einbau von Sammelheizung, Warmwasserversorgung oder Klosetts), so hat der Vermieter bis zum 20. Januar 1938 einen Antrag auf Neufestsetzung der Friedensmiete beim Mieteinigungsamt (beim Amtsgericht Berlin) zu stellen.

Wenn nach der Verordnung die Miete vom 1. Januar 1938 ab gesenkt werden muß und der Vermieter den

Mietern die neue geringere Miete nicht bis zum 20. Januar 1938 mitteilt, hat er eine Ordnungsstrafe, deren Höhe nicht begrenzt ist, zu erwarten. Es ist hierbei gleichgültig, ob der Vermieter die Mitteilung vorsätzlich oder nur fahrlässig unterläßt.

Untermietszuschläge dürfen neben der gesetzlichen Miete nur erhoben werden, wenn sie von der Preisstelle genehmigt sind. Für die bisher nicht genehmigten Untermietszuschläge, deren Erhebung nach der Preisstopverordnung bisher zulässig war, ist eine allgemeine Ausnahmebewilligung in Aussicht genommen.

Kann der Vermieter die Höhe der Friedensmiete oder der gesetzlichen Miete nicht so rechtzeitig feststellen, daß er dem Mieter bis zum 20. Januar 1938 den Betrag der neuen niedrigeren Miete mitteilen kann, so muß er den Mieter bis zu diesem Zeitpunkt darüber benachrichtigen, daß er das zur Ermittlung Erforderliche (Antrag beim Bezirkssteueramt, Katasteramt, Mieteinigungsamt oder der Preisstelle) unternommen hat. In diesem Falle ist von dem Mieter die bisherige Miete weiterzuzahlen. Die Verrechnung einer etwa zu viel gezahlten Miete ist bei der ersten Mietzahlung nach der Feststellung der Friedensmiete oder der gesetzlichen Miete vorzunehmen.

5. Mietbeihilfen.

a) Entschließung des Bayer. Staatsministeriums des Innern vom 27. Juni 1938 (Reg.-Anz. Nr. 181).

Nach der VO. über Mietbeihilfen vom 30. März 1938 (RGBl. I S. 342) sind die Bezirke, die Stadtkreise und die bisher kreisunmittelbaren Gemeinden, die nicht Stadtkreise sind, als Bezirksfürsorgeverbände verpflichtet, zum Ausgleich der Auswirkungen des Außerkrafttretens der Landesbestimmungen über die Stundung und Niederschlagung der Geldentwertungsabgabe für die betroffenen Mieter Beihilfen zu gewähren. Die Verpflichtung beschränkt sich jedoch gemäß § 2 der genannten Verordnung auf die Steuersätze, die nach der Verordnung über die Entrichtung einer Abgabe zum Ausgleich der Geldentwertung bei bebauten Grundstücken vom 8. April 1935 (GVBl. S. 319) bis 31. März 1938 gegolten haben. Sie erstreckt sich also nicht auf den Zuschlag zur Hausssteuer nach § 8 Abs. II des Haussteuergesetzes vom 8. April 1935 (GVBl. S. 277) — früher Wohnungsbauabgabe genannt —, der mit Wirkung vom 1. April 1938 in Höhe von $^9/_{17}$ in das Gesetz über die Geldentwertungsabgabe vom 2. Mai 1938 (GV.-Bl. S. 163) eingebaut wurde.

Da sonach die Steuernachlässe, die bis 31. März 1938 zugunsten leistungsschwacher Mieter für den Zuschlag zur Haussteuer (Wohnungsabgabe) gewährt worden sind, nicht durch Mietbeihilfen im Sinne der VO. vom 30. März 1938 (RGBl. I S. 342) ausgeglichen werden können, muß der Ausgleich, soweit nach Lage des Falles zur Vermeidung unbilliger Härten erforderlich, durch fürsorgerechtliche Beihilfen der nach den fürsorgerechtlichen Bestimmungen zuständigen Fürsorgeverbände an die betroffenen Mieter herbeigeführt werden. Den Fürsorgeverbänden wird daher nahegelegt, die Frage der Hilfsbedürftigkeit der betroffenen Mieter in diesen Fällen wohlwollend zu prüfen und ihnen in entsprechender Anwendung der VO. vom 30. März 1938 (RGBl. I S. 342) und im Benehmen mit den nach dieser Verordnung zuständigen Bezirksfürsorgeverbänden ab 1. April 1938 eine monatliche Mietbeihilfe insoweit zu gewähren, als zu ihren Gunsten der Zuschlag zur Haussteuer bei Weitergeltung der bisherigen Bestimmungen über den 31. März 1938 hinaus gestundet oder niedergeschlagen worden wäre. Dabei ist jedoch zu beachten, daß der Zuschlag zur Haussteuer (Wohnungsbauabgabe) nur in Höhe von $^9/_{17}$ in die Geldentwertungsabgabe eingebaut wurde; die Mietbeihilfe wird daher den auf den Zuschlag zur Haussteuer (Wohnungsbauabgabe) entfallenden Teil der Geldentwertungsabgabe in der Regel nicht überschreiten. Den Fürsorgeverbänden wird empfohlen, auf den Rückersatz der bis zum 31. März 1939 gewährten Mietbeihilfen gegenüber den Mietern zu verzichten. Wegen des Zusammenwirkens der Finanzämter mit den Stadt- und Landkreisen sowie den Fürsorgeverbänden beim Vollzug der VO. über Mietbeihilfen vom 30. März 1938 (RGBl. I S. 342) ergeht demnächst besondere Entschließung.

b) Entschließung des Bayer. Staatsministeriums des Innern und der Finanzen vom 20. Juli 1938 (Reg.-Anz. Nr. 202).

I. Nach den für die Gewährung von Beihilfen an leistungsunfähige Mieter maßgebenden Bestimmungen sind folgende 3 Arten von Mietbeihilfen zu unterscheiden:

1. Die Mietbeihilfe nach Maßgabe der VO. über Mietbeihilfen (MietbVO.) vom 30. März 1938 (RGBl. I S. 342). Sie dient zum Ausgleich der ab 1. April 1938 beseitigten Mietzinssteuernachlässe auf dem Gebiet der Geldentwertungsabgabe; sie beschränkt sich auf die Steuersätze der Geldentwertungsabgabe, die bis 31. März 1938 gegolten haben. Die Gewährung dieser Mietbeihilfe obliegt ausschließlich den Stadt- und Landkreisen. Stadt- und Landkreise sind die für die Aufgaben des § 1 Abs. 1 unter a bis c der Fürsorgepflichtverordnung zuständigen Bezirksfürsorgeverbände.

2. Die fürsorgerechtliche Mietbeihilfe (vgl. Abs. II der ME. vom 27. Juni 1938 Nr. 6750 c 17, Reg.-Anz. Nr. 181). Sie dient zum Ausgleich der ab 1. April 1938 beseitigten Mietzinssteuernachlässe hinsichtlich des Zuschlags nach § 8 Abs. II des Haussteuergesetzes (Wohnungsbauabgabe) und erstreckt sich auf den ab 1. April 1938 in die Geldentwertungsabgabe eingebauten Teil ($^9/_{17}$) des genannten Haussteuerzuschlags. Sie ist eine Leistung der öffentlichen Fürsorge und ist demgemäß von den nach den fürsorgerechtlichen Bestimmungen zuständigen Fürsorgeverbänden zu bewirken.

3. Die Mietbeihilfe nach Maßgabe von § 1 Abs. 2 der VO. zum Vollzug der VO. über die Durchführung notwendiger Mietzinsänderungen anläßlich der Einführung des Grundsteuergesetzes vom 1. April 1938 (RGBl. I S. 370), § 1 Abs. 2 der VollzVO. hierzu vom 9. Juni 1938 (GVBl. S. 203) samt VollzBek. vom 9. Juni 1938 (GVBl. S. 204).

Sie dient zum Ausgleich der Mehrbelastung infolge von Mietzinserhöhungen, die durch den Wegfall der gemeindlichen Steuern auf Wohnungen oder Mieten (z. B. Feuerschutzabgabe) ab 1. April 1938 veranlaßt sind, und zwar zugunsten derjenigen Mieter, die von der gemeindlichen Steuer auf Wohnungen (z. B. Feuerschutzabgabe) bis zum 31. März 1938 befreit waren. Sie richtet sich nach den Steuersätzen, die bis 31. März 1938 von der Gemeinde erhoben worden sind. Sie obliegt den Gemeinden, die die Steuer erhoben haben.

II. Hinsichtlich des *Verfahrens* bei der Gewährung von Mietbeihilfen wird ergänzend noch folgendes bestimmt:

a) Die *Finanzämter* übersenden in den oben unter Ziff. 1 und 2 genannten Fällen gemäß § 4 Abs. 2 Mietb.-VO. den zuständigen Fürsorgeverbänden, soweit von diesen mit den Finanzämtern keine abweichenden Vereinbarungen getroffen werden, unverzüglich grundstücksweise geordnete Verzeichnisse der Mieter, denen bis zum 31. März 1938 ein Steuernachlaß gewährt worden ist. Die Verzeichnisse müssen — tunlichst für jeden Mieter auf einem besonderen Blatt — die Bezeichnung des Gebäudes (Straße und Hs.-Nr.), die Namen des Hauseigentümers und des Mieters, ferner die Steuernummer sowie Höhe und Hundertsatz des dem einzelnen Mieter im März 1938 gewährten Nachlasses, getrennt nach Geldentwertungsabgabe und Haussteuerzuschlag (Wohnungsbauabgabe) enthalten. Als zuständige Fürsorgeverbände kommen entweder die Stadtkreise (als Bezirks- und zugleich Ortsfürsorgeverbände) oder aber die Landkreise und die Ortsfürsorgeverbände in Betracht.

Stundungen der Geldentwertungsabgabe 1938, die mit Rücksicht auf bisherige Mietzinssteuernachlässe zugunsten leistungsunfähiger Mieter bewilligt worden sind, sind in Höhe des auf den Haussteuerzuschlag entfallenden Teils zu widerrufen; die entsprechenden Steuerbeträge sind vom Hauseigentümer einzuziehen, soweit nicht *zu dessen Gunsten* ein Erlaß der Geldentwertungsabgabe 1938 in Frage kommt. Soweit erforderlich, erlassen die Oberfinanzpräsidenten nähere Anweisungen an die Finanzämter.

b) Auf Grund der von den Finanzämtern übermittelten Unterlagen haben

(1) die Stadt- und Landkreise die Mietbeihilfe nach Ziff. I, 1 festzusetzen,

(2) die Fürsorgeverbände über die Gewährung der Mietbeihilfe nach Ziff. I, 2 nach Prüfung der Leistungsunfähigkeit des Mieters zu entscheiden. Die Leistungsunfähigkeit wird im allgemeinen in gleichbleibendem Maße anzunehmen sein, wenn sich die wirtschaftlichen Verhältnisse des Mieters seit März 1938 nicht verbessert haben. Über die Gewährung oder Verweigerung der Mietbeihilfe sind den Mietern und in Abdruck den Hauseigentümern schriftliche Bescheide zu erteilen. Die Bescheide über die Gewährung von Mietbeihilfe sind für die Zeit ab 1. April 1938 zu erlassen, sie müssen den monatlichen Betrag der Beihilfe sowie den Vorbehalt enthalten, daß sie, wenn die Leistungsfähigkeit des Mieters nicht mehr oder nicht mehr in vollem Maße gegeben ist, mit Wirkung von diesem Zeitpunkt an widerrufen oder geändert werden können.

Die Mietbeihilfe nach Ziff. I, 1 ist gemäß § 4 Abs. 3 MietbVO. unter Beigabe einer nach den Anwesen gegliederten Aufstellung der auf die einzelnen Mieter entfallenden Beträge an das Finanzamt zu zahlen. Die Mietbeihilfe nach Ziff. I, 2 (fürsorgerechtliche Mietbeihilfe) kann grundsätzlich an den Mieter oder für Rechnung des Mieters an den Vermieter bezahlt werden. Die Zahlung an den Vermieter verdient jedoch den Vorzug, um Mietzinsausfälle nach Möglichkeit zu vermeiden.

Unberührt bleibt auch die Verpflichtung der Fürsorgeverbände zu weitgehenden Fürsorgeleistungen nach Maßgabe der allgemeinen Fürsorgegrundsätze.

c) In dem oben unter Ziff. I, 3 genannten Falle bleibt es den Gemeinden überlassen, die dem Mieter zu gewährende Mietbeihilfe nicht auszuzahlen, sondern auf die Grundsteuerschuld des Hauseigentümers anzurechnen und diesen seinerseits zu verpflichten, dem Mieter den vollen Betrag der Beihilfe auf die Miete anzurechnen. Der Mieter ist über die Höhe der gewährten Mietbeihilfe in jedem Fall zu verständigen.

6. Gesetz über die Auflockerung der Kündigungstermine bei Mietverhältnissen über Wohnräume*).

Vom 24. März 1938 (RGBl. I S. 306).

Die Reichsregierung hat das folgende Gesetz beschlossen, das hiermit verkündet wird:

§ 1

(1) Ein Mietverhältnis über Wohnräume, bei dem die Mietzeit nicht bestimmt ist oder das sonst auf unbestimmte Zeit läuft, kann auch dann für den Schluß jedes Kalendermonats gekündigt werden, wenn nach den vertraglichen oder den bisher maßgebenden gesetzlichen Bestimmungen die Kündigung nur für den Schluß eines längeren kalendermäßigen Zeitabschnitts zulässig sein würde. § 566 Satz 2 Halbsatz 2 des Bürgerlichen Gesetzbuchs bleibt unberührt.

(2) Die vertraglichen oder gesetzlichen Bestimmungen über die Dauer der Kündigungsfrist bleiben unberührt. Müßte nach diesen Bestimmungen für den Schluß eines längeren einmonatigen kalendermäßegen Zeitabschnitts spätestens am dritten Werktag eines Kalendervierteljahres oder in einem vertraglich anders bestimmten Zeitpunkt gekündigt werden, so ist bei der Kündigung für den Schluß eines Kalendermonats eine gleich lange Frist einzuhalten.

(3) Darf ein für bestimmte Zeit eingegangenes Mietverhältnis über Wohnräume unter Einhaltung einer Frist vorzeitig gekündigt werden, so sind Abs. 1 Satz 1 und Abs. 2 entsprechend anzuwenden.

§ 2

Ist ein Mietverhältnis über Wohnräume für bestimmte Zeit eingegangen und ist vereinbart, daß es sich nach Ablauf der Mietzeit mangels Kündigung jedesmal um einen kürzeren als einjährigen Zeitabschnitt verlängern soll, so gilt es, wenn es nicht für das Ende der ursprünglichen Mietzeit gekündigt worden ist, von diesem Zeitpunkt ab als auf unbestimmte Zeit verlängert.

---

*) Erläutert bei Kiefersauer, Mieterschutzrecht, 6. Aufl.

§ 3

Die Vorschriften der §§ 1 und 2 gelten auch für Geschäftsräume, die Bestandteile einer Wohnung sind. Sie gelten nicht für Wohnräume, die sich an Geschäftsräume anschließen oder wegen ihres wirtschaftlichen Zusammenhangs mit Geschäftsräumen zugleich mit solchen vermietet sind.

§ 4

In den Fällen der §§ 1 und 22a Nr. 1 Abs. 2 des Reichsmietengesetzes und der §§ 1n und 5 des Mieterschutzgesetzes bestimmt sich der Zeitpunkt, für den oder in dem die Kündigung zulässig sein würde, auch nach diesem Gesetz, wenn das Mietverhältnis ihm unterliegt.

§ 5

(1) Ist ein Mietverhältnis bereits beim Inkrafttreten dieses Gesetzes nach den bisher geltenden Vorschriften für den Schluß eines Kalendervierteljahres gekündigt, so behält es dabei sein Bewenden.

(2) Stehen Räume, die durch dieses Gesetz betroffen werden, unter Mieterschutz und ist beim Inkrafttreten dieses Gesetzes bereits die Aufhebungsklage erhoben oder das gerichtliche Kündigungsschreiben zugestellt, so bestimmt sich der Zeitpunkt der Beendigung des Mietverhältnisses nach den bisher geltenden Vorschriften.

§ 6

(1) Dieses Gesetz tritt am 1. April 1938 in Kraft.

(2) Die Inkraftsetzung dieses Gesetzes für das Land Österreich bleibt vorbehalten.

7. Runderlaß Nr. 153/38 vom 29. Dez. 1938.
Betrifft: Mieterhöhung bei Änderung der Benutzungsart von Räumen. (MittBl. 1939 Teil I S. 10.)

Nach Ziffer 41 RE. 184/37 kann eine Mieterhöhung zugelassen werden, wenn sich die Benutzungsart der Räume erheblich geändert hat und dadurch dem Vermieter Mehraufwendungen entstehen. Zur Erläuterung dieser Bestimmung weise ich auf folgendes hin:

Nicht jede Änderung der Benutzungsart kann eine Mieterhöhung begründen. Die Änderung muß erheblich sein und dem Vermieter Mehraufwendungen verursachen. Selbstverständliche Voraussetzung ist ferner, daß die anderweitige Benutzungsart nicht gesetzwidrig sein darf.

Ob eine erhebliche Änderung der Benutzungsart vorliegt, hängt von der Lage des Einzelfalles ab. Die Vergrößerung der Zahl der Haushaltangehörigen oder die Aufnahme von Untermietern stellt eine erhebliche Änderung der Benutzungsart nicht dar, auch dann nicht, wenn die Untervermietung gewerbsmäßig erfolgt. Im Falle der Untervermietung wird aber vielfach gemäß Ziffer 9 RE. 184/37 die Erhebung eines Zuschlages für die Gestattung der Untervermietung zugelassen werden können. Ferner liegt keine erhebliche Änderung der Benutzungsart vor, wenn Heimarbeit in Wohnräumen von den Familienangehörigen des Mieters verrichtet wird.

Eine erhebliche Änderung der Benutzungsart, durch die dem Vermieter Mehraufwendungen entstehen, wird hingegen in der Regel anzunehmen sein, wenn Räume, die bisher als Wohnung dienten, nunmehr ganz oder zum Teil zu gewerblichen oder geschäftlichen Zwecken benutzt oder vermietet werden.

In Betracht kommen in erster Linie Wohnungen von Ärzten, Anwälten, Kaufleuten usw., die einen Teil der Zimmer oder die ganze Wohnung zu Berufszwecken benutzen; ferner Wohnungen, die als Fremdenheime oder Pensionen dienen.

In solchen Fällen wird zur Abgeltung der Mehraufwendungen des Vermieters im allgemeinen eine Mieterhöhung von 10 v. H. des bisherigen Mietzinses zuzulassen sein. Hat der Vermieter auf seine Kosten bauliche Veränderungen machen lassen, so sind diese außerdem nach Ziffer 42 RE. 184/37 in Verbindung mit dem Erlaß vom 20. Oktober 1938[1]) zu berücksichtigen.

Um denselben Hundertsatz ist der Mietzins zu ermäßigen, wenn die Räume wieder lediglich zu Wohnzwecken verwendet oder neu vermietet werden.

---

[1]) Im Auszug abgedruckt oben S. 176.

Handelt es sich um Geschäftsräume im eigentlichen Sinne (Läden, Werkstätten), so muß im allgemeinen eine völlig neue Berechnung der Miete unter Anlehnung an die für gleichartige Objekte üblichen und angemessenen Mieten erfolgen. Dabei sind gemäß Ziffer 66 RE. 184/37 die Industrie- und Handelskammer bzw. die Handelskammer gutachtlich zu hören.

8. Runderlaß 154/38 vom 30. Dezember 1938.

Betrifft: **Verweisung an Mieteinigungsämter.** (MittBl. 1939 Teil I S. 10.)

1. Wenn ein Mieter einen Antrag auf Senkung eines Mietzinses auf die gesetzliche Miete (ges. M.) gestellt hat, so ist nach Ziffer 26 Satz 1 RE. 184/37 dem Vermieter, der glaubhaft macht, daß er nach dem Reichsmietengesetz (RMG.) Anspruch auf Erhöhung der Friedensmiete (FM.) hat, die Möglichkeit zu geben, darüber eine Entscheidung des Mieteinigungsamtes (MEA.) herbeizuführen. Nur in klarliegenden Fällen sollten nach Satz 2 a. a. O. die Preisbehörden selbst entscheiden, wie weit der Anspruch des Vermieters auf einen über der ges. M. liegenden Mietzins sachlich gerechtfertigt ist. Die hierin liegende Einschränkung der Entscheidungsbefugnis der Preisbehörden war, wie schon aus dem Erlaß vom 6. April 1938[1]) hervorgeht, von vornherein nur für eine Übergangszeit gedacht. Nachdem sich die Preisbehörden in der Zwischenzeit mit den ihnen übertragenen Aufgaben vertraut gemacht haben, wird im allgemeinen keine Notwendigkeit mehr bestehen, ein Verfahren vor der Preisbehörde auszusetzen und einen Vermieter zu veranlassen, sich an das MEA. zu wenden. Die Anrufung des MEA. belastet nicht nur den Vermieter mit zusätzlichen Kosten, sie führt notwendigerweise auch zu einer erheblichen Verzögerung der Entscheidung der Preisbehörde. Dazu kommt, daß inzwischen für die wichtigsten Fälle, in denen eine Überschreitung der ges. M. sachlich gerechtfertigt ist, nämlich bei zwischenzeitlicher Vornahme baulicher Verbesserungen,

[1]) Abgedruckt oben S. 221.

durch meinen Erlaß vom 20. Okt. 1938[2]) genaue Anweisungen gegeben sind.

Das in Ziffer 26 Satz 1 RE. 184/37 vorgesehene Verfahren ist daher in Zukunft nur noch anzuwenden, wenn der Vermieter es ausdrücklich beantragt und besondere Gründe es geboten erscheinen lassen, diesem Antrag stattzugeben.

2. Auch in denjenigen Fällen, in denen Zweifel über die Höhe der FM. bestehen, soll eine Verweisung des Vermieters an das MEA. zwecks Feststellung oder Festsetzung der FM. in Zukunft grundsätzlich nicht mehr erfolgen. Die Preisbehörde hat vielmehr in solchen Fällen den nach Lage, Größe und Beschaffenheit der Wohnung angemessenen Mietzins von sich aus als Festmiete festzusetzen. Die Festsetzung einer Festmiete ist, wie sich gezeigt hat, im allgemeinen einfacher und zweckmäßiger als die Mietfestsetzung nach Maßgabe der Vorschriften in Abs. 3 des erwähnten Erlasses vom 6. April 1938[1]).

9. Grundsätzliche Entscheidungen des Reichskommissars für die Preisbildung auf dem Gebiete des Mietrechts.

I. Mittelbare Mietzinserhöhung, Änderung der Kündigungsfrist.

E. v. 10. Mai 1938 IV 260—3688, MittBl. I Nr. 11 S. 8.

Die Preisstopverordnung verbietet nicht nur unmittelbare, sondern auch mittelbare Mietzinserhöhungen. Als mittelbare Mieterhöhung gilt nach Ziffer 1 RE. 184/37 jede Änderung der Bedingungen des Mietvertrages, die für den Mieter eine wirtschaftliche Belastung bedeutet. Danach ist auch eine Änderung der vertraglich vereinbarten Kündigungsfrist gegen den Willen des Mieters nur mit Genehmigung der Preisbehörde zulässig, da der Mieter durch seinen Widerspruch zum Ausdruck bringt, daß er an der Beibehaltung der bisherigen Vereinbarung ein wirtschaftliches Interesse hat.

---

[2]) Im Auszug abgedruckt oben S. 176.

II. Treibstoffentnahme in gewerblichen Garagenbetrieben.

E. v. 18. Mai 1938 IV 418—3660, MittBl. I Nr. 12 S. 1.

In der Automobilfachpresse (Motorwelt, Allgemeine Automobilzeitung, Auto- und Motorrad-Markt, Motor und Sport) ist übereinstimmend zum Ausdruck gebracht, der Reichskommissar für die Preisbildung habe angeordnet, daß die vielfach in Garagenmietverträgen enthaltene Klausel, wonach der Mieter verpflichtet ist, Treibstoffe und Öle für das eingestellte Fahrzeug beim Garagenbesitzer zu entnehmen, unzulässig sei.

Diese Presseäußerungen lassen erkennen, daß eine von mir ergangene Entscheidung unrichtig verstanden worden ist.

Der Reichsverband der Garagenbesitzer Deutschlands hat einen Einheitsmietvertrag herausgegeben, der u. a. folgende Klausel enthält:

„Bei der Berechnung der Einstellgebühren ist davon ausgegangen, daß die erforderlichen Materialien wie Treibstoff-Öl, Bereifung, Reinigungsmaterial u. dgl., die der Garagenbesitzer zu den offiziellen bzw. handelsüblichen Preisen und Bedingungen zur Verfügung hält, durch die Garage bezogen werden."

Ich habe entschieden, daß diese Fassung im Mietvertrag nur von einer Erwartung spricht, daß aber die Mieter nicht verpflichtet sind, die Treibstoffe usw. beim Garagenbesitzer zu entnehmen und daß deshalb eine Erhöhung der Garagenmieten ohne besondere Ausnahmegenehmigung nach § 3 PStopV. dann nicht möglich ist, wenn der Mieter seine Treibstoffe nicht beim Garagenbesitzer bezieht.

Diese Entscheidung bezieht sich also nur auf die Fälle, in welchen die Treibstoffentnahme beim Garagenbesitzer durch die angefochtene Bestimmung im Mietvertrag geregelt ist, nicht dagegen auf solche schon vor dem 17. Okt. 1936 — dem Stichtag der PStopV. — geschlossene oder nachträglich durch die Preisbildungsstellen genehmigte Mietverträge, durch welche die Mieter sich zur Treibstoffentnahme beim Garagenbesitzer verpflichtet haben. Solche Verpflichtungen bestehen nach wie vor zu Recht, falls nicht im Einzelfall ein Gericht im andern Sinn entschieden hat.

III. Abstandssummen bei Mietwohnungen.

E. v. 5. Juli 1938 IV 258 — 4592, MittBl. I Nr. 19 S. 2.

Gegen die Zahlung einer Abstandssumme wird dann nichts einzuwenden sein, wenn ihr eine gleichwertige Leistung gegenübersteht. Das ist der Fall, wenn der bisherige Mieter ausnahmsweise besondere geldliche Aufwendungen machen mußte und sich diese vom neuen Mieter erstatten läßt. Das gleiche gilt entsprechend für den Vermieter, wenn er z. B. einen Mieter vorzeitig aus dem Mietvertrag entläßt und dem Vermieter dadurch besondere Ausgaben und Lasten entstehen. Die Überlassung der Wohnung selbst und die notwendigerweise damit verbundenen Umzugskosten rechtfertigen dagegen keine Abfindung.

Nach den Richtlinien für das Gewähren von Abfindungsbeträgen zum Beschaffen von Wohnungen vom 7. Mai 1935 (RBBl. S. 52 Nr. 2446) ist die Gewährung von Abfindungen an besondere Voraussetzungen geknüpft. Gegen die weitere Anwendung dieser Vorschriften innerhalb der vorgeschriebenen Grenzen habe ich keine Bedenken[1]).

IV. Stopmiete.

E. v. 18. Juli 1938 IV 258 — 5981, MittBl. I Nr. 21 S. 3.

Die letzte vor dem Stichtag gezahlte Miete ist maßgebend, wenn Mieträume an diesem Tage vorübergehend leer standen oder anders als durch Vermietung genutzt wurden. Wenn die Räume jedoch nach dem Stichtag zu einem niedrigeren als dem letzten vor dem Stichtag erzielten Mietpreis vermietet wurden, so ist dieser Mietzins maßgebend, es sei denn, daß die Senkung nur befristet vorgenommen worden ist.

---

[1]) Der Abfindungsbeitrag, der hiernach dem Beamten für den Wohnungsinhaber gewährt werden kann, ist nach dem Betrag bemessen, der für 2 bis 4 Monate dem Beamten an Trennungsentschädigung gezahlt werden kann.

V. Preisstopverordnung und Kündigung von Mietverhältnissen.

E. v. 1. August 1938 IV 258 — 6342, MittBl. I Nr. 23 S. 5.

a) Nach Ziffer 13 RE. 184/37 verstößt jede Kündigung gegen die PStopV., durch die sich der Vermieter mittel- oder unmittelbar einen wirtschaftlichen Vorteil verschaffen will. Dieser Tatbestand ist grundsätzlich bei jeder Kündigung als gegeben anzusehen, zu der der Mieter durch sein eigenes Verhalten keinen Anlaß gegeben hat. Soweit danach Kündigungen verboten sind, können die Preisüberwachungsstellen und die auf Grund der Ziffer 4 des Organisationserlasses vom 12. Dez. 1936 in Verbindung mit Ziffer 20 RE. 184/37 mit der Preisüberwachung beauftragten unteren Verwaltungsbehörden die Kündigung für unzulässig erklären und dem Vermieter notwendigenfalls unter Androhung einer Ordnungsstrafe jede Handhabung untersagen, die den Mieter zur Räumung veranlassen soll. Die Anordnungen der Preisbehörden sind nach § 6 des Gesetzes vom 29. Okt. 1936 für die Gerichte bindend. Eine Räumungsklage, die auf Grund einer für unzulässig erklärten Kündigung erhoben wird, muß also ohne sachliche Prüfung abgelehnt werden.

b) Bei der Behandlung von Kündigungsfragen haben die Preisbehörden zu beachten, daß ihre Aufgabe in erster Linie darin besteht, den Mieter gegen ungerechtfertigte Belastungen zu schützen. Sie werden deshalb in vielen Fällen einer Kündigung zustimmen können, wenn dem Mieter in angemessener Weise die Umzugskosten vergütet werden. Dabei wird bei Wohnungen im allgemeinen der Betrag einer Monatsmiete als ausreichend angesehen werden können. Bei Geschäftsräumen läßt sich eine derartige Richtlinie nicht aufstellen; hier empfiehlt sich in schwierigen Fällen die Anhörung der Industrie- und Handelskammer oder der Handwerkskammer.

VI. Mittelbare Mietzinserhöhung. Änderung der Kündigungsfrist.

E. v. 1. August 1938 IV 260—3966, MittBl. I Nr. 23 S. 5.

a) Nach der Grunds.Entsch. vom 10. Mai 1936 — oben I — ist es unzulässig, daß der Vermieter einen Mietvertrag zum Zweck der Abänderung der bisher vereinbarten Kündigungsfristen oder anderer Vertragsbestimmungen ohne vorherige Genehmigung der Preisbehörde kündigt. Ich habe Veranlassung, darauf hinzuweisen, daß dieser Grundsatz auch für Mietverhältnisse gilt, die den Bestimmungen des Mieterschutzgesetzes unterliegen, soweit in solchen Fällen die Kündigung nicht etwa bereits durch das Mieterschutzgesetz selbst verboten sein sollte (vgl. Ebel, MSchG., 7. Aufl. Anm. 3 II b zu § 1).

b) Wenn bei einer Neuvermietung andere Kündigungsfristen vereinbart werden sollen als bisher, so hängt die Zulässigkeit einer solchen Vereinbarung davon ab, ob dabei der neue Mieter schlechter gestellt wird als der bisherige. Wenn sich der neue Mieter mit der Änderung der Kündigungsfrist freiwillig einverstanden erklärt, wird man im allgemeinen davon ausgehen können, daß die Neuregelung für ihn keine wirtschaftlichen Nachteile bedeutet. Eine Ausnahmegenehmigung wäre dann also nicht erforderlich.

VII. Mietzinsberechnung bei Neubauten mit Reichsbürgschaft.

E. v. 6. Dez. 1938 IV 258 — 8246, MittBl. I Nr. 41 S. 3.

Der Begriff von „frei finanzierten" Neubauten setzt nur voraus, daß der Bauherr die zur Durchführung des Neubaues erforderlichen Geldmittel sich auf dem freien Geldmarkt zu den üblichen Zinssätzen beschafft und die vom Staat für den Wohnungsbau zu ermäßigten Zinssätzen bereitgestellten Hypothekendarlehen nicht in Anspruch nimmt. Die Inanspruchnahme der Reichsbürgschaft für die 2. Hypothek ist mit der Gewährung eines staatlichen Darlehens zu einem niedrigen Zinssatz nicht gleichzusetzen, da die Reichsbürgschaft keine Zinsermäßigung bewirkt, sondern nur die satzungsmäßige Voraussetzung dafür schafft, daß die Sparkassen und Hypothekenbanken das Grundstück über 50% des Bau- und Bodenwertes hinaus beleihen dürfen. Infolgedessen sind auch solche Neubauten als „frei finanziert" im Sinne der Ziffer 35 RE. 184/37 anzusehen, für die eine Reichsbürgschaft für die 2. Hypothek übernommen ist. Die Zinsen für die aufgenommenen

Hypotheken dürfen also mit dem tatsächlichen Betrage eingesetzt werden; die in Ziffer 35 RE. 184/37 angegebenen Sätze dürfen dabei aber nicht überschritten werden.

10. Verordnung über die Kostenpflicht und Kostenerhebung in Miet- und Pachtpreissachen[1][2].

Vom 29. Dezember 1938 (MittBl. 1939 Teil I S. 20).

Auf Grund des Gesetzes zur Durchführung des Vierjahresplanes — Bestellung eines Reichskommissars für die Preisbildung — vom 29. Oktober 1936 (Reichsgesetzbl. I S. 927) wird mit Zustimmung des Beauftragten für den Vierjahresplan folgendes verordnet:

§ 1

Für das Verfahren vor den mit der Preisbildung bei Mieten und Pachten für Wohn- und Geschäftsräume betrauten Behörden wird von diesen nach Maßgabe der nachstehenden Bestimmungen eine Gebühr erhoben.

Zu § 1:

Gebührenpflichtig nach Maßgabe der Verordnung sind alle Einzelentscheidungen, die den Preisbehörden durch die Anordnung vom 27. September 1937 (Reichsanz. Nr. 238) und den Runderlaß Nr. 184/37 übertragen worden sind.

§ 2

(1) Gebührenpflichtig ist der Antragsteller. Wird die Behörde von Amts wegen tätig, so wird die Gebühr dem Beteiligten auferlegt, der durch die Entscheidung einen wirtschaftlichen Vorteil erlangt.

(2) Die Behörde kann jedoch aus Billigkeitsgründen abweichend vom Absatz 1 die Gebühr demjenigen ganz oder teilweise auferlegen, der das Verfahren durch sein Verhalten veranlaßt oder verschleppt hat.

---

[1]) Betrifft nicht das Land Österreich und die sudetendeutschen Gebiete.

[2]) Die Erläuterungen zu den einzelnen Vorschriften geben den Wortlaut des RE. 155/38 — oben S. 199 — wieder.

Zu § 2:

(1) In Erweiterung der bisherigen Bestimmungen sieht die Verordnung eine Gebührenpflicht auch in den Fällen vor, in denen eine Entscheidung (z. B. eine Mietsenkung) auf Grund eines von Amts wegen eingeleiteten Verfahrens getroffen wird.

(2) Die starre Regelung der Ziffer 74 des Runderlasses Nr. 184/37, wonach stets der Antragsteller die Gebühren tragen mußte, ist aufgegeben worden. Die Behörde wird von der Möglichkeit, die Gebühren abweichend von § 2 Abs. 1 zu verteilen, insbesondere dann Gebrauch zu machen haben, wenn sich ein Vermieter ohne triftigen Grund geweigert hat, eine überhöhte Miete freiwillig zu senken und dadurch den Mieter gezwungen hat, die Behörde anzurufen, oder die Behörde genötigt hat, von Amts wegen tätig zu werden. Ebenso kann einem Mieter die Gebühr auferlegt werden, wenn er die Erledigung eines berechtigten Antrages auf Mieterhöhung durch unbegründete Einwendungen verschleppt hat.

§ 3

(1) Die Gebühr wird mit der Stellung des Antrags oder, wenn die Behörde von Amts wegen tätig wird, mit der Entscheidung fällig. Vor Eingang der Gebühr ist die Behörde nicht verpflichtet, einen Antrag zu bearbeiten. Ein Antrag gilt als zurückgenommen, wenn der Antragsteller die Gebühr nicht innerhalb der ihm gesetzten Frist zahlt.

(2) Die Gebühr wird im Verwaltungsverfahren beigetrieben [1]).

Zu § 3:

Die an Ziffer 75 des Runderlasses Nr. 184/37 angelehnte Regelung, nach der die Gebühr bei der Einreichung des Antrags zu zahlen ist, dient in erster Linie dem Zweck, unbegründete Anträge von vornherein möglichst einzudämmen.

---

[1]) In Bayern erfolgt die Beitreibung der Gebühr durch das Finanzamt, MBek. v. 16. Jan. 1939 RegAnz. Nr. 18.

§ 4

(1) Die Gebühr wird nach dem Jahreswert der beantragten oder, im Falle eines von Amts wegen durchgeführten Verfahrens, der festgesetzten Miet- oder Pachtzinsänderung erhoben.

(2) Die Behörde setzt den Jahreswert nach freiem Ermessen fest, wenn der Antrag auf Änderung des Miet- oder Pachtzinses nicht ziffermäßig bestimmt ist.

(3) Hat das Verfahren keine Änderung des Miet- oder Pachtzinses zum Gegenstand, so wird der Wert von der Behörde nach freiem Ermessen festgesetzt.

Zu § 4:

(1) Jahreswert ist der jährliche Betrag der beantragten oder festgesetzten Miet- und Pachtzinsänderung.

Bei Genehmigung eines Untermietzuschlages ist ebenfalls der Jahresbetrag der Gebührenberechnung zugrunde zu legen.

(2) In den Fällen des § 4 Abs. 2 ist im Zweifel ein Betrag von 10 v.H. des für das letzte Jahr gezahlten Miet- oder Pachtzinses als Jahreswert anzusehen.

(3) Die Vorschrift des § 4 Abs. 3 findet z.B. Anwendung bei der Genehmigung von Kündigungen, der Zustimmung zu einem erstmalig vereinbarten Mietzins, der Ersetzung der Erlaubnis zur Untervermietung u. dgl. Als Wert dürften in den angeführten Fällen etwa 10 v.H. des jährlichen Mietzinses anzusetzen sein. Als Mietzins ist bei Kündigungen der bisher gezahlte Mietzins, bei erstmalig vereinbarten Mieten der in Aussicht genommene Mietzins und bei Erteilung einer Erlaubnis zur Untervermietung der Mietzins, den der Untermieter zahlen soll, zugrunde zu legen. Im übrigen ist für die Wertbemessung das wirtschaftliche Interesse der Beteiligten und der Umfang und die Schwierigkeit der Sache maßgebend.

(4) In den Fällen der Absätze 2 und 3 wird vielfach die endgültige Gebührenfestsetzung erst nach Abschluß des Verfahrens möglich sein. Es kann jedoch, sofern das Verfahren nicht von Amts wegen durchgeführt wird, schon vorher ein angemesener Ge-

bührenvorschuß verlangt werden. Unter die Mindestgebühr [§ 8, Ziff. 1] soll dabei nicht heruntergegangen werden.

§ 5

(1) Die Hälfte der Gebühr wird erhoben, wenn eine Ausnahmegenehmigung wegen baulicher Verbesserung der Miet- oder Pachtsache oder wegen Erhöhung von Abgaben beantragt wird.

(2) Falls es der Billigkeit entspricht, kann eine weitere Ermäßigung der Gebühr gewährt werden.

Zu § 5:

Die Vorschrift des § 5 Abs. 2 ist nicht eng auszulegen.

§ 6

(1) Eine Gebühr wird nicht erhoben, wenn der Antrag wegen Unzuständigkeit abgelehnt wird.

(2) Die Gebühr ermäßigt sich auf die Hälfte, wenn der Antrag vor Erlaß der Entscheidung zurückgenommen wird.

Zu § 6:

(1) Von der Bestimmung des § 6 Abs. 1 ist weitgehend Gebrauch zu machen, wenn die Preisbehörden aus Rechtsunkenntnis angegangen worden sind.

(2) Die Vorschrift des § 6 Abs. 1 findet ferner Anwendung, wenn ein Antrag wegen tatsächlich gegebener Unzuständigkeit zurückgenommen wird.

(3) Auch für einen nach § 3 Abs. 1 wegen Nichtzahlung der Gebühr als zurückgenommen behandelten Antrag ist keine Gebühr zu erheben.

§ 7

Bei nachgewiesener Bedürftigkeit kann dem Gebührenpflichtigen die Gebühr gestundet, ermäßigt oder erlassen werden.

Zu § 7:

Die Gebührenpflicht darf nicht dazu führen, daß minderbemittelte Volksgenossen an der Durchsetzung ihrer Ansprüche gehindert werden. Die Bestimmung ist deshalb nicht zu engherzig anzuwenden.

§ 8

(1) Die Gebühr beträgt bei einem Wert bis zu 1000 *RM* einschließlich 10 v. H., von dem Mehrbetrag bis zu 2000 *RM*

einschließlich 5 v. H., von dem Mehrbetrag bis zu 10000 *RM* einschließlich 3 v. H., von dem Mehrbetrag 1 v. H. Dabei ist der Wert auf die nächsthöheren 10 *RM* und bei Werten von mehr als 1000 *RM* auf die nächsthöheren 100 *RM* aufzurunden.

(2) Der Mindestbetrag einer vollen Gebühr beträgt 3 *RM*.

Zu § 8:

Die Gebührensätze sind, anders als im Runderlaß Nr. 184/37, bei Mietzinserhöhungen und Mietzinssenkungen gleich bemessen.

Für jedes Miet- und Pachtverhältnis sind sie gesondert zu berechnen. Wenn jedoch mehrere Anträge eines Antragstellers ohne wesentliche Mehrarbeit in einem Verfahren erledigt werden können, soll die Gebühr nach dem Gesamtbetrag berechnet werden.

§ 9

Auslagen werden neben der Gebühr nicht erhoben. Eine Erstattung der Kosten der Beteiligten findet nicht statt.

Zu § 9:

Die Unkosten des Sachverständigen müssen von der Behörde getragen werden. Nichtbeamtete Sachverständige sind deshalb grundsätzlich nicht heranzuziehen.

§ 10

Der Reichskommissar für die Preisbildung erläßt die zur Durchführung und Ergänzung dieser Verordnung erforderlichen Rechts- und Verwaltungsvorschriften.

Zu § 10:

Da bezweifelt worden ist, ob die Ziffern 73 ff. des Runderlasses Nr. 184/37 eine ausreichende Rechtsgrundlage für die Gebührenerhebung sind, mußte die Rechtsgültigkeit der auf Grund dieser Bestimmungen erhobenen Gebühren ausdrücklich gesichert werden. Sofern ein Gebührensatz die Bestimmungen des Runderlasses beachtet hat, ist er danach gültig, auch wenn er im Widerspruch zu den landesrechtlichen Bestimmungen über Gebührenfreiheiten oder zu landesrechtlichen Gebührentarifen steht.

§ 11

(1) Die Verordnung tritt am 1. Januar 1939 in Kraft.

(2) Soweit bisher Gebühren nach den Ziffern 73 bis 75 des Runderlasses Nr. 184/37 des Reichskommissars für die Preisbildung vom 12. Dez. 1937 (RfPr. IV—15—21—3732) angesetzt worden sind, verbleibt es dabei.

(3) Die Inkraftsetzung dieser Verordnung für das Land Österreich und die sudetendeutschen Gebiete bleibt vorbehalten.

Sachverzeichnis.

Die Zahlen bedeuten die Seiten.

A.

H.

Z.

FSC
www.fsc.org
MIX
Papier | Fördert gute Waldnutzung
FSC® C083411

Kolibri 360 GmbH
Ferdinand-Jühlke-Straße 7
99095 Erfurt, Deutschland
produktsicherheit@kolibri360.de